LES

MILLE ET UN FANTOMES

PASCAL BRUNO

ÉVREUX, IMPRIMERIE DE CHARLES HÉRISSEY

LES
MILLE ET UN FANTOMES

PASCAL BRUNO
PAR ALEXANDRE DUMAS

ÉDITION ILLUSTRÉE PAR ANDRIEUX ET ED. COPPIN

PARIS
CALMANN-LÉVY, ÉDITEUR
ANCIENNE MAISON MICHEL-LÉVY FRÈRES
3, RUE AUBER, 3

ED.COPPIN

LES MILLE ET UN FANTOMES.

PAR

ALEXANDRE DUMAS

A M. ***.

on cher ami, vous m'avez dit souvent, — au milieu de ces soirées, devenues trop rares, où chacun bavarde à loisir, ou disant le rêve de son cœur, ou suivant le caprice de son esprit, ou gaspillant le trésor de ses souvenirs, — vous m'avez dit souvent que depuis Scheherazade et après Nodier, j'étais un des plus amusants conteurs que vous eussiez entendus.

Voilà aujourd'hui que vous m'écrivez qu'en attendant un long roman de moi, — vous savez, un de ces romans interminables comme j'en écris, et dans lesquels je fais entrer tout un siècle, — vous voudriez bien quelques contes, — deux, quatre ou six volumes tout au plus, pauvres fleurs de mon jardin, que vous comptez jeter au milieu des préoccupations politiques du moment, entre le procès de Bourges, par exemple, et les élections du mois de mai.

Hélas ! mon ami, l'époque est triste, et mes contes, je vous en préviens, ne seront pas gais. Seulement, vous permettrez que, lassé de ce que je vois se passer tous les jours dans le monde réel, j'aille chercher mes récits dans le monde imaginaire. Hélas ! j'ai bien peur que tous les esprits un peu élevés, un peu poétiques, un peu rêveurs, n'en soient à cette heure où en est le mien, c'est-à-dire à la recherche de l'idéal, le seul refuge que Dieu nous laisse contre la réalité.

Tenez, je suis là au milieu de cinquante volumes ouverts à propos d'une histoire de la Régence que je viens d'achever, et que je vous prie, si vous en rendez compte, d'inviter les mères à ne pas laisser lire à leurs filles. Eh bien ! je suis là, vous disais-je, et, tout en vous écrivant, mes yeux s'arrêtent sur une page des Mémoires du marquis d'Argenson, où, au-dessous de ces mots : *De la Conversation d'autrefois et de celle d'à présent*, je lis ceux-ci :

« Je suis persuadé que, du temps où l'hôtel Rambouillet donnait le ton à la bonne compagnie, on écoutait bien et l'on raisonnait mieux. On cultivait son goût et son esprit. J'ai encore vu des modèles de ce genre de conversation parmi les vieillards de la cour que j'ai fréquentés. Ils avaient le mot propre, de l'énergie et de la finesse, quelques antithèses, mais des épithètes qui augmentaient le sens ; de la profondeur sans pédanterie, de l'enjouement sans malignité. »

Il y a juste cent ans que le marquis d'Argenson écrivit ces lignes, que je copie dans son livre. — Il avait, à l'époque où il les écrivait, à peu près l'âge que nous avons, — et, comme lui, mon cher ami, nous pouvons dire : — Nous avons connu des vieillards qui étaient, hélas ! ce que nous ne sommes plus, c'est-à-dire des hommes de bonne compagnie.

Nous les avons vus, mais nos fils ne les verront pas. Voilà ce qui fait, quoique nous ne valions pas grand'chose, que nous vaudrons mieux que ne vaudront nos fils.

Il est vrai que tous les jours nous faisons un pas vers la liberté, l'égalité, la fraternité, trois grands mots que la Révolution de 93, vous savez, l'autre, la douairière, a lancés au milieu de la société moderne, comme elle eût fait d'un tigre, d'un lion et d'un ours habillés avec des toisons d'agneaux ; mots vides, malheureusement, et qu'on lisait à travers la fumée de juin sur nos monuments publics criblés de balles.

Moi, je vais comme les autres ; moi, je suis le mouvement. Dieu me garde de prêcher l'immobilité. — L'immobilité, c'est la mort Mais je vais comme un de ces hommes dont parle Dante, — dont les pieds marchent en avant, — c'est vrai, — mais dont la tête est tournée du côté de ses talons.

Et ce que je cherche surtout, — ce que je regrette avant tout, — ce que mon regard rétrospectif cherche dans le passé : c'est la société qui s'en va, qui s'évapore, qui disparaît comme un de ces fantômes dont je vais vous raconter l'histoire.

Cette société, qui faisait la vie élégante, la vie courtoise, cette vie qui valait la peine d'être *vécue*, enfin (pardonnez-moi le barbarisme, n'étant point de l'Académie, je puis le risquer), cette société est-elle morte ou l'avons-nous tuée ?

Tenez, je me rappelle que, tout enfant, j'ai été conduit par mon père chez madame de Montesson. C'était une grande dame, une femme de l'autre siècle tout à fait. Elle avait épousé, il y avait près de soixante ans, le duc d'Orléans, aïeul du roi Louis-Philippe ; elle en avait quatre-vingt-dix. Elle demeurait dans un grand et riche hôtel de la Chaussée-d'Antin. Napoléon lui faisait une rente de cent mille écus.

— Savez-vous sur quel titre était basée cette rente inscrite au livre rouge du successeur de Louis XVI ? — Non. — Eh bien ! madame de Montesson touchait de l'empereur une rente de cent mille écus *pour avoir conservé dans son salon les traditions de la bonne société du temps de Louis XIV et de Louis XV.*

— C'est juste la moitié de ce que la Chambre donne aujourd'hui à son neveu, pour qu'il fasse oublier à la France ce dont son oncle voulait qu'elle se souvînt.

Vous ne croiriez pas une chose, mon cher ami, c'est que ces deux mots que je viens d'avoir l'imprudence de prononcer : *la Chambre*, me ramènent tout droit aux Mémoires du marquis d'Argenson.

— Comment cela ?

— Vous allez voir.

« On se plaint, dit-il, qu'il n'y a plus de conversation de nos jours en France. J'en sais bien la raison. C'est que la patience d'écouter diminue chaque jour chez nos contemporains. L'on écoute mal ou plutôt l'on n'écoute plus du tout. J'ai fait cette remarque dans la meilleure compagnie que je fréquente. »

Or, mon cher ami, quelle est la meilleure compagnie que l'on puisse fréquenter de nos jours ? C'est bien certainement celle que huit millions d'électeurs ont jugée digne de représenter les intérêts, les opinions, le génie de la France. C'est la Chambre, enfin.

— Eh bien ! entrez dans la Chambre, au hasard, au jour et à l'heure que vous voudrez. Il y a cent à parier contre un que vous trouverez à la tribune un homme qui parle, et sur les bancs cinq à six cents personnes, non pas qui l'écoutent, mais qui l'interrompent.

C'est si vrai ce que je vous dis là, qu'il y a un article de la Constitution de 1848 qui interdit les interruptions.

Ainsi comptez la quantité de soufflets et de coups de poing donnés à la Chambre depuis un an à peu près qu'elle s'est rassemblée : — c'est innombrable !

Toujours au nom, bien entendu, de la liberté, de l'égalité et de la fraternité.

Donc, mon cher ami, comme je vous le disais, je regrette bon nombre de choses, n'est-ce pas? quoique j'aie dépassé à peu près la moitié de la vie ; — eh bien ! celle que je regrette le plus entre toutes celles qui s'en sont allées ou qui s'en vont, c'est celle que regrettait le marquis d'Argenson il y a cent ans : — la *courtoisie.*

Et cependant, du temps du marquis d'Argenson, on n'avait pas encore eu l'idée de s'appeler *citoyen.* Ainsi jugez.

Si l'on avait dit au marquis d'Argenson, à l'époque où il écrivait ces mots, par exemple :

« Voici où nous en sommes venus en France : la toile tombe ; tout spectacle disparaît ; il n'y a plus que des sifflets qui sifflent. Bientôt, nous n'aurons plus ni élégants conteurs dans la société, ni arts, ni peintures, ni palais bâtis; mais des envieux de tout et partout. »

Si on lui avait dit, à l'époque où il écrivait ces mots, que l'on en arriverait, — moi, du moins, — à envier cette époque, — on l'eût bien étonné, n'est-ce pas, ce pauvre marquis d'Argenson? — Aussi, que fais-je ? — Je vis avec les morts beaucoup, — avec les exilés un peu. — J'essaye de faire revivre les sociétés éteintes, les hommes disparus, ceux-là qui sentaient l'ambre au lieu de sentir le cigare ; qui se donnaient des coups d'épée, au lieu de se donner des coups de poing.

Et voilà pourquoi, mon ami, vous vous étonnez, quand je cause, d'entendre parler une langue qu'on ne parle plus. Voilà pourquoi vous me dites que je suis un amusant conteur. Voilà pourquoi ma voix, écho du passé, est encore écoutée dans le présent, qui écoute si peu et si mal.

C'est qu'au bout du compte, comme ces Vénitiens du dix-huitième siècle auxquels les lois somptuaires défendaient de porter autre chose que du drap et de la bure, nous aimons toujours à voir se dérouler la soie et le velours, et les beaux brocarts d'or dans lesquels la royauté taillait les habits de nos pères.

Tout à vous,

ALEXANDRE DUMAS.

❦

I

LA RUE DE DIANE A FONTENAY-AUX-ROSES

Le 1er septembre de l'année 1831, je fus invité par un de mes anciens amis, chef de bureau au domaine privé du roi, à faire, avec son fils, l'ouverture de la chasse à Fontenay-aux-Roses.

J'aimais beaucoup la chasse à cette époque, et, en ma qualité de grand chasseur, c'était chose grave que le choix du pays où devait, chaque année, se faire l'ouverture.

D'habitude nous allions chez un fermier ou plutôt chez un ami de mon beau-frère ; c'était chez lui que j'avais fait, en tuant un lièvre, mes débuts dans la science des Nemrod et des Elzéar Blaze. Sa ferme était située entre les forêts de Compiègne et de Villers-Cotterets, à une demi-lieue du charmant village de Morienval, à une lieue des magnifiques ruines de Pierrefonds.

Les deux ou trois mille arpents de terre qui forment son exploitation présentent une vaste plaine presque entièrement entourée de bois, coupée vers le milieu par une jolie vallée au fond de laquelle on voit, parmi les prés verts et les arbres aux tons changeants, fourmiller des maisons à moitié perdues dans le feuillage, et qui se dénoncent par les colonnes de fumée bleuâtre qui, d'abord protégées par l'abri des montagnes qui les entourent, montent verticalement vers le ciel, et ensuite, arrivées aux couches d'air supérieures, se courbent, élargies comme la cime des palmiers, dans la direction du vent.

C'est dans cette plaine et sur le double versant de cette vallée que le gibier des deux forêts vient s'ébattre comme sur un terrain neutre.

Aussi l'on trouve de tout sur la plaine de Brassoire : — du chevreuil et du faisan en longeant les bois, — du lièvre sur les plateaux, — du lapin dans les pentes, — des perdrix autour de la ferme. — M. Mocquet, c'est le nom de notre ami, avait donc la certitude de nous voir arriver; nous chassions toute la journée, et le lendemain, à deux heures, nous revenions à Paris, ayant tué, entre quatre ou cinq chasseurs, cent cinquante pièces de gibier, dont jamais nous n'avons pu faire accepter une seule à notre hôte.

Mais, cette année-là, infidèle à M. Mocquet, j'avais cédé à l'obsession de mon vieux compagnon de bureau, séduit que j'avais été par un tableau que m'avait envoyé son fils, — élève distingué de l'école de Rome, — et qui représentait une vue de la plaine de Fontenay-aux-Roses, avec des éteules pleines de lièvres et des luzernes pleines de perdrix.

Je n'avais jamais été à Fontenay-aux-Roses : nul ne connaît moins les environs de Paris que moi. — Quand je franchis la barrière, c'est presque toujours pour faire cinq ou six cents lieues. Tout m'est donc un sujet de curiosité dans le moindre changement de place.

A six heures du soir, je partis pour Fontenay, la tête hors de la portière, comme toujours ; je franchis la barrière d'Enfer, je laissai à ma gauche la rue de la Tombe-Issoire et j'enfilai la route d'Orléans.

On sait qu'Issoire est le nom d'un fameux brigand qui, du temps de Julien, rançonnait les voyageurs qui se rendaient à Lutèce. Il fut un peu pendu, à ce que je crois, et enterré à l'endroit qui porte aujourd'hui son nom, à quelque distance de l'entrée des catacombes.

La plaine qui se développe à l'entrée du Petit-Montrouge est étrange d'aspect. Au milieu des prairies artificielles, des champs de carottes et des plates-bandes de betteraves, s'élèvent des espèces de forts carrés, en pierre blanche, que domine une roue dentée, pareille à un squelette de feu d'artifice éteint. Cette roue porte à sa circonférence des traverses de bois sur lesquelles un homme appuie alternativement l'un et l'autre pied. Ce travail d'écureuil, qui donne au travailleur un grand mouvement apparent sans qu'il change de place en réalité, a pour but d'enrouler autour d'un moyeu une corde qui, en s'enroulant, amène à la surface du sol une pierre taillée au fond de la carrière, et qui vient voir lentement le jour.

Cette pierre, un crochet l'amène au bord de l'orifice, où des rouleaux l'attendent pour la transporter à la place qui lui est destinée. Puis la corde redescend dans les profondeurs où elle va rechercher un autre fardeau, donnant un moment de repos au moderne Ixion, auquel un cri annonce bientôt qu'une autre pierre attend le labeur qui doit lui faire quitter la carrière natale, et la même œuvre recommence pour recommencer encore, pour recommencer toujours.

Le soir venu, l'homme a fait dix lieues sans changer de place ; s'il montait en réalité, en hauteur, d'un degré à chaque fois que son pied pose sur une traverse, au bout de vingt-trois ans il serait arrivé dans la lune.

C'est le soir surtout, — c'est-à-dire à l'heure où je traversais la plaine qui sépare le petit du grand Montrouge, — que le paysage, grâce à ce nombre infini de roues mouvantes qui se détachent en vigueur sur le couchant enflammé, prend un aspect fantastique. On dirait une de ces gravures de Goya, où, dans la demi-teinte, des arracheurs de dents font la chasse aux pendus.

Vers sept heures, les roues s'arrêtent ; la journée est finie.

Ces moellons, qui font de grands carrés longs de cinquante à soixante pieds, haut de six ou huit, c'est le futur Paris qu'on arrache de terre. Les carrières d'où sort cette pierre grandissent tous les jours. C'est la suite des catacombes d'où est sorti le vieux Paris. Ce sont les faubourgs de la ville souterraine, qui vont gagnant incessamment du pays et s'étendant à la circonférence. Quand on marche dans cette prairie de Montrouge, on marche sur des abîmes. De temps en temps on trouve un enfoncement de terrain, une vallée en miniature, une ride du sol : c'est une carrière mal soutenue en dessous, dont le plafond de gypse a craqué. Il s'est établi une fissure par laquelle l'eau pénètre dans la caverne ; l'eau a entraîné la terre ; de là le mouvement du terrain : cela s'appelle un fondis.

Si l'on ne sait point cela, si on ignore que cette belle couche de terre verte qui vous appelle ne repose sur rien, on peut, en posant le pied au-dessus d'une de ces gerçures, disparaître, comme on disparaît au Montanvert entre deux murs de glace.

La population qui habite ces galeries souterraines a comme son existence, son caractère et sa physionomie à part. — Vivant dans l'obscurité, elle a un peu les instincts des animaux de la nuit, c'est-à-dire qu'elle est silencieuse et féroce. Souvent on entend parler d'un accident, — un étai a manqué, une corde s'est rompue, un homme a été écrasé. — A la surface de la terre on croit que c'est un malheur ; trente pieds au-dessous on sait que c'est un crime.

L'aspect des carriers est en général sinistre. — Le jour, leur œil clignote, — à l'air, leur voix est sourde. — Ils portent des cheveux plats, rabattus jusqu'aux sourcils ; une barbe qui ne fait que tous les dimanches matin connaissance avec le rasoir ; — un gilet qui laisse voir des manches de grosse toile grise, — un tablier de cuir blanchi par le contact de la pierre, — un pantalon de toile bleue. — Sur une de leurs épaules est une veste pliée en deux, et sur cette veste pose le manche de la pioche ou de la besaiguë qui, six jours de la semaine, creuse la pierre.

Quand il y a quelque émeute, il est rare que les hommes que nous venons d'essayer de peindre ne s'en mêlent pas. — Quand on dit à la barrière d'Enfer : — Voilà les carriers de Montrouge qui descendent, les habitants des rues avoisinantes secouent la tête et ferment leurs portes.

Voilà ce que je regardai, ce que je vis pendant cette heure de crépuscule qui, au mois de septem-

Les yeux hors de leur orbite, les vêtements en désordre et les mains ensanglantées, cet homme passa près de moi sans me voir. — Page 6.

bre, sépare le jour de la nuit; — puis, la nuit venue, je me rejetai dans la voiture, d'où certainement aucun de mes compagnons n'avait vu ce que je venais de voir. Il en est ainsi en toutes choses: beaucoup regardent, bien peu voient.

Nous arrivâmes vers les huit heures et demie à Fontenay; un excellent souper nous attendait, puis après le souper une promenade au jardin.

Sorrente est une forêt d'orangers; Fontenay est un bouquet de roses. Chaque maison a son rosier qui monte le long de la muraille, protégé au pied par un étui de planches; arrivé à une certaine hau-

teur, le rosier s'épanouit en gigantesque éventail; l'air qui passe est embaumé, et, lorsqu'au lieu d'air il fait du vent, il pleut des feuilles de roses comme il en pleuvait à la Fête-Dieu quand Dieu avait une fête.

De l'extrémité du jardin, nous eussions eu une vue immense s'il eût fait jour. — Les lumières seules semées dans l'espace indiquaient les villages de Sceaux, de Bagneux, de Châtillon et de Montrouge; au fond s'étendait une grande ligne roussâtre d'où sortait un bruit sourd semblable au souffle de Léviathan: — c'était la respiration de Paris.

On fut obligé de nous envoyer coucher de force, comme on fait aux enfants. Sous ce beau ciel tout brodé d'étoiles, au contact de cette brise parfumée, nous eussions volontiers attendu le jour.

A cinq heures du matin, nous nous mîmes en chasse, guidés par le fils de notre hôte, qui nous avait promis monts et merveilles, et qui, il faut le dire, continua à nous vanter la fécondité giboyeuse de son territoire avec une persistance digne d'un meilleur sort.

A midi, nous avions vu un lapin et quatre perdrix. — Le lapin avait été manqué par mon compagnon de droite, une perdrix avait été manquée par mon compagnon de gauche, et, sur les trois autres perdrix, deux avaient été tuées par moi.

A midi, à Brassoire, j'eusse déjà envoyé à la ferme trois ou quatre lièvres et quinze ou vingt perdrix.

J'aime la chasse, mais je déteste la promenade, surtout la promenade à travers champs. Aussi, sous prétexte d'aller explorer un champ de luzerne situé à mon extrême gauche, et dans lequel j'étais bien sûr de ne rien trouver, je rompis la ligne et fis un écart.

Mais ce qu'il y avait dans ce champ, ce que j'y avais avisé dans le désir de retraite qui s'était déjà emparé de moi depuis plus de deux heures, c'était un chemin creux qui, me dérobant aux regards des autres chasseurs, devait me ramener par la route de Sceaux droit à Fontenay-aux-Roses.

Je ne me trompais pas. — A une heure sonnant au clocher de la paroisse, j'atteignais les premières maisons du village.

Je suivais un mur qui me paraissait clore une assez belle propriété, lorsque, en arrivant à l'endroit où la rue de Diane s'embranche avec la Grande-Rue, je vis venir à moi, du côté de l'église, un homme d'un aspect si étrange, que je m'arrêtai et qu'instinctivement j'armai les deux coups de mon fusil, mû que j'étais par le simple sentiment de la conservation personnelle.

Mais, pâle, les cheveux hérissés, les yeux hors de leur orbite, les vêtements en désordre et les mains ensanglantées, cet homme passa près de moi sans me voir. — Son regard était fixe et atone à la fois. — Sa course avait l'emportement invincible d'un corps qui descendrait une montagne trop rapide, et cependant sa respiration râlante indiquait encore plus d'effroi que de fatigue.

A l'embranchement des deux voies, il quitta la Grande-Rue pour se jeter dans la rue de Diane, sur laquelle s'ouvrait la propriété dont, pendant sept ou huit minutes, j'avais suivi la muraille. Cette porte, sur laquelle mes yeux s'arrêtèrent à l'instant même, était peinte en vert et était surmontée du numéro 2. La main de l'homme s'étendit vers la sonnette bien avant de pouvoir la toucher; puis il l'atteignit, l'agita violemment, et, presque aussitôt,

tournant sur lui-même, il se trouva assis sur l'une des deux bornes qui servent d'ouvrage avancé à cette porte. Une fois là, il demeura immobile, les bras pendants et la tête inclinée sur la poitrine.

Je revins sur mes pas, tant je comprenais que cet homme devait être l'acteur principal de quelque drame inconnu et terrible.

Derrière lui, et aux deux côtés de la rue, quelques personnes, sur lesquelles il avait sans doute produit le même effet qu'à moi, étaient sorties de leurs maisons et le regardaient avec un étonnement pareil à celui que j'éprouvais moi-même.

A l'appel de la sonnette qui avait résonné violemment, une petite porte percée près de la grande s'ouvrit, et une femme de quarante à quarante-cinq ans apparut. — Ah! c'est vous, Jacquemin, dit-elle, que faites-vous donc là?

— M. le maire est-il chez lui? demanda d'une voix sourde l'homme auquel elle adressait la parole.

— Oui.

— Eh bien! mère Antoine, allez lui dire que j'ai tué ma femme, et que je viens me constituer prisonnier.

La mère Antoine poussa un cri auquel répondirent deux ou trois exclamations arrachées par la terreur à des personnes qui se trouvaient assez près pour entendre ce terrible aveu.

Je fis moi-même un pas en arrière, et rencontrai le tronc d'un tilleul, auquel je m'appuyai.

Au reste, tous ceux qui se trouvaient à la portée de la voix étaient restés immobiles.

Quant au meurtrier, il avait glissé de la borne à terre, comme si, après avoir prononcé les fatales paroles, la force l'eût abandonné.

Cependant la mère Antoine avait disparu, laissant la petite porte ouverte. Il était évident qu'elle était allée accomplir près de son maître la commission dont Jacquemin l'avait chargée.

Au bout de cinq minutes, celui qu'on était allé chercher parut sur le seuil de la porte.

Deux autres hommes le suivaient.

Je vois encore l'aspect de la rue.

Jacquemin avait glissé à terre comme je l'ai dit. Le maire de Fontenay-aux-Roses, que venait d'aller chercher la mère Antoine, se trouvait debout près de lui, le dominant de toute la hauteur de sa taille, qui était grande. Dans l'ouverture de la porte se pressaient les deux autres personnes dont nous parlerons plus longuement tout à l'heure. J'étais appuyé contre le tronc d'un tilleul planté dans la Grande-Rue, mais d'où mon regard plongeait dans la rue de Diane. A ma gauche était un groupe composé d'un homme, d'une femme et d'un enfant, l'enfant pleurant pour que sa mère le prît dans ses bras. Derrière ce groupe un boulanger passait sa tête par une fenêtre du premier, causant avec son garçon qui était en bas, et lui demandant si ce n'était pas Jacquemin, le carrier, qui venait de passer en courant ; puis enfin apparaissait, sur le seuil de sa porte, un maréchal ferrant, noir par devant, mais le dos éclairé par la lumière de sa forge dont un apprenti continuait de tirer le soufflet.

Voilà pour la Grande-Rue.

Quant à la rue de Diane, — à part le groupe principal que nous avons décrit, — elle était déserte. Seulement à son extrémité l'on voyait poindre deux gendarmes qui venaient de faire leur tournée dans la plaine pour demander les ports d'armes, et qui, sans se douter de la besogne qui les attendait, se rapprochaient de nous en marchant tranquillement au pas.

Une heure un quart sonnait.

II

L'IMPASSE DES SERGENTS.

A la dernière vibration du timbre se mêla le bruit de la première parole du maire.

— Jacquemin, dit-il, j'espère que la mère Antoine est folle : elle vient de ta part me dire que ta femme est morte, et que c'est toi qui l'as tuée !

— C'est la vérité pure, monsieur le maire, répondit Jacquemin. Il faudrait me faire conduire en prison et juger bien vite.

Et, en disant ces mots, il essaya de se relever, s'accrochant au haut de la borne avec son coude ; mais, après un effort, il retomba, comme si les os de ses jambes eussent été brisés.

— Allons donc ! tu es fou ! dit le maire.

— Regardez mes mains, répondit-il.

Et il leva deux mains sanglantes, auxquelles leurs doigts crispés donnaient la forme de deux serres.

En effet, la gauche était rouge jusqu'au-dessus du poignet, la droite jusqu'au coude.

En outre, à la main droite, un filet de sang frais coulait tout le long du pouce, provenant d'une morsure que la victime, en se débattant, avait, selon toute probabilité, faite à son assassin.

Pendant ce temps, les deux gendarmes s'étaient rapprochés, avaient fait halte à dix pas du principal acteur de cette scène et regardaient du haut de leurs chevaux.

Le maire leur fit un signe ; ils descendirent, jetant la bride de leur monture à un gamin coiffé d'un bonnet de police et qui paraissait être un enfant de troupe.

Après quoi ils s'approchèrent de Jacquemin et le soulevèrent par-dessous les bras.

Il se laissa faire sans résistance aucune, et avec l'atonie d'un homme dont l'esprit est absorbé par une unique pensée.

Au même instant, le commissaire de police et le médecin arrivèrent ; ils venaient d'être prévenus de ce qui se passait.

— Ah ! venez, monsieur Robert ! — Ah ! venez, monsieur Cousin ! dit le maire.

M. Robert était le médecin, M. Cousin était le commissaire de police.

— Venez ; j'allais vous envoyer chercher.

— Eh bien ! voyons, qu'y a-t-il ? demanda le médecin de l'air le plus jovial du monde ; un petit assassinat, à ce qu'on dit.

Jacquemin ne répondit rien.

— Dites donc, père Jacquemin, continua le docteur, est-ce que c'est vrai que c'est vous qui avez tué votre femme ?

Jacquemin ne souffla pas le mot.

— Il vient au moins de s'en accuser lui-même, dit le maire ; cependant, j'espère encore que c'est un moment d'hallucination et non pas un crime réel qui le fait parler.

— Jacquemin, dit le commissaire de police, répondez. Est-il vrai que vous ayez tué votre femme ?

Même silence.

— En tout cas, nous allons bien voir, dit le docteur Robert ; ne demeure-t-il pas impasse des Sergents ?

— Oui, répondirent les deux gendarmes.

— Eh bien ! monsieur Ledru, dit le docteur en s'adressant au maire, allons impasse des Sergents.

— Je n'y vais pas ! — je n'y vais pas ! s'écria Jacquemin en s'arrachant des mains des gendarmes avec un mouvement si violent, que, s'il eût voulu

— Qu'ai-je besoin d'y aller, puisque j'avoue tout, puisque je **vous** dis que je l'ai tuée?

ED COPPIN

fuir, il eût été, certes, à cent pas avant que personne songeât à le poursuivre.

— Mais pourquoi n'y veux-tu pas venir? demanda le maire.

— Qu'ai-je bsoin d'y aller, puisque j'avoue tout, — puisque je vous dis que je l'ai tuée, tuée avec cette grande épée à deux mains que j'ai prise au Musée d'artillerie l'année dernière? Conduisez-moi en prison; je n'ai rien à faire là-bas, conduisez-moi en prison!

Le docteur et M. Ledru se regardèrent.

— Mon ami, dit le commissaire de police, qui, comme M. Ledru, espérait encore que Jacquemin était sous le poids de quelque dérangement d'esprit momentané, — mon ami, la confrontation est d'urgence; d'ailleurs il faut que vous soyez là pour guider la justice.

— En quoi la justice a-t-elle besoin d'être guidée? dit Jacquemin; vous trouverez le corps dans la cave, et, près du corps, dans un sac de plâtre, la tête; quant à moi, conduisez-moi en prison.

— Il faut que vous veniez, dit le commissaire de police.

— Oh! mon Dieu! mon Dieu! s'écria Jacque-

Et, s'étant baissé, il ramassa une épée à large lame. — Page 11.

min, en proie à la plus effroyable terreur; oh! mon Dieu! mon Dieu! si j'avais su...

— Eh bien! qu'aurais-tu fait? demanda le commissaire de police.

— Eh bien! je me serais tué.

M. Ledru secoua la tête, et, s'adressant du regard au commissaire de police, il sembla lui dire : Il y a quelque chose là-dessous. — Mon ami, reprit-il en s'adressant au meurtrier, voyons, explique-moi cela, à moi.

— Oui, à vous, tout ce que vous voudrez, monsieur Ledru, demandez, interrogez.

— Comment se fait-il, puisque tu as eu le courage de commettre le meurtre, que tu n'aies pas celui de te retrouver en face de ta victime? Il s'est donc passé quelque chose que tu ne nous dis pas?

— Oh! oui, quelque chose de terrible.

— Eh bien! voyons, raconte.

— Oh! non; vous diriez que ce n'est pas vrai, vous diriez que je suis fou.

— N'importe! que s'est-il passé? dis-le-moi.

— Je vais vous le dire, mais à vous.

Il s'approcha de M. Ledru.

Les deux gendarmes voulurent le retenir; mais

le maire leur fit un signe, ils laissèrent le prisonnier libre.

D'ailleurs, eût-il voulu se sauver, la chose était devenue impossible ; la moitié de la population de Fontenay-aux-Roses encombrait la rue de Diane et la Grande-Rue.

Jacquemin, comme je l'ai dit, s'approcha de l'oreille de M. Ledru. — Croyez-vous, monsieur Ledru, demanda Jacquemin à demi-voix, croyez-vous qu'une tête puisse parler, une fois séparée du corps ?

M. Ledru poussa une exclamation qui ressemblait à un cri, et pâlit visiblement.

— Le croyez-vous ? dites, répéta Jacquemin.

M. Ledru fit un effort. — Oui, dit-il, je le crois.

— Eh bien !... eh bien !... elle a parlé.

— Qui ?

— La tête... la tête de Jeanne.

— Tu dis ?

— Je dis qu'elle avait les yeux ouverts, — je dis qu'elle a remué les lèvres. Je dis qu'elle m'a regardé. Je dis qu'en me regardant elle m'a appelé : Misérable !

En disant ces mots, qu'il avait l'intention de dire à M. Ledru tout seul, et qui cependant pouvaient être entendus de tout le monde, Jacquemin était effrayant.

— Oh ! la bonne charge ! s'écria le docteur en riant ; elle a parlé... une tête coupée a parlé. Bon, bon, bon !

Jacquemin se retourna. — Quand je vous le dis ! fit-il.

— Eh bien ! dit le commissaire de police, raison de plus pour que nous nous rendions à l'endroit où le crime a été commis. Gendarmes, emmenez le prisonnier.

Jacquemin jeta un cri en se tordant. — Non, non, dit-il, vous me couperez en morceaux si vous voulez, mais je n'irai pas.

— Venez, mon ami, dit M. Ledru. S'il est vrai que vous ayez commis le crime terrible dont vous vous accusez, ce sera déjà une expiation. D'ailleurs, ajouta-t-il en lui parlant bas, la résistance est inutile ; si vous n'y voulez pas venir de bonne volonté, ils vous y mèneront de force.

— Eh bien ! alors, dit Jacquemin, je veux bien ; mais promettez-moi une chose, monsieur Ledru.

— Laquelle ?

— Pendant tout le temps que nous serons dans la cave, vous ne me quitterez pas.

— Non.

— Vous me laisserez vous tenir la main.

— Oui.

— Eh bien ! dit-il, allons !

Et, tirant de sa poche un mouchoir à carreaux, il essuya son front trempé de sueur.

On s'achemina vers l'impasse des Sergents.

Le commissaire de police et le docteur marchaient les premiers, puis Jacquemin et les deux gendarmes.

Derrière eux venaient M. Ledru et les deux hommes qui avaient apparu à sa porte en même temps que lui.

Puis roulait, comme un torrent plein de houle et de rumeurs, toute la population à laquelle j'étais mêlé.

Au bout d'une minute de marche à peu près, nous arrivâmes à l'impasse des Sergents. — C'était une petite ruelle située à gauche de la Grande-Rue, et qui allait en descendant jusqu'à une grande porte de bois délabrée, s'ouvrant à la fois par deux grands battants, et une petite porte, découpée dans un des deux grands battants.

Cette petite porte ne tenait plus qu'à un gond.

Tout, au premier aspect, paraissait calme dans cette maison ; un rosier fleurissait à la porte, et, près du rosier, sur un banc de pierre, un gros chat roux se chauffait avec béatitude au soleil.

En apercevant tout ce monde, en entendant tout ce bruit, il prit peur, se sauva et disparut par le soupirail d'une cave.

Arrivé à la porte que nous avons décrite, Jacquemin s'arrêta.

Les gendarmes voulurent le faire entrer de force.

— Monsieur Ledru, dit-il en se retournant, monsieur Ledru, vous avez promis de ne pas me quitter

— Eh bien ! me voilà, répondit le maire.

— Votre bras ! votre bras !

Et il chancelait comme s'il eût été prêt à tomber.

M. Ledru s'approcha, fit signe aux deux gendarmes de lâcher le prisonnier, et lui donna le bras.

— Je réponds de lui, dit-il.

Il était évident que, dans ce moment, M. Ledru n'était plus le maire de la commune, poursuivant la punition d'un crime, mais un philosophe explorant le domaine de l'inconnu.

Seulement, son guide dans cette étrange exploration était un assassin.

Le docteur et le commissaire de police entrèrent les premiers, puis M. Ledru et Jacquemin ; puis les deux gendarmes, puis quelques privilégiés au nombre desquels je me trouvais, grâce au contact que j'avais eu avec MM. les gendarmes, pour lesquels je n'étais déjà plus un étranger, ayant eu l'honneur de les rencontrer dans la plaine et de leur montrer mon port d'armes.

La porte fut refermée sur le reste de la population, qui resta grondant au dehors.

On s'avança vers la porte de la petite maison.

Rien n'indiquait l'événement terrible qui s'y était passé ; tout était à sa place ; le lit de serge verte dans son alcôve ; à la tête du lit le crucifix de bois noir, surmonté d'une branche de buis séché depuis la dernière Pâques. — Sur la cheminée, un enfant Jésus en cire, couché parmi les fleurs entre deux chandeliers de forme Louis XVI, argentés autrefois ; à la muraille, quatre gravures coloriées, encadrées dans des cadres de bois noir et représentant les quatre parties du monde.

Sur une table un couvert mis, à l'âtre un pot-au-feu bouillant, et près d'un coucou sonnant la demie une huche ouverte.

— Eh bien! dit le docteur de son ton jovial, je ne vois rien jusqu'à présent.

— Prenez par la porte à droite, murmura Jacquemin d'une voix sourde.

On suivit l'indication du prisonnier, et l'on se trouva dans une espèce de cellier à l'angle duquel s'ouvrait une trappe à l'orifice de laquelle tremblait une lueur qui venait d'en bas.

— Là, là, murmura Jacquemin en se cramponnant au bras de M. Ledru d'une main et en montrant de l'autre l'ouverture de la cave.

— Ah! ah! dit tout bas le docteur au commissaire de police, avec ce sourire terrible des gens que rien n'impressionne, parce qu'ils ne croient à rien, il paraît que madame Jacquemin a suivi le précepte de maître Adam; et il fredonna:

> Si je meurs, que l'on m'enterre
> Dans la cave où est.....

— Silence! interrompit Jacquemin, le visage livide, les cheveux hérissés, la sueur sur le front, ne chantez pas ici!

Frappé par l'expression de cette voix, le docteur se tut.

Mais presque aussitôt, descendant les premières marches de l'escalier: — Qu'est-ce que cela? demanda-t-il.

Et, s'étant baissé, il ramassa une épée à large lame.

C'était l'épée à deux mains que Jacquemin, comme il l'avait dit, avait prise, le 29 juillet 1830, au Musée d'artillerie; la lame était teinte de sang.

Le commissaire de police la prit des mains du docteur.

— Reconnaissez-vous cette épée? dit-il au prisonnier.

— Oui, répondit Jacquemin. Allez! allez! finissons-en.

C'était le premier jalon du meurtre, que l'on venait de rencontrer.

On pénétra dans la cave, chacun tenant le rang que nous avons déjà dit

Le docteur et le commissaire de police les premiers, puis M. Ledru et Jacquemin, puis les deux personnes qui se trouvaient chez lui, puis les gendarmes, puis les privilégiés, au nombre desquels je me trouvais.

Après avoir descendu la septième marche, mon œil plongeait dans la cave et embrassait le terrible ensemble que je vais essayer de peindre.

Le premier objet sur lequel s'arrêtaient les yeux était un cadavre sans tête, couché près d'un tonneau, dont le robinet, ouvert à moitié, continuait de laisser échapper un filet de vin, lequel, en coulant, formait une rigole qui allait se perdre sous le chantier.

Le cadavre était à moitié tordu, comme si le torse, retourné sur le dos, eût commencé un mouvement d'agonie que les jambes n'avaient pas pu suivre.

— La robe était, d'un côté, retroussée jusqu'à la jarretière.

On voyait que la victime avait été frappée au moment où, à genoux devant le tonneau, elle commençait à remplir une bouteille, qui lui avait échappé des mains et qui était gisante à ses côtés.

Tout le haut du corps nageait dans une mare de sang.

Debout sur un sac de plâtre adossé à la muraille, comme un buste sur sa colonne, on apercevait ou plutôt on devinait une tête, noyée dans ses cheveux; une raie de sang rougissait le sac, du haut jusqu'à la moitié.

Le docteur et le commissaire de police avaient déjà fait le tour du cadavre et se trouvaient placés en face de l'escalier.

Vers le milieu de la cave étaient les deux amis de M. Ledru et quelques curieux qui s'étaient empressés de pénétrer jusque-là.

Au bas de l'escalier était Jacquemin qu'on n'avait pas pu faire aller plus loin que la dernière marche. Derrière Jacquemin les deux gendarmes.

Derrière les deux gendarmes, cinq ou six personnes, au nombre desquelles je me trouvais, et qui se groupaient avec moi sur l'escalier.

Tout cet intérieur lugubre était éclairé par la lueur tramblotante d'une chandelle posée sur le tonneau même d'où coulait le vin, et en face duquel gisait le cadavre de la femme Jacquemin.

— Une table, une chaise, dit le commissaire de police, et verbalisons.

III

LE PROCÈS-VERBAL.

L es meubles démandés furent passés au commissaire de police. Il assura sa table, s'assit devant, demanda la chandelle, que le docteur lui apporta, en enjambant par-dessus le cadavre, tira de sa poche un encrier, des plumes, du papier, et commença son procès-verbal.

Pendant qu'il écrivait le préambule, le docteur fit un mouvement de curiosité vers cette tête posée sur le sac de plâtre ; mais le commissaire l'arrêta.

— Ne touchez à rien, dit-il, la régularité avant tout.

— C'est trop juste, dit le docteur. Et il reprit sa place.

Il y eut quelques minutes de silence, pendant lesquelles on entendit seulement la plume du commissaire de police crier sur le papier raboteux du gouvernement, et pendant lesquelles on voyait les lignes se succéder avec la rapidité d'une formule habituelle à l'écrivain.

Au bout que quelques lignes il leva la tête et regarda autour de lui.

— Qui veut nous servir de témoins ? demanda le commissaire de police en s'adressant au maire.

— Mais, dit M. Ledru, indiquant ses deux amis debout, qui formaient groupe avec le commissaire de police assis, ces deux messieurs, d'abord.

— Bien.

Il se retourna de mon côté.

— Puis monsieur, s'il ne lui est pas désagréable de voir figurer son nom dans un procès-verbal.

— Aucunement, monsieur, lui répondis-je.

— Alors, que monsieur descende, dit le commissaire de police.

J'éprouvais quelque répugnance à me rapprocher du cadavre. D'où j'étais, certains détails, sans m'échapper tout à fait, m'apparaissaient moins hideux, perdus dans une demi-obscurité qui jetait sur leur horreur le voile de la poésie.

— Est-ce bien nécessaire ? demandai-je.

— Quoi ?

— Que je descende.

— Non. Restez là, si vous vous y trouvez bien.

Je fis un signe de tête qui exprimait : — Je désire rester où je suis.

Le commissaire de police se tourna vers celui des deux amis de M. Ledru qui se trouvait le plus près de lui. — Vos nom, prénoms, âge, qualité, profession et domicile? demanda-t-il avec la volubilité d'un homme habitué à faire ces sortes de questions.

— Jean-Louis Alliette, répondit celui auquel il s'adressait, dit Etteilla par anagramme, homme de lettres, demeurant rue de l'Ancienne-Comédie, n° 20.

— Vous avez oublié de dire votre âge, dit le commissaire de police.

— Dois-je dire l'âge que j'ai ou l'âge que l'on me donne?

— Dites-moi votre âge, parbleu ! on n'a pas deux âges.

— C'est-à-dire, monsieur le commissaire, qu'il y a certaines personnes, Cagliostro, le comte de Saint-Germain, le Juif-Errant, par exemple...

— Voulez-vous dire que vous soyez Cagliostro, le comte de Saint-Germain, ou le Juif-Errant? dit le commissaire en fronçant le sourcil à l'idée qu'on se moquait de lui.

— Non; mais...

— Soixante-quinze ans, dit M. Ledru; — mettez soixante-quinze ans, monsieur Cousin.

— Soit, dit le commissaire de police

Et il mit soixante-quinze ans.

— Et vous, monsieur? continua-t-il en s'adressant au second ami de M. Ledru.

Et il répéta exactement les mêmes questions qu'il avait faites au premier.

— Pierre-Joseph Moulle, âgé de soixante et un ans, ecclésiastique, attaché à l'église de Saint-Sulpice, demeurant rue Servandoni, n° 11, répondit d'une voix douce celui qu'il interrogeait.

— Et vous, monsieur? demanda-t-il en s'adressant à moi.

— Alexandre Dumas, auteur dramatique, âgé de vingt-sept ans, demeurant à Paris, rue de l'Université, n° 21, répondis-je.

M. Ledru se retourna de mon côté et me fit un

Et, de ce ton nasillard et monotone qui n'appartient qu'aux fonctionnaires publics, il lut :

gracieux salut, auquel je répondis sur le même ton, du mieux que je pus.

— Bien! fit le commissaire de police. Voyez si c'est bien cela, messieurs, et si vous avez quelques observations à faire.

Et, de ce ton nasillard et monotone qui n'appartient qu'aux fonctionnaires publics, il lut :

« Cejourd'hui, 1er septembre 1831, à deux heures de relevée, ayant été averti par la rumeur publique qu'un crime de meurtre venait d'être commis, dans la commune de Fontenay-aux-Roses, sur la

personne de Marie-Jeanne Ducoudray, par le nommé Pierre Jacquemin, son mari, et que le meurtrier s'était rendu au domicile de M. Jean-Pierre Ledru, maire de ladite commune de Fontenay-aux-Roses, pour se déclarer, de son propre mouvement, l'auteur de ce crime, nous nous sommes empressé de nous rendre, de notre personne, au domicile dudit Jean-Pierre Ledru, rue de Diane, n° 2 ; auquel domicile nous sommes arrivé, en compagnie du sieur Sébastien Robert, docteur-médecin, demeurant dans ladite commune de Fontenay-aux-Roses, et là, avons trouvé déjà entre les mains de la gendarmerie le nommé Pierre Jacquemin, lequel a répété devant nous qu'il était auteur du meurtre de sa femme; sur quoi nous l'avons sommé de nous suivre dans la maison où le meurtre avait été commis. Ce à quoi il s'est refusé d'abord; mais bientôt, ayant cédé sur les instances de M. le maire, nous nous sommes acheminés vers l'impasse des Sergents, où est située la maison habitée par le sieur Pierre Jacquemin. Arrivés à cette maison et la porte refermée sur nous pour empêcher la population de l'envahir, avons d'abord pénétré dans une première chambre où rien n'indiquait qu'un crime eût été commis; puis, sur l'invitation dudit Jacquemin lui-même, de la première chambre avons passé dans la seconde, à l'angle de laquelle une trappe donnant accès à un escalier était ouverte. Cet escalier nous ayant été indiqué comme conduisant à une cave où nous devions trouver le corps de la victime, nous nous mîmes à descendre ledit escalier, sur les premières marches duquel le docteur a trouvé une épée à poignée faite en croix, à lame large et tranchante, que ledit Jacquemin nous a avoué avoir été prise par lui lors de la révolution de Juillet au Musée d'artillerie, et lui avoir servi à la perpétration du crime. Et sur le sol de la cave avons trouvé le corps de la femme Jacquemin, renversé sur le dos et nageant dans une mare de sang, ayant la tête séparée du tronc, laquelle tête avait été placée droite sur un sac de plâtre adossé à la muraille, et ledit Jacquemin ayant reconnu que le cadavre et cette tête étaient bien ceux de sa femme, en présence de M. Jean-Pierre Ledru, maire de la commune de Fontenay-aux-Roses; — de M. Sébastien Robert, docteur-médecin, demeurant audit Fontenay-aux-Roses; — de M. Jean-Louis Alliette dit Etteilla, homme de lettres, âgé de soixante-quinze ans, demeurant à Paris, rue de l'Ancienne-Comédie, n° 20; — de M. Pierre-Joseph Moulle, âgé de soixante et un ans, ecclésiastique; attaché à Saint-Sulpice, demeurant à Paris, rue Servandoni, n° 11; — et de M. Alexandre Dumas, auteur dramatique, âgé de vingt-sept ans, demeurant à Paris, rue de l'Université, n° 21, — avons procédé ainsi qu'il suit à l'interrogatoire de l'accusé. »

— Est-ce cela, messieurs? demanda le commissaire de police en se retournant vers nous avec un air de satisfaction évidente.

— Parfaitement! monsieur, répondîmes-nous tous d'une voix.

— Eh bien! interrogeons l'accusé.

Alors, se retournant vers le prisonnier, qui, pendant toute la lecture qui venait d'être faite, avait respiré bruyamment et comme un homme oppressé:

— Accusé, dit-il, vos nom, prénoms, âge, domicile et profession?

— Sera-ce encore bien long tout cela? demanda le prisonnier comme un homme à bout de forces.

— Répondez: vos nom et prénoms?

— Pierre Jacquemin.

— Votre âge?

— Quarante et un ans.

— Votre domicile?

— Vous le connaissez bien, puisque vous y êtes.

— N'importe, la loi veut que vous répondiez à cette question.

— Impasse des Sergents.

— Votre profession?

— Carrier.

— Vous vous avouez l'auteur du crime?

— Oui.

— Dites-nous la cause qui vous l'a fait commettre, et les circonstances dans lesquelles il a été commis.

— La cause qui l'a fait commettre... c'est inutile, dit Jacquemin; c'est un secret qui restera entre moi et celle qui est là.

— Cependant il n'y a pas d'effet sans cause.

— La cause, je vous dis que vous ne la saurez pas. Quant aux circonstances, comme vous dites, vous voulez les connaître?

— Oui.

— Eh bien! je vais vous les dire. Quand on travaille sous terre comme nous travaillons, comme cela dans l'obscurité, et puis qu'on croit avoir un motif de chagrin, on se mange l'âme, voyez-vous, et alors il vous vient de mauvaises idées.

— Oh! oh! interrompit le commissaire de police, vous avouez donc la préméditation.

— Eh! puisque je vous dis que j'avoue tout, est-ce que ce n'est pas encore assez?

— Si fait, dites.

— Eh bien! cette mauvaise idée qui m'était venue, c'était de tuer Jeanne. — Ça me troubla l'esprit plus d'un mois, — le cœur empêchait la tête, — enfin un mot qu'un camarade me dit — me décida.

— Quel mot?

— Oh! ça, c'est dans les choses qui ne vous regardent pas. Ce matin, je dis à Jeanne: « Je n'irai pas travailler aujourd'hui; je veux m'amuser comme si c'était fête; j'irai jouer aux boules avec des camarades. Aie soin que le dîner soit prêt à une heure. — Mais... — C'est bon, pas d'observations; le dîner pour une heure, tu entends? — C'est bien! » dit Jeanne. Et elle sortit pour aller chercher le pot-au-feu.

Pendant ce temps-là, au lieu d'aller jouer aux boules, je pris l'épée que vous avez là. — Je l'avais repassée moi-même sur un grès. — Je descendis à la cave, et je me cachai derrière les tonneaux — en me disant: — il faudra bien qu'elle descende à la cave pour tirer du vin; alors, nous verrons. Le temps que je restai accroupi là, derrière la futaille qui est toute droite... je n'en sais rien; j'avais la fièvre; mon cœur battait, et je voyais tout rouge dans la nuit. Et puis, il y avait une voix qui répétait en moi et autour de moi ce mot que le camarade m'avait dit hier.

— Mais enfin quel est ce mot? insista le commissaire.

— Inutile. Je vous ai déjà dit que vous ne le sauriez jamais. Enfin, j'entendis un frôlement de robe, un pas qui s'approchait. Je vis trembler une lumière; le bas de son corps qui descendait, puis le haut, puis sa tête... On la voyait bien, sa tête... Elle tenait sa chandelle à la main. — Ah! je dis : c'est bon!... et je répétai tout bas le mot que m'avait dit le camarade. Pendant ce temps-là, elle s'approchait. Parole d'honneur! on aurait dit qu'elle se doutait que ça tournait mal pour elle. Elle avait peur; elle regardait de tous les côtés; mais j'étais bien caché; je ne bougeai pas. Alors, elle se mit à genoux devant le tonneau, approcha la bouteille et tourna le robinet. Moi, je me levai. — Vous comprenez, elle était à genoux. — Le bruit du vin qui tombait dans la bouteille l'empêchait d'entendre le bruit que je pouvais faire. D'ailleurs, je n'en faisais pas, elle était à genoux comme une coupable, comme une condamnée. Je levai l'épée, et... han!... Je ne sais pas même si elle poussa un cri — la tête roula. Dans ce moment-là, je ne voulais pas mourir; — je voulais me sauver. — Je comptais faire un trou dans la cave et l'enterrer. — Je sautai sur la tête, qui roulait pendant que le corps sautait de son côté. — J'avais un sac de plâtre tout prêt pour cacher le sang. — Je pris donc la tête ou plutôt la tête me prit. — Voyez.

Et il montra sa main droite, dont une large morsure avait mutilé le pouce.

— Comment! la tête vous prit? dit le docteur. Que diable dites-vous donc là?

— Je dis qu'elle m'a mordu à belles dents, comme vous voyez. Je dis qu'elle ne voulait pas me lâcher. Je la posai sur le sac de plâtre, je l'appuyai contre le mur avec ma main gauche, et j'essayai de lui arracher la droite; mais, au bout d'un instant, les dents se desserrèrent toutes seules. Je retirai ma main; alors, voyez-vous, c'était peut-être de la folie, mais il me sembla que la tête était vivante; les yeux étaient tout grands ouverts. Je les voyais bien, puisque la chandelle était sur le tonneau, et puis les lèvres, les lèvres remuaient, et, en remuant, les lèvres ont dit : — *Misérable, j'étais innocente!*

Je ne sais pas l'effet que cette déposition faisait sur les autres; mais, quant à moi, je sais que l'eau me coulait sur le front.

— Ah! c'est trop fort! s'écria le docteur, les yeux t'ont regardé, les lèvres ont parlé?

— Écoutez, monsieur le docteur, comme vous êtes un médecin, vous ne croyez à rien, c'est naturel; mais moi je vous dis que la tête que vous voyez là, là, entendez-vous? je vous dis que la tête qui m'a mordu, je vous dis que cette tête-là m'a dit :

Misérable, j'étais innocente! Et la preuve qu'elle me l'a dit, eh bien! c'est que je voulais me sauver après l'avoir tuée; Jeanne, n'est-ce pas? et qu'au lieu de me sauver, j'ai couru chez M. le maire, pour me dénoncer moi-même. Est-ce vrai, monsieur le maire, est-ce vrai? répondez.

— Oui, Jacquemin, répondit M. Ledru d'un ton de parfaite bonté; oui, c'est vrai.

— Examinez la tête, docteur, dit le commissaire de police.

— Quand je serai parti, monsieur Robert, quand je serai parti! s'écria Jacquemin.

— N'as-tu pas peur qu'elle te parle encore, imbécile! dit le docteur en prenant la lumière et s'approchant du sac de plâtre.

— Monsieur Ledru, au nom de Dieu, dit Jacquemin, dites-leur de me laisser en aller, je vous en prie, je vous en supplie!

— Messieurs, dit le maire en faisant un geste qui arrêta le docteur, — vous n'avez plus rien à tirer de ce malheureux; permettez que je le fasse conduire en prison. — Quand la loi a ordonné la confrontation, elle a supposé que l'accusé aurait la force de la soutenir.

— Mais le procès-verbal? dit le commissaire.

— Il est à peu près fini.

— Il faut que l'accusé le signe.

— Il le signera dans sa prison.

— Oui! oui! s'écria Jacquemin, dans la prison je signerai tout ce que vous voudrez.

— C'est bien! fit le commissaire de police.

— Gendarmes! emmenez cet homme, dit M. Ledru.

— Ah! merci, monsieur Ledru, merci, dit Jacquemin avec l'expression d'une profonde reconnaissance.

Et, prenant lui-même les deux gendarmes par les bras, il les entraîna vers le haut de l'escalier avec une force surhumaine.

Cet homme parti, le drame était parti avec lui. — Il ne restait plus dans la cave que deux choses hideuses à voir : un cadavre sans tête et une tête sans corps.

Je me penchai à mon tour vers M. Ledru.

— Monsieur, lui dis-je, m'est-il permis de me retirer, tout en demeurant à votre disposition pour la signature du procès-verbal?

— Oui, monsieur, mais à une condition.

— Laquelle?

— C'est que vous viendrez signer le procès-verbal chez moi.

— Avec le plus grand plaisir, monsieur, mais quand cela?

— Dans une heure à peu près. Je vous montrerai ma maison; elle a appartenu à Scarron, cela vous intéressera.

— Dans une heure, monsieur, je serai chez vous.

Je saluai, et je remontai l'escalier à mon tour; arrivé aux plus hauts degrés, je jetai un dernier coup d'œil dans la cave.

Le docteur Robert, sa chandelle à la main, écartait les cheveux de la tête : c'était celle d'une femme encore belle, autant qu'on pouvait en juger, car les yeux étaient fermés, les lèvres contractées et livides.

— Cet imbécile de Jacquemin! dit-il, — soutenir qu'une tête coupée peut parler; — à moins qu'il n'ait été inventer cela pour faire croire qu'il était fou; — ce ne serait pas si mal joué : il y aurait circonstances atténuantes.

DU TENDRE

JATTIOT

ANDRIEUX

LES MILLE ET UN FANTOMES

—›‹‹‹ ❀ ›››—

IV

LA MAISON DE SCARRON.

Une heure après, j'étais chez M. Ledru. Le hasard fit que je le rencontrai dans la cour.

— Ah! dit-il en m'apercevant, vous voilà; tant mieux, je ne suis pas fâché de causer un peu avec vous avant de vous présenter à nos convives, car vous dînez avec nous, n'est-ce pas?

— Mais, monsieur, vous m'excuserez.

— Je n'admets pas d'excuses, vous tombez sur un jeudi; tant pis pour vous : le jeudi, c'est mon jour : tout ce qui entre chez moi le jeudi m'appartient en pleine propriété. Après le dîner, vous serez libre de rester ou de partir. Sans l'événement de tantôt. vous m'auriez trouvé à table, attendu que je dîne invariablement à deux heures. Aujourd'hui, par extraordinaire, nous dînerons à trois heures et demie ou quatre. Pyrrhus que vous voyez, — et

5

M. Ledru me montrait un magnifique molosse, — Pyrrhus a profité de l'émotion de la mère Antoine pour s'emparer du gigot: c'était son droit, de sorte qu'on a été obligé d'en aller chercher un autre chez le boucher. Je disais que cela me donnerait le temps, non-seulement de vous présenter à mes convives, mais encore celui de vous donner sur eux quelques renseignements.

— Quelques renseignements?

— Oui, ce sont des personnages qui, comme ceux du *Barbier de Séville* et de *Figaro*, ont besoin d'être précédés d'une certaine explication sur le costume et le caractère; mais commençons d'abord par la maison.

— Vous m'avez dit, je crois, monsieur, qu'elle avait appartenu à Scarron?

— Oui, c'est ici que la future épouse du roi Louis XIV, en attendant qu'elle amusât l'homme inamusable, soignait le pauvre cul-de-jatte, son premier mari. Vous verrez sa chambre.

— A madame de Maintenon?

— Non, à madame Scarron; — ne confondons point : la chambre de madame de Maintenon est à Versailles ou à Saint-Cyr. — Venez.

Nous montâmes un grand escalier, et nous nous trouvâmes dans un corridor donnant sur la cour.

— Tenez, me dit M. Ledru, voilà qui vous touche, monsieur le poëte; c'est du plus pur Phébus qui se parlât en 1650.

— Ah! ah! la carte du Tendre.

— Aller et retour, tracée par Scarron et annotée de la main de sa femme; rien que cela.

En effet, deux cartes tenaient les entre-deux des fenêtres.

Elles étaient tracées à la plume, sur une grande feuille de papier collée sur carton.

— Vous voyez, continua M. Ledru, ce grand serpent bleu, c'est le fleuve du Tendre; ces petits colombiers, ce sont les hameaux Petits-Soins, Billets-Doux, Mystère. Voilà l'auberge du Désir, la vallée des Douceurs, le pont des Soupirs, la forêt de la Jalousie, toute peuplée de monstres comme celle d'Armide. Enfin, au milieu du lac où le fleuve prend sa source, voici le palais du Parfait-Contentement : c'est le terme du voyage, le but de la course.

— Diable! que vois-je là, un volcan?

— Oui; il bouleverse parfois le pays. C'est le volcan des Passions.

— Il n'est pas sur la carte de mademoiselle de Scudéry?

— Non. C'est une invention de madame Paul Scarron; — et d'une.

— L'autre?

— L'autre, c'est le Retour. Vous le voyez, le fleuve déborde; il est grossi par les larmes de ceux qui suivent ses rives. Voici les hameaux de l'Ennui, l'auberge des Regrets, l'île du Repentir. C'est on ne peut plus ingénieux.

— Est-ce que vous aurez la bonté de me laisser copier cela?

— Ah! tant que vous voudrez. Maintenant, voulez-vous voir la chambre de madame Scarron?

— Je crois bien!

— La voici.

M. Ledru ouvrit une porte; il me fit passer devant lui.

— C'est aujourd'hui la mienne;—mais, à part les livres dont elle est encombrée, — je vous la donne pour telle qu'elle était du temps de son illustre propriétaire : — c'est la même alcôve, le même lit, les mêmes meubles; ces cabinets de toilette étaient les siens.

— Et la chambre de Scarron?

— Oh! la chambre de Scarron était à l'autre bout du corridor; mais, quant à celle-là, il faudra vous en priver; — on n'y entre pas : c'est la chambre secrète, le cabinet de Barbe-Bleue.

— Diable!

— C'est comme cela. — Moi aussi j'ai mes mystères, tout maire que je suis; — mais venez, — je vais vous montrer autre chose.

M. Ledru marcha devant moi; nous descendîmes l'escalier, et nous entrâmes au salon.

Comme tout le reste de la maison, ce salon avait un caractère particulier. Sa tenture était un papier dont il eût été difficile de déterminer la couleur primitive; tout le long de la muraille régnait un double rang de fauteuils, bordé d'un rang de chaises, le tout en vieille tapisserie; de place en place, des tables de jeu et des guéridons; puis, au milieu de tout cela, comme le Léviathan au milieu des poissons de l'Océan, un gigantesque bureau, s'étendant de la muraille, où il appuyait une de ses extrémités, jusqu'au tiers du salon, bureau tout couvert de livres, de brochures, de journaux, au milieu desquels dominait comme un roi le *Constitutionnel*, lecture favorite de M. Ledru.

Le salon était vide, les convives se promenaient dans le jardin, que l'on découvrait dans toute son étendue à travers les fenêtres.

M. Ledru alla droit à son bureau, et ouvrit un immense tiroir, dans lequel se trouvait une foule de petits paquets semblables à des paquets de graines. Les objets que renfermait ce tiroir étaient renfermés eux-mêmes dans des papiers étiquetés.

— Tenez, me dit-il, voilà encore pour vous, l'homme historique, quelque chose de plus curieux que la carte du Tendre. C'est une collection de reliques, non pas de saints, mais de rois.

En effet, chaque papier enveloppait un os, des cheveux ou de la barbe. — Il y avait une rotule de Charles IX, le pouce de François Ier, un fragment du crâne de Louis XIV, une côte de Henri II, une vertèbre de Louis XV, de la barbe de Henri IV et des cheveux de Louis XIII. Chaque roi avait fourni son échantillon, et de tous ces os on eût pu recomposer à peu de chose près un squelette qui eût parfaitement représenté celui de la monarchie française, auquel depuis longtemps manquent les ossements principaux.

Il y avait en outre une dent d'Abeilard et une dent d'Héloïse, deux blanches incisives, qui, du temps où elles étaient recouvertes par leurs lèvres frémissantes,—s'étaient peut-être rencontrées dans un baiser.

D'où venait cet ossuaire?

M. Ledru avait présidé à l'exhumation des rois à Saint-Denis, et il avait pris dans chaque tombeau ce qui lui avait plu.

M. Ledru me donna quelques instants pour satisfaire ma curiosité; puis, voyant que j'avais à peu près passé en revue toutes ses étiquettes :

— Allons, me dit-il, c'est assez nous occuper des morts, passons un peu aux vivants.

Et il m'emmena près d'une des fenêtres par lesquelles, je l'ai dit, la vue plongeait dans le jardin.

— Vous avez là un charmant jardin, lui dis-je.

— Jardin de curé, avec son quinconce de tilleuls, sa collection de dahlias et de rosiers, ses berceaux de vignes et ses espaliers de pêchers et d'abricotiers : — vous verrez tout cela; — mais, pour le moment, occupons-nous, non pas du jardin, mais de ceux qui s'y promènent.

— Ah! dites-moi d'abord qu'est-ce que c'est que ce M. Alliette, dit *Etteilla* par anagramme, qui demandait si l'on voulait savoir son âge véritable, ou seulement l'âge qu'il semblait avoir; — il me semble qu'il paraît à merveille les soixante-quinze ans que vous lui avez donnés.

— Justement, me répondit M. Ledru.—Je comptais commencer par lui. Avez-vous lu Hoffmann?

— Oui... Pourquoi?

— Eh bien! c'est un homme d'Hoffmann. Toute la vie, il a cherché à appliquer les cartes et les nombres à la divination de l'avenir; tout ce qu'il possède passe à la loterie, à laquelle il a commencé par gagner un terne, et à laquelle il n'a jamais gagné depuis. Il a connu Cagliostro et le comte de Saint-Germain : il prétend être de leur famille, avoir comme eux le secret de l'élixir de longue vie. Son âge réel, si vous le lui demandez, est de deux cent soixante-quinze ans : il a d'abord vécu cent ans, sans infirmités, du règne de Henri II au règne de Louis XIV; puis, grâce à son secret, tout en mourant aux yeux du vulgaire, il a accompli trois autres révolutions de cinquante ans chacune. Dans ce moment, il recommence la quatrième, et n'a par conséquent que vingt-cinq ans. Les deux cent cinquante premières années ne comptent plus que comme mémoire. Il vivra ainsi, et il le dit tout haut, jusqu'au jugement dernier. Au quinzième siècle, on eût brûlé Alliette, et on eût eu tort; aujourd'hui on se contente de le plaindre, et on a tort encore. Alliette est l'homme le plus heureux de la terre; il ne

parle que tarots, cartes, sortilèges, sciences égyptiennes de Thot, mystères isiaques. Il publie sur tous ces sujets de petits livres que personne ne lit, et que cependant un libraire, aussi fou que lui, édite sous le pseudonyme, ou plutôt sous l'anagramme d'*Etteilla*; il a toujours son chapeau plein de brochures. Tenez, voyez-le; il le tient sous son bras, tant il a peur qu'on ne lui prenne ses précieux livres. Regardez l'homme, regardez le visage, regardez l'habit, et voyez comme la nature est toujours harmonieuse, et combien exactement le chapeau va à la tête, l'homme à l'habit, le pourpoint au moule, comme vous dites, vous autres romantiques.

Effectivement, rien n'était plus vrai. J'examinai Alliette : il était vêtu d'un habit gras, poudreux, râpé, taché; son chapeau, à bords luisants comme du cuir verni, s'élargissait démesurément par le haut; il portait une culotte de ratine noire, des bas noirs ou plutôt roux, et des souliers arrondis comme ceux des rois sous lesquels il prétendait avoir reçu la naissance.

Quant au physique, c'était un gros petit homme, trapu, figure de sphinx, éraillé, large bouche privée de dents, indiquée par un rictus profond, avec des cheveux rares, longs et jaunes, voltigeant comme une auréole autour de sa tête.

— Il cause avec l'abbé Moulle, dis-je à M. Ledru, celui qui vous accompagnait dans notre expédition de ce matin, expédition sur laquelle nous reviendrons, n'est-ce pas?

— Et pourquoi y reviendrons-nous? me demanda M. Ledru en me regardant curieusement.

— Parce que, excusez-moi, mais vous avez paru croire à la possibilité que cette tête ait parlé.

— Vous êtes physionomiste. Eh bien! c'est vrai, j'y crois; oui, nous reparlerons de tout cela, et, si vous êtes curieux d'histoires de ce genre, vous trouverez ici qui parler. Mais passons à l'abbé Moulle.

— Ce doit être, interrompis-je, un homme d'un commerce charmant; la douceur de sa voix, quand il a répondu à l'interrogatoire du commissaire de police, m'a frappé.

— Eh bien! cette fois encore, vous avez deviné juste. Moulle est un ami à moi depuis quarante ans, et il en a soixante : vous le voyez, il est aussi propre et aussi soigné qu'Alliette est râpé, gras et sale; c'est un homme du monde au premier degré, jeté fort avant dans la société du faubourg Saint-Germain; c'est lui qui marie les fils et les filles des pairs de France; ces mariages sont pour lui l'occasion de prononcer de petits discours que les parties contractantes font imprimer et conservent précieusement dans la famille. Il a failli être évêque de Clermont. Savez-vous pourquoi il ne l'a pas été? parce qu'il a été autrefois ami de Cazotte; parce que, comme Cazotte enfin, il croit à l'existence des esprits supérieurs et inférieurs, des bons et des mauvais génies : comme Alliette, il fait collection de livres. Vous trouverez chez lui tout ce qui a été écrit sur les visions et sur les apparitions, sur les spectres, les larves, les revenants. Quoiqu'il parle difficilement, excepté entre amis, de toutes ces choses qui ne sont point tout à fait orthodoxes, en somme, c'est un homme convaincu, mais discret, qui attribue tout ce qui arrive d'extraordinaire dans ce monde à la puissance de l'enfer ou à l'intervention des intelligences célestes. Vous voyez, il écoute en silence ce que lui dit Alliette, semble regarder quelque objet que son interlocuteur ne voit pas, et auquel il répond de temps en temps par un mouvement des lèvres ou un signe de tête. Parfois, au milieu de nous, il tombe tout à coup dans une sombre rêverie, frissonne, tremble, tourne la tête, va et vient dans le salon. Dans ce cas, il faut le laisser faire; il serait dangereux peut-être de le réveiller, je dis le réveiller, car alors je le crois en état de somnambulisme. D'ailleurs, il se réveille tout seul, et, vous le verrez, dans ce cas il a le réveil charmant.

— Oh! mais, dites donc, fis-je à M. Ledru, il me semble qu'il vient d'évoquer un de ces esprits dont vous parliez tout à l'heure?

Et je montrai du doigt à mon hôte un véritable spectre ambulant qui venait rejoindre les deux causeurs, et qui posait avec précaution son pied entre les fleurs sur lesquelles il semblait pouvoir marcher sans les courber.

— Celui-ci, me dit-il, c'est encore un ami à moi, le chevalier Lenoir...

— Le créateur du musée des Petits-Augustins?...

— Lui-même. Il meurt de chagrin de la dispersion de son musée, pour lequel il a, en 92 et 94, dix fois manqué d'être tué. La Restauration, avec son intelligence ordinaire, l'a fait fermer, — avec ordre de rendre les monuments aux édifices auxquels ils appartenaient et aux familles qui avaient des droits pour les réclamer. — Malheureusement, la plupart des monuments étaient détruits, la plupart des familles étaient éteintes, de sorte que les fragments les plus curieux de notre antique sculpture, et par conséquent de notre histoire, ont été dispersés, perdus. C'est ainsi que tout s'en va de notre vieille France ; il ne restait plus que ces fragments, et de ces fragments, il ne restera bientôt plus rien ; et quels sont ceux qui détruisent? ceux-là même qui auraient le plus d'intérêt à la conservation.

Et M. Ledru, tout libéral qu'il était, comme on disait à cette époque, poussa un soupir.

— Sont-ce tous vos convives? demandai-je à M. Ledru.

— Nous aurons peut-être le docteur Robert. Je ne vous dis rien de celui-là, je présume que vous l'avez jugé. C'est un homme qui a toute sa vie expérimenté sur la machine humaine, comme il eût fait sur un mannequin, sans se douter que cette machine avait une âme pour comprendre les douleurs, et des nerfs pour les ressentir. C'est un bon vivant qui a fait un grand nombre de morts. Celui-là, heureusement pour lui, ne croit pas aux revenants. C'est un esprit médiocre qui pense être spirituel parce qu'il est bruyant, philosophe parce qu'il est athée ; c'est un de ces hommes que l'on reçoit, non pour les recevoir, mais parce qu'ils viennent chez vous. Quant à aller les chercher là où ils sont, on n'en aurait jamais l'idée.

— Oh! monsieur, comme je connais cette espèce-là !

— Nous devions avoir encore un autre ami à moi, plus jeune seulement qu'Alliette, que l'abbé Moulle et que le chevalier Lenoir, qui tient tête à la fois à Alliette sur la cartomancie, à Moulle sur la démonologie, au chevalier Lenoir sur les antiquités; une bibliothèque vivante, un catalogue relié en peau de chrétien, que vous devez connaître vous-même.

— Le bibliophile Jacob?

— Justement.

— Et il ne viendra pas?

— Il n'est pas venu du moins, et, comme il sait que nous dînons à deux heures ordinaires, et qu'il va être quatre heures, il n'y a pas de probabilité qu'il nous arrive. — Il est à la recherche de quelque bouquin imprimé à Amsterdam en 1570, édition *princeps* avec trois fautes de typographie, une à la première feuille, une à la septième, une à la dernière.

En ce moment on ouvrit la porte du salon, et la mère Antoine parut.

— Monsieur est servi, annonça-t-elle.

— Allons, messieurs, dit M. Ledru en ouvrant à son tour la porte du jardin, à table, à table !

Puis, se retournant vers moi :

— Maintenant, me dit-il, il doit y avoir encore quelque part dans le jardin, outre les convives que vous voyez et dont je vous ai fait l'historique, un convive que vous n'avez pas vu et dont je ne vous ai pas parlé. Celui-là est trop détaché des choses de ce monde pour avoir entendu le grossier appel que je viens de faire, et auquel, vous le voyez, se rendent tous nos amis. Cherchez, cela vous regarde; quand vous aurez trouvé son immatérialité, sa transparence, *eine Erscheinung*, comme disent les Allemands, vous vous nommerez, vous essayerez de lui persuader qu'il est bon de manger quelquefois, ne fût-ce que pour vivre ; vous lui offrirez votre bras et vous nous l'amènerez ; allez.

J'obéis à M. Ledru, devinant que le charmant esprit que je venais d'apprécier en quelques minutes me réservait quelque agréable surprise, et je m'avançai dans le jardin en regardant tout autour de moi.

L'investigation ne fut pas longue, et j'aperçus bientôt ce que je cherchais.

ANDRIEUX.   QUICHON.

— Tout ce que j'aperçus de sa personne était gracieux et distingué.

C'était une femme assise à l'ombre d'un quinconce de tilleuls, et dont je ne voyais ni le visage
ni la taille : le visage, parce qu'il était tourné du
côté de la campagne ; la taille, parce qu'un grand
châle l'enveloppait.

Elle était toute vêtue de noir.

Je m'approchai d'elle sans qu'elle fît un mouvement. Le bruit de mes pas ne semblait point parve-
nir à son oreille : on eût dit une statue.

Au reste, tout ce que j'aperçus de sa personne
était gracieux et distingué.

De loin j'avais déjà vu qu'elle était blonde. Un
rayon de soleil, qui passait à travers la feuillée des
tilleuls, jouait sur sa chevelure et en faisait une auréole d'or. De près, je pus remarquer la finesse de
ses cheveux, qui eussent rivalisé avec ces fils de
soie que les premières brises de l'automne détachent du manteau de la Vierge ; son cou, un peu
trop long peut-être, charmante exagération qui est
presque toujours une grâce, si elle n'est point une
beauté ; son cou s'arrondissait pour aider sa tête à
s'appuyer sur sa main droite, dont le coude s'appuyait lui-même au dossier de la chaise, tandis que
son bras gauche pendait à côté d'elle, tenant une

rose blanche du bout de ses doigts effilés. Cou arrondi comme celui d'un cygne, main repliée, bras pendants, tout cela était de la même blancheur mate; — on eût dit un marbre de Paros, sans veines à sa surface, sans pouls à l'intérieur; la rose qui commençait à se faner était plus colorée et plus vivante que la main qui la tenait.

Je la regardai un instant, et, plus je la regardais, plus il me semblait que ce n'était point un être vivant que j'avais devant les yeux.

J'en étais arrivé à douter qu'en lui parlant elle se retournât. Deux ou trois fois ma bouche s'ouvrit et se referma sans avoir prononcé une parole.

Enfin je me décidai.

— Madame, lui dis-je.

Elle tressaillit, se retourna, me regarda avec étonnement, comme fait quelqu'un qui sort d'un rêve et qui rappelle ses idées.

Ses grands yeux noirs fixés sur moi, — avec ces cheveux blonds que j'ai décrits, elle avait les sourcils et les yeux noirs, — ses grands yeux noirs, fixés sur moi, avaient une expression étrange.

Pendant quelques secondes, nous demeurâmes sans nous parler, — elle me regardant, moi l'examinant.

C'était une femme de trente-deux à trente-trois ans, qui avait dû être d'une merveilleuse beauté avant que ses joues se fussent creusées, avant que son teint eût pâli; — au reste, je la trouvai parfaitement belle ainsi, avec son visage nacré et du même ton que sa main, sans aucune nuance d'incarnat, ce qui faisait que ses yeux semblaient de jais, ses lèvres de corail.

— Madame, répétai-je, M. Ledru prétend qu'en vous disant que je suis l'auteur d'*Henri III*, de *Christine* et d'*Antony*, vous voudrez bien me tenir pour présenté, et accepter mon bras jusqu'à la salle à manger.

— Pardon, monsieur, dit-elle, vous êtes là depuis un instant, n'est-ce pas? — Je vous ai senti venir, mais je ne pouvais pas me retourner; cela m'arrive quelquefois quand je regarde de certains côtés. Votre voix a rompu le charme, donnez-moi donc votre bras, et allons.

Elle se leva et passa son bras sous le mien; mais à peine, quoiqu'elle ne parût nullement se contraindre, sentis-je la pression de ce bras. On eût dit une ombre qui marchait à côté de moi.

Nous arrivâmes à la salle à manger sans avoir dit ni l'un ni l'autre un mot de plus.

Deux places étaient réservées à la table.

Une à la droite de M. Ledru pour elle.

Une en face d'elle pour moi.

<hr />

V

LE SOUFFLET DE CHARLOTTE CORDAY.

Ainsi que tout ce qui était chez M. Ledru, cette table avait son caractère.

C'était un grand fer à cheval appuyé aux fenêtres du jardin, laissant les trois quarts de l'immense salle libres pour le service. Cette table pouvait recevoir vingt personnes, sans qu'aucune fût gênée; on y mangeait toujours, soit que M. Ledru eût, un, deux, quatre, dix, vingt convives; soit qu'il mangeât seul : ce jour-là nous étions six seulement, et nous en occupions le tiers à peine.

Tous les jeudis, le menu était le même. M. Ledru pensait que, pendant les huit jours écoulés, les convives avaient pu manger autre chose soit chez eux, soit chez les autres hôtes qui les avaient conviés. On était donc sûr de trouver chez M. Ledru, tous les jeudis, le potage, le bœuf, un poulet à l'estragon, un gigot rôti, des haricots et une salade.

Les poulets se doublaient ou se triplaient selon les besoins des convives.

Qu'il y eût peu, point, ou beaucoup de monde, M. Ledru se tenait toujours à l'un des bouts de la table, le dos au jardin, le visage vers la cour. Il était assis dans un grand fauteuil incrusté depuis dix ans à la même place; — là il recevait, des mains de son jardinier Antoine, converti, comme maître Jacques, en valet de pied, outre le vin ordinaire, quelques bouteilles de vieux bourgogne qu'on lui apportait avec un respect religieux, et qu'il débouchait et servait lui-même à ses convives avec le même respect et la même religion.

Il y a dix-huit ans, on croyait encore à quelque chose ; dans dix ans, on ne croira plus à rien, pas même au vin vieux.

Après le dîner, on passait au salon pour le café.

Le dîner s'écoula comme s'écoule un dîner, à louer la cuisinière, à vanter le vin. — La jeune femme seule ne mangea que quelques miettes de pain, ne but qu'un verre d'eau, et ne prononça pas une seule parole.

Elle me rappelait cette goule des *Mille et une Nuits* qui se mettait à table comme les autres, mais seulement pour manger quelques grains de riz avec un cure-dents.

Après le dîner, comme d'habitude, on passa au salon.

Ce fut naturellement à moi à donner le bras à notre silencieuse convive. Elle fit vers moi la moitié du chemin pour le prendre. C'était toujours la même mollesse dans les mouvements, la même grâce dans la tournure, je dirai presque la même impalpabilité dans les membres.

Je la conduisis à une chaise longue où elle se coucha.

Deux personnes avaient, pendant que nous dînions, été introduites au salon.

C'étaient le docteur et le commissaire de police.

Le commissaire de police venait nous faire signer le procès-verbal que Jacquemin avait déjà signé dans sa prison.

Une légère tache de sang se faisait remarquer sur le papier.

Je signai à mon tour, et en signant :

— Qu'est-ce que cette tache ? demandai-je ; et ce sang vient-il de la femme ou du mari ?

— Il vient, me répondit le commissaire, de la blessure que le meurtrier avait à la main et qui continue de saigner sans qu'on puisse arrêter le sang.

— Comprenez-vous, monsieur Ledru, dit le docteur, que cette brute-là persiste à affirmer que la tête de sa femme lui a parlé ?

— Et vous croyez la chose impossible, n'est-ce pas, docteur ?

— Parbleu !

— Vous croyez même impossible que les yeux se soient rouverts ?

— Impossible.

— Vous ne croyez pas que le sang, interrompu dans sa fuite par cette couche de plâtre qui a bouché immédiatement toutes les artères et tous les vaisseaux, ait pu rendre à cette tête un moment de vie et de sentiment ?

— Je ne crois pas.

— Eh bien ! dit M. Ledru, moi je le crois.

— Moi aussi, dit Alliette.

— Moi aussi, dit l'abbé Moulle.

— Moi aussi, dit le chevalier Lenoir.

— Moi aussi, dis-je.

Le commissaire de police et la dame pâle seuls ne dirent rien : l'un sans doute parce que la chose ne l'intéressait point assez, l'autre peut-être parce que la chose l'intéressait trop.

— Ah ! si vous êtes tous contre moi, vous aurez raison. Seulement, si un de vous était médecin...

— Mais, docteur, dit M. Ledru, vous savez que je le suis à peu près.

— En ce cas, dit le docteur, vous devez savoir qu'il n'y a plus de douleur là où il n'y a plus de sentiment, et que le sentiment est détruit par la section de la colonne vertébrale.

— Et qui vous a dit cela ? demanda M. Ledru.

— La raison, parbleu !

— Oh ! la bonne réponse. Est-ce que ce n'est pas aussi la raison qui disait aux juges qui ont condamné Galilée que c'était le soleil qui tournait et la terre qui restait immobile ? La raison est une sotte, mon cher docteur. Avez-vous fait des expériences vous-même sur des têtes coupées ?

— Non, jamais.

— Avez-vous lu les dissertations de Sommering ? avez-vous lu les procès-verbaux du docteur Sue ? avez-vous lu les protestations d'OElcher ?

— Non.

— Ainsi, vous croyez, n'est-ce pas, sur le rapport de M. Guillotin, que sa machine est le moyen le plus sûr, le plus rapide et le moins douloureux de terminer la vie ?

— Je le crois.

— Eh bien ! vous vous trompez, mon cher ami, voilà tout.

— Ah ! par exemple !

— Écoutez, docteur, puisque vous avez fait un appel à la science, je vais vous parler science ; et aucun de nous, croyez-le bien, n'est assez étranger à ce genre de conversation pour n'y point prendre part.

Le docteur fit un geste de doute.

— N'importe, vous comprendrez tout seul alors.

Nous nous étions rapprochés de M. Ledru, et, pour ma part, j'écoutais avidement : cette question de la peine de mort appliquée, soit par la corde, soit par le fer, soit par le poison, m'ayant toujours singulièrement préoccupé comme question d'humanité.

J'avais même de mon côté fait quelques recherches sur les différentes douleurs qui précèdent, accompagnent et suivent les différents genres de mort.

— Voyons, parlez, dit le docteur d'un ton incrédule.

— Il est aisé de démontrer à quiconque possède la plus légère notion de la construction et des forces vitales de notre corps, continua M. Ledru, que le sentiment n'est pas entièrement détruit par le supplice, et, ce que j'avance, docteur, est fondé, non point sur des hypothèses, mais sur des faits.

Monsieur Ledru.

— Voyons ces faits.

— Les voici : 1° le siége du sentiment est dans le cerveau, n'est-ce pas ?

— C'est probable.

— Les opérations de cette conscience du sentiment peuvent se faire, quoique la circulation du sang par le cerveau soit suspendue, affaiblie ou partiellement détruite.

— C'est possible.

— Si donc le siége de la faculté de sentir est dans le cerveau, aussi longtemps que le cerveau conserve sa force vitale, le supplicié a le sentiment de son existence.

— Des preuves ?

— Les voici : Haller, dans ses *Éléments de physique*, t. IV, p. 35, dit :

« Une tête coupée rouvrit les yeux et me regarda de côté, parce que, du bout du doigt, j'avais touché sa moelle épinière. »

— Haller, soit ; mais Haller a pu se tromper.

— Il s'est trompé, je le veux bien. Passons à un autre. Weycard, *Arts philosophiques*, p. 221, dit :

— Je suis plus avancé que Sommering : une tête m'a parlé, à moi.

« J'ai vu se mouvoir les lèvres d'un homme dont la tête était abattue. »

— Bon ; mais de se mouvoir à parler...

— Attendez, nous y arrivons. Voici Sommering ; ses œuvres sont là, et vous pouvez chercher. Sommering dit :

« Plusieurs docteurs, mes confrères, m'ont assuré avoir vu une tête séparée du corps grincer des dents de douleur, et moi je suis convaincu que si l'air circulait encore par les organes de la voix, *les têtes parleraient.* »

— Eh bien ! docteur, continua M. Ledru en pâlissant, je suis plus avancé que Sommering : une tête m'a parlé, à moi.

Nous tressaillîmes tous. La dame pâle se souleva sur sa chaise longue

— A vous ?

— Oui, à moi ; direz-vous aussi que je suis un fou ?

— Dame ! fit le docteur, si vous me dites qu'à vous-même...

— Oui, je vous dis qu'à moi-même la chose est arrivée. Vous êtes trop poli, n'est-ce pas, docteur, pour me dire tout haut que je suis un fou ; mais vous le direz tout bas, et cela reviendra absolument au même.

— Eh bien! voyons, contez-nous cela, dit le docteur.

— Cela vous est bien aisé à dire. Savez-vous que ce que vous me demandez de vous raconter, à vous, je ne l'ai jamais raconté à personne depuis trente-sept ans que la chose m'est arrivée ; savez-vous que je ne réponds pas de ne point m'évanouir en vous la racontant, comme je me suis évanoui quand cette tête a parlé, quand ces yeux mourants se sont fixés sur les miens?

Le dialogue devenait de plus en plus intéressant, la situation de plus en plus dramatique.

— Voyons, Ledru, du courage? dit Alliette, et contez-nous cela.

— Contez-nous cela, mon ami, dit l'abbé Moulle.

— Contez, dit le chevalier Lenoir.

— Monsieur... murmura la femme pâle.

Je ne dis rien, mais mon désir était dans mes yeux.

— C'est étrange, dit M. Ledru sans nous répondre et comme se parlant à lui-même, c'est étrange comme les évènements influent les uns sur les autres! Vous savez qui je suis, dit M. Ledru en se tournant de mon côté.

— Je sais, monsieur, répondis-je, que vous êtes un homme fort instruit, fort spirituel, qui donnez d'excellents dîners, et qui êtes maire de Fontenay-aux-Roses.

M. Ledru sourit en me remerciant d'un signe de tête.

— Je vous parle de mon origine, de ma famille, dit-il.

— J'ignore votre origine, monsieur, et ne connais point votre famille.

— Eh bien! écoutez, je vais vous dire tout cela, et puis peut-être l'histoire que vous désirez savoir, et que je n'ose pas vous raconter, viendra-t-elle à la suite. Si elle vient, eh bien! vous la prendrez ; si elle ne vient point, ne me la redemandez pas : c'est que la force m'aura manqué pour vous la dire.

Tout le monde s'assit et prit ses mesures pour écouter à son aise.

Au reste, le salon était un vrai salon de récits ou de légendes, grand, sombre, grâce aux rideaux épais et au jour qui allait mourant, dont les angles étaient déjà en pleine obscurité, tandis que les lignes qui correspondaient aux portes et aux fenêtres conservaient seules un reste de lumière.

Dans un de ces angles était la dame pâle. Sa robe noire était entièrement perdue dans la nuit. Sa tête seule, blanche, immobile et renversée sur le coussin du sopha, était visible.

M. Ledru commença :

— Je suis, dit-il, le fils du fameux Comus, physicien du roi et de la reine ; mon père, que son surnom burlesque a fait classer parmi les escamoteurs

et les charlatans, était un savant distingué de l'école de Volta, de Galvani et de Mesmer. Le premier en France il s'occupa de fantasmagorie et d'électricité, donnant des séances de mathématiques et de physique à la cour.

La pauvre Marie-Antoinette, que j'ai vue vingt fois, et qui plus d'une fois m'a pris par les mains et embrassé lors de son arrivée en France, c'est-à-dire lorsque j'étais un enfant, Marie-Antoinette raffolait de lui. A son passage en 1777, Joseph II déclara qu'il n'avait rien vu de plus curieux que Comus.

Au milieu de tout cela, mon père s'occupait de l'éducation de mon frère et de la mienne, nous initiant à ce qu'il savait de sciences occultes, et à une foule de connaissances galvaniques, physiques, magnétiques, qui aujourd'hui sont du domaine public, mais qui à cette époque étaient des secrets, privilèges de quelques-uns seulement ; le titre de physicien du roi fit, en 93, emprisonner mon père ; mais, grâce à quelques amitiés que j'avais avec la Montagne, je parvins à le faire relâcher.

Mon père alors se retira dans cette même maison où je suis, et y mourut en 1807, âgé de soixante-seize ans.

Revenons à moi.

J'ai parlé de mes amitiés avec la Montagne. J'étais lié en effet avec Danton et Camille Desmoulins. J'avais connu Marat plutôt comme médecin que comme ami. Enfin, je l'avais connu. Il résulta de cette relation que j'eus avec lui, si courte qu'elle ait été, que, le jour où l'on conduisit mademoiselle de Corday à l'échafaud, je me résolus à assister à son supplice.

— J'allais justement, interrompis-je, vous venir en aide dans votre discussion avec M. le docteur Robert sur la persistance de la vie en racontant le fait que l'histoire a consigné relativement à Charlotte de Corday.

— Nous y arrivons, interrompit M. Ledru, laissez-moi dire. J'étais témoin ; par conséquent à ce que je dirai vous pourrez croire.

Dès deux heures de l'après-midi j'avais pris mon poste près de la statue de la Liberté. C'était par une chaude matinée de juillet ; le temps était lourd, le ciel était couvert et promettait un orage.

A quatre heures l'orage éclata ; ce fut à ce moment-là même, à ce que l'on dit, que Charlotte monta sur la charrette.

On l'avait été prendre dans sa prison au moment où un jeune peintre était occupé à faire son portrait. La mort jalouse semblait vouloir que rien ne survécût de la jeune fille, pas même son image.

La tête était ébauchée sur la toile, et, chose étrange! au moment où le bourreau entra, le peintre en était à cet endroit du cou que le fer de la guillotine allait trancher.

Les éclairs brillaient, la pluie tombait, le tonnerre grondait ; mais rien n'avait pu disperser la populace curieuse ; les quais, les ponts, les places, étaient encombrés ; les rumeurs de la terre couvraient presque les rumeurs du ciel. Ces femmes, qu'on appelait du nom énergique de lécheuses de guillotine, la poursuivaient de malédictions. J'entendais ces rugissements venir à moi comme on entend ceux d'une cataracte. Longtemps avant que l'on pût rien apercevoir, la foule ondula ; enfin, comme un navire fatal, la charrette apparut, labourant le flot, et je pus distinguer la condamnée, que je ne connaissais pas, que je n'avais jamais vue.

C'était une belle jeune fille de vingt-sept ans, avec des yeux magnifiques, un nez d'un dessin parfait, des lèvres d'une régularité suprême. Elle se tenait debout, la tête levée, moins pour paraître dominer cette foule, que parce que ses mains liées derrière le dos la forçaient de tenir sa tête ainsi. La pluie avait cessé ; mais, comme elle avait supporté la pluie pendant les trois quarts du chemin, l'eau qui avait coulé sur elle dessinait sur la laine humide les contours de son corps charmant ; on eût dit qu'elle sortait du bain. La chemise rouge dont l'avait revêtue le bourreau donnait un aspect étrange, une splendeur sinistre, à cette tête si fière et si énergique. Au moment où elle arrivait sur la place, la pluie cessa, et un rayon de soleil, glissant entre deux nuages, vint se jouer dans ses cheveux, qu'il fit rayonner comme une auréole. En vérité, je vous le jure, quoiqu'il y eût derrière cette jeune fille un meurtre, action terrible, même lorsqu'elle venge l'humanité, quoique je détestasse ce meurtre, je n'aurais su dire si ce que je voyais était une apothéose ou un supplice. En apercevant l'échafaud, elle pâlit ; et cette pâleur fut sensible, surtout à cause de cette chemise rouge, qui montait jusqu'à son cou ; mais presque aussitôt elle fit un effort, et acheva de se tourner vers l'échafaud, qu'elle regarda en souriant.

La charrette s'arrêta ; Charlotte sauta à terre sans vouloir permettre qu'on l'aidât à descendre, puis elle monta les marches de l'échafaud, rendues glissantes par la pluie qui venait de tomber, aussi vite que le lui permettait la longueur de sa chemise traînante et la gêne de ses mains liées. En sentant la main de l'exécuteur se poser sur son épaule pour arracher le mouchoir qui couvrait son cou, elle pâlit une seconde fois, mais, à l'instant même, un dernier sourire vint démentir cette pâleur, et d'elle-même, sans qu'on l'attachât à l'infâme bascule, dans un élan sublime et presque joyeux, elle passa sa tête par la hideuse ouverture. Le couperet glissa, la tête détachée du tronc tomba sur la plate-forme et rebondit. Ce fut alors, écoutez bien ceci, docteur,

écoutez bien ceci, poëte, ce fut alors qu'un des valets du bourreau, nommé Legros, saisit cette tête par les cheveux, et, par une vile adulation à la multitude, lui donna un soufflet. Eh bien ! je vous dis qu'à ce soufflet la tête rougit ; je l'ai vue, la tête, non pas la joue, entendez-vous bien ? non pas la joue touchée seulement, mais les deux joues, et cela d'une rougeur égale, car le sentiment vivait dans cette tête, et elle s'indignait d'avoir souffert une honte qui n'était point portée à l'arrêt.

Le peuple aussi vit cette rougeur, et il prit le parti de la morte contre le vivant, de la suppliciée contre le bourreau. Il demanda, séance tenante, vengeance de cette indignité, et, séance tenante, le misérable fut remis aux gendarmes et conduit en prison.

Attendez, dit M. Ledru, qui vit que le docteur voulait parler, attendez, ce n'est pas tout.

Je voulais savoir quel sentiment avait pu porter cet homme à l'acte infâme qu'il avait commis. Je m'informai du lieu où il était ; je demandai une permission pour le visiter à l'Abbaye, où on l'avait enfermé, je l'obtins et j'allai le voir.

Un arrêt du tribunal révolutionnaire venait de le condamner à trois mois de prison. Il ne comprenait pas qu'il eût été condamné pour une chose si *naturelle* que celle qu'il avait faite.

Je lui demandai ce qui avait pu le porter à cette action.

— Tiens, dit-il, la belle question ! Je suis maratiste, moi ; je venais de la punir pour le compte de la loi, j'ai voulu la punir pour mon compte.

— Mais, lui dis-je, vous n'avez donc pas compris qu'il y a presque un crime dans cette violation du respect dû à la mort ?

— Ah çà ! me dit Legros en me regardant fixement, vous croyez donc qu'ils sont morts, parce qu'on les a guillotinés, vous ?

— Sans doute.

— Eh bien ! on voit que vous ne regardez pas dans le panier quand ils sont là tous ensemble ; que vous ne leur voyez pas tordre les yeux et grincer des dents pendant cinq minutes encore après l'exécution. Nous sommes obligés de changer de panier tous les trois mois, tant ils en saccagent le fond avec les dents. C'est un tas de têtes d'aristocrates, voyez-vous, qui ne veulent pas se décider à mourir, et je ne serais pas étonné qu'un jour quelqu'une d'elles se mît à crier : Vive le roi !

Je savais tout ce que je voulais savoir ; je sortis, poursuivi par une idée : c'est qu'en effet ces têtes vivaient encore, et je résolus de m'en assurer.

— Ah çà! dit Legros, vous croyez donc qu'ils sont morts quand on les a guillotinés, vous? — Page 27.

VI

SOLANGE.

endant le récit de M. Le-
dru, la nuit était tout à
fait venue. Les habitants
du salon n'apparaissaient
plus que comme des om-
bres, ombres non-seule-
ment muettes, mais encore
immobiles, tant on crai-
gnait que M. Ledru ne s'arrêtât; car on comprenait

que, derrière le récit terrible qu'il venait de faire,
il y avait un récit plus terrible encore.

On n'entendait donc pas un souffle. Le docteur
seul ouvrait la bouche. Je lui saisis la main pour
l'empêcher de parler, et, en effet, il se tut.

Au bout de quelques secondes, M. Ledru continua.

— Je venais de sortir de l'Abbaye, et je traversais
la place Taranne pour me rendre à la rue de Tour-

Elle s'élança vers moi en s'écriant : Eh! tenez, justement voici M. Albert.

non, que j'habitais, lorsque j'entendis une voix de femme appelant au secours.

Ce ne pouvaient être des malfaiteurs : il était dix heures du soir à peine. Je courus vers l'angle de la place où j'avais entendu le cri, et je vis, à la lueur de la lune sortant d'un nuage, une femme qui se débattait au milieu d'une patrouille de sans-culottes.

Cette femme, de son côté, m'aperçut, et, remarquant à mon costume que je n'étais pas tout à fait un homme du peuple, elle s'élança vers moi en s'écriant :

— Eh! tenez, justement voici M. Albert que je connais; il vous dira que je suis bien la fille de la mère Ledieu, la blanchisseuse.

Et en même temps la pauvre femme, toute pâle et toute tremblante, me saisit le bras, se cramponnant à moi comme le naufragé à la planche de son salut.

— La fille de la mère Ledieu tant que tu voudras; mais tu n'as pas de carte de civisme, la belle fille, et tu vas nous suivre au corps de garde!

La jeune femme me serra le bras; je sentis tout ce qu'il y avait de terreur et de prière dans cette pression. J'avais compris.

Comme elle m'avait appelé du premier nom qui

s'était offert à son esprit, je l'appelai, moi, du premier nom qui se présenta au mien.

— Comment! c'est vous, ma pauvre Solange! lui dis-je, que vous arrive-t-il donc?

— Là, voyez-vous, messieurs, reprit-elle.

— Il me semble que tu pourrais bien dire : citoyens.

— Écoutez, monsieur le sergent, ce n'est point ma faute si je parle comme cela, dit la jeune fille, ma mère avait des pratiques dans le grand monde, elle m'avait habituée à être polie, de sorte que c'est une mauvaise habitude que j'ai prise, je le sais bien, une habitude d'aristocrate; mais, que voulez-vous, monsieur le sergent, je ne puis pas m'en défaire.

Et il y avait dans cette réponse, faite d'une voix tremblante, une imperceptible raillerie que seul je reconnus. Je me demandais quelle pouvait être cette femme. Le problème était impossible à résoudre. Tout ce dont j'étais sûr, c'est qu'elle n'était point la fille d'une blanchisseuse.

— Ce qui m'arrive? reprit-elle, citoyen Albert, voilà ce qui m'arrive. Imaginez-vous que je suis allée reporter du linge; que la maîtresse de la maison était sortie; que j'ai attendu, pour recevoir mon argent, qu'elle rentrât. Dame! par le temps qui court, chacun a besoin de son argent. La nuit est venue; je croyais rentrer au jour. Je n'avais pas pris ma carte de civisme, je suis tombée au milieu de ces messieurs, pardon, je veux dire de ces citoyens; ils m'ont demandé ma carte, je leur ai dit que je n'en avais pas; ils ont voulu me conduire au corps de garde. J'ai crié, vous êtes accouru, justement une connaissance; alors, j'ai été rassurée. Je me suis dit : puisque M. Albert sait que je m'appelle Solange; puisqu'il sait que je suis la fille de la mère Ledieu, il répondra de moi, n'est-ce pas, monsieur Albert?

— Certainement, je répondrai de vous, et j'en réponds.

— Bon! dit le chef de la patrouille, et qui me répondra de toi, monsieur le muscadin?

— Danton. Cela te va-t-il? est-ce un bon patriote, celui-là?

— Ah! si Danton répond de toi, il n'y a rien à dire.

— Eh bien! c'est jour de séance aux Cordeliers; allons jusque-là.

— Allons jusque-là, dit le sergent. Citoyens sans-culottes, en avant, marche!

Le club des Cordeliers se tenait dans l'ancien couvent des Cordeliers, rue de l'Observance; nous y fûmes en un instant. Arrivé à la porte, je déchirai une page de mon portefeuille; j'écrivis quelques mots au crayon, et je les remis au sergent en l'invitant à les porter à Danton, tandis que nous restérions aux mains du caporal et de la patrouille.

Le sergent entra dans le club, et revint avec Danton.

— Comment! me dit-il, c'est toi qu'on arrête, toi! toi, mon ami, toi, l'ami de Camille! toi, un des meilleurs républicains qui existent! Allons donc! Citoyen sergent, ajouta-t-il en se retournant vers le chef des sans-culottes, je te réponds de lui. Cela te suffit-il?

— Tu réponds de lui; mais réponds-tu d'elle? reprit l'obstiné sergent.

— D'elle? De qui parles-tu?

— De cette femme, pardieu!

— De lui, d'elle, de tout ce qui l'entoure; es-tu content?

— Oui, je suis content, dit le sergent, surtout de t'avoir vu.

— Ah! pardieu! ce plaisir-là, tu peux te le donner gratis; regarde-moi tout à ton aise pendant que tu me tiens.

— Merci, continue de soutenir comme tu le fais les intérêts du peuple, et, sois tranquille, le peuple te sera reconnaissant.

— Oh! oui, avec cela que je compte là-dessus! dit Danton.

— Veux-tu me donner une poignée de main? continua le sergent.

— Pourquoi pas?

Et Danton lui donna la main.

— Vive Danton! cria le sergent.

— Vive Danton! répéta toute la patrouille.

Et elle s'éloigna, conduite par son chef, qui, à dix pas, se retourna, et, agitant son bonnet rouge, cria encore une fois : Vive Danton! cri qui fut répété par ses hommes.

J'allais remercier Danton lorsque son nom, plusieurs fois répété dans l'intérieur du club, par. vint jusqu'à nous. Danton! Danton! criaient plusieurs voix, à la tribune! — Pardon, mon cher, me dit-il, tu entends, une poignée de main, et laisse-moi rentrer. J'ai donné la droite au sergent, je te donne la gauche. Qui sait? le digne patriote avait peut-être la gale.

Et se retournant : — Me voilà! dit-il de cette voix puissante qui soulevait et calmait les orages de la rue, me voilà, attendez-moi.

Et il se rejeta dans l'intérieur du club.

Je restai seul à la porte avec mon inconnue.

— Maintenant, madame, lui dis-je, où faut-il que je vous conduise? je suis à vos ordres.

— Dame! chez la mère Ledieu, me répondit-elle en riant, vous savez bien que c'est ma mère.

— Mais où demeure la mère Ledieu?

— Rue Férou, n° 24.

— Allons chez la mère Ledieu, rue Férou, n° 24.

Nous redescendîmes la rue des Fossés-Monsieur-le-Prince jusqu'à la rue des Fossés-Saint-Germain, puis la rue du Petit-Lion, puis nous remontâmes la place Saint-Sulpice, puis la rue Férou.

Tout ce chemin s'était fait sans que nous eussions échangé une parole.

Seulement, aux rayons de la lune, qui brillait dans toute sa splendeur, j'avais pu l'examiner à mon aise.

C'était une charmante personne de vingt à vingt-deux ans, brune, avec de grands yeux bleus, plus spirituels que mélancoliques, un nez fin et droit, des lèvres railleuses, des dents comme des perles, des mains de reine, des pieds d'enfant, tout cela ayant, sous le costume vulgaire de la fille de la mère Ledieu, conservé une allure aristocratique qui avait, à bon droit, éveillé la susceptibilité du brave sergent et de sa belliqueuse patrouille.

En arrivant à la porte, nous nous arrêtâmes, et nous nous regardâmes un instant en silence.

— Eh bien! que me voulez-vous, mon cher monsieur Albert? me dit mon inconnue en souriant.

— Je voulais vous dire, ma chère demoiselle Solange, que ce n'était point la peine de nous rencontrer pour nous quitter si vite.

— Mais je vous demande un million de pardons. Je trouve que c'est tout à fait la peine, au contraire, attendu que, si je ne vous eusse pas rencontré, on m'eût conduite au corps de garde; on m'eût reconnue pour n'être pas la fille de la mère Ledieu; on eût découvert que j'étais une aristocrate, et l'on m'eût très-probablement coupé le cou.

— Vous avouez donc que vous êtes une aristocrate?

— Moi, je n'avoue rien.

— Voyons, dites-moi au moins votre nom?

— Solange.

— Vous savez bien que ce nom, que je vous ai donné à tout hasard, n'est pas le vôtre.

— N'importe! je l'aime et je le garde, pour vous, du moins.

— Quel besoin avez-vous de le garder pour moi, si je ne dois pas vous revoir?

— Je ne dis pas cela. Je dis seulement que, si nous nous revoyons, il est aussi inutile que vous sachiez comment je m'appelle que moi comment vous vous appelez. Je vous ai nommé Albert, gardez ce nom d'Albert, comme je garde le nom de Solange.

— Eh bien! soit; mais écoutez, Solange, lui dis-je.

— Je vous écoute, Albert, répondit-elle.

— Vous êtes une aristocrate, vous l'avouez?

— Quand je ne l'avouerais point, vous le devineriez, n'est-ce pas? Ainsi, mon aveu perd beaucoup de son mérite.

— Et en votre qualité d'aristocrate, vous êtes poursuivie?

— Il y a bien quelque chose comme cela.

— Et vous vous cachez pour éviter les poursuites?

— Rue Férou, 24, chez la mère Ledieu, dont le mari a été cocher de mon père. Vous voyez que je n'ai pas de secrets pour vous.

— Et votre père?

— Je n'ai pas de secrets pour vous, mon cher monsieur Albert, en tant que ces secrets sont à moi; mais les secrets de mon père ne sont pas les miens. Mon père se cache de son côté en attendant une occasion d'émigrer. Voilà tout ce que je puis vous dire.

— Et vous, que comptez-vous faire?

— Partir avec mon père, si c'est possible; si c'est impossible, le laisser partir seul et aller le rejoindre.

— Et ce soir, quand vous avez été arrêtée, vous reveniez de voir votre père?

— J'en revenais.

— Écoutez-moi, chère Solange!

— Je vous écoute.

— Vous avez vu ce qui s'est passé ce soir?

— Oui, et cela m'a donné la mesure de votre crédit.

— Oh! mon crédit n'est pas grand, par malheur. Cependant, j'ai quelques amis.

— J'ai fait connaissance ce soir avec l'un d'entre eux.

— Et, vous le savez, celui-là n'est pas un des hommes les moins puissants de l'époque.

— Vous comptez employer son influence pour aider à la fuite de mon père?

— Non, je la réserve pour vous.

— Et pour mon père?

— Pour votre père, j'ai un autre moyen.

— Vous avez un autre moyen! s'écria Solange, en s'emparant de mes mains, et en me regardant avec anxiété.

— Si je sauve votre père, garderez-vous un bon souvenir de moi?

— Oh! je vous serai reconnaissante toute ma vie.

Et elle prononça ces mots avec une adorable expression de reconnaissance anticipée.

Puis, me regardant avec un ton suppliant :

— Mais cela vous suffira-t-il? demanda-t-elle.

— Oui, répondis-je.

— Allons! je ne m'étais pas trompée, vous êtes un noble cœur. Je vous remercie au nom de mon père et au mien, et, quand vous ne réussiriez pas dans l'avenir, je n'en suis pas moins votre redevable pour le passé.

— Quand nous reverrons-nous, Solange?

— Quand avez-vous besoin de me revoir?

— Demain, j'espère avoir quelque chose de bon à vous apprendre.

— Eh bien! revoyons-nous demain.

— Où cela?

— Ici, si vous voulez.

— Ici, dans la rue?

— Eh! mon Dieu! vous voyez que c'est encore le plus sûr; depuis une demi-heure que nous causons à cette porte, il n'est point passé une seule personne.

— Pourquoi ne monterais-je pas chez vous, ou pourquoi ne viendriez-vous pas chez moi?

— Parce que, venant chez moi, vous compromet-

Je voulus lui baiser la main, elle me présenta le front.

tez les braves gens qui m'ont donné asile; parce qu'en allant chez vous, je vous compromets.

— Oh bien! soit; je prendrai la carte d'une de mes parentes, et je vous la donnerai.

— Oui, pour qu'on guillotine votre parente si, par hasard, je suis arrêtée.

— Vous avez raison, je vous apporterai une carte au nom de Solange.

— A merveille! vous verrez que Solange finira par être mon seul et véritable nom.

— Votre heure?

— La même où nous nous sommes rencontrés aujourd'hui. Dix heures, si vous voulez.

— Soit, dix heures.

— Et comment nous rencontrerons-nous?

— Oh! ce n'est pas bien difficile. A dix heures moins cinq minutes, vous serez à la porte; à dix heures, je descendrai.

— Donc, demain, à dix heures, chère Solange.

— Demain, à dix heures, cher Albert.

Je voulus lui baiser la main, elle me présenta le front.

Le lendemain soir, à neuf heures et demie, j'étais dans la rue.

A dix heures moins un quart, Solange ouvrait la porte.

Un homme de quarante-huit à cinquante ans nous ouvrit la porte. — Page 34.

Chacun de nous avait devancé l'heure.

Je ne fis qu'un bond jusqu'à elle.

— Je vois que vous avez de bonnes nouvelles, dit-elle en souriant.

— D'excellentes; d'abord, voici votre carte.

— D'abord, mon père.

Et elle repoussa ma main.

— Votre père est sauvé, s'il le veut.

— S'il le veut? dites-vous; que faut-il qu'il fasse?

— Il faut qu'il ait confiance en moi.

— C'est déjà chose faite.

— Vous l'avez vu?

— Oui.

— Vous vous êtes exposée.

— Que voulez-vous? il le faut; mais Dieu est là !

— Et vous lui avez tout dit, à votre père?

— Je lui ai dit que vous m'aviez sauvé la vie hier, et que vous lui sauveriez peut-être la vie demain.

— Demain, oui, justement; demain, s'il veut, je lui sauve la vie.

— Comment cela? dites; voyons, parlez. Quelle admirable rencontre aurais-je faite si tout cela réussissait !

— Seulement... dis-je en hésitant.

— Eh bien ?

— Vous ne pourrez point partir avec lui.

— Quant à cela, ne vous ai-je point dit que ma résolution était prise?

— D'ailleurs, plus tard, je suis sûr de vous avoir un passe-port.

— Parlons de mon père d'abord, nous parlerons de moi après.

— Eh bien! je vous ai dit que j'avais des amis, n'est-ce pas?

— Oui.

— J'en ai été voir un aujourd'hui.

— Après?

— Un homme que vous connaissez de nom, et dont le nom est un garant de courage, de loyauté et d'honneur.

— Et ce nom, c'est...

— Marceau.

— Le général Marceau?

— Justement.

— Vous avez raison; si celui-là a promis, il tiendra.

— Eh bien! il a promis.

— Mon Dieu! que vous me faites heureuse! Voyons, qu'a-t-il promis? dites.

— Il a promis de nous servir

— Comment cela?

— Ah! d'une manière bien simple. Kléber vient de le faire nommer général en chef de l'armée de l'Ouest. Il part demain soir.

— Demain soir? Mais nous n'aurons le temps de rien préparer.

— Nous n'avons rien à préparer.

— Je ne comprends pas.

— Il emmène votre père.

— Mon père!

— Oui, en qualité de secrétaire. Arrivé en Vendée, votre père engage à Marceau sa parole de ne pas servir contre la France, et, une nuit, il gagne un camp vendéen : de la Vendée, il passe en Bretagne, en Angleterre. Quand il est installé à Londres, il vous donne de ses nouvelles; je vous procure un passe-port, et vous allez le rejoindre à Londres.

— Demain! s'écria Solange. Mon père partirait demain!

— Mais il n'y a pas de temps à perdre.

— Mon père n'est pas prévenu.

— Prévenez-le.

— Ce soir?

— Ce soir.

— Mais comment, à cette heure?

— Vous avez une carte et mon bras.

— Vous avez raison. Ma carte.

Je la lui donnai; elle la mit dans sa poitrine.

— Maintenant, votre bras.

Je lui donnai mon bras, et nous partîmes.

Nous descendîmes jusqu'à la place Taranne, c'est-à-dire jusqu'à l'endroit où je l'avais rencontrée la veille.

— Attendez-moi ici, me dit-elle.

Je m'inclinai et j'attendis.

Elle disparut au coin de l'ancien hôtel Matignon; puis, au bout d'un quart d'heure, elle reparut.

— Venez, dit-elle, mon père veut vous voir et vous remercier.

Elle reprit mon bras et me conduisit rue Saint-Guillaume, en face de l'hôtel Mortemart.

Arrivée là, elle tira une clef de sa poche, ouvrit une petite porte bâtarde, me prit par la main, me guida jusqu'au deuxième étage, et frappa d'une façon particulière.

Un homme de quarante-huit à cinquante ans ouvrit la porte. Il était vêtu en ouvrier, et paraissait exercer l'état de relieur de livres.

Mais, aux premiers mots qu'il me dit, aux premiers remercîments qu'il m'adressa, le grand seigneur s'était trahi.

— Monsieur, me dit-il, la Providence vous a envoyé à nous, et je vous reçois comme un envoyé de la Providence. Est-il vrai que vous pouvez me sauver, et surtout que vous voulez me sauver?

Je lui racontai tout, je lui dis comment Marceau se chargeait de l'emmener en qualité de secrétaire, et ne lui demandait rien autre chose que la promesse de ne point porter les armes contre la France.

— Cette promesse, je vous la fais de bon cœur, et je la lui renouvellerai.

— Je vous en remercie en son nom et au mien.

— Mais quand Marceau part-il?

— Demain.

— Dois-je me rendre chez lui cette nuit?

— Quand vous voudrez; il vous attendra toujours.

Le père et la fille se regardèrent.

— Je crois qu'il serait plus prudent de vous y rendre dès ce soir, mon père, dit Solange.

— Soit. Mais si l'on m'arrête, je n'ai pas de carte de civisme.

— Voici la mienne.

— Mais, vous?

— Oh! moi, je suis connu.

— Où demeure Marceau?

— Rue de l'Université, n° 40, chez sa sœur, mademoiselle Desgraviers-Marceau.

— M'y accompagnez-vous?

— Je vous suivrai par derrière, pour pouvoir ramener mademoiselle, quand vous serez entré.

— Et comment Marceau saura t-il que je suis l'homme dont vous lui avez parlé?

— Vous lui remettrez cette cocarde tricolore, c'est le signe de reconnaissance.

— Que ferai-je pour mon libérateur?

— Vous me chargerez du salut de votre fille, comme elle m'a chargé du vôtre.

— Allons.

Il mit son chapeau et éteignit les lumières.

Nous descendîmes à la lueur d'un rayon de lune, qui filtrait par les fenêtres de l'escalier.

A la porte, il prit le bras de sa fille, appuya à droite, et, par la rue des Saints-Pères, gagna la rue de l'Université. Je les suivais toujours à dix pas.

On arriva au n° 40, sans avoir rencontré personne. Je m'approchai d'eux.

— C'est de bon augure, dis-je; maintenant, voulez-vous que j'attende ou que je monte avec vous?

— Non, ne vous compromettez pas davantage; attendez ma fille ici.

Je m'inclinai.

— Encore une fois, merci et adieu, me dit-il, me tendant la main. La langue n'a point de mots pour traduire les sentiments que je vous ai voués. J'espère que Dieu un jour me mettra à même de vous exprimer toute ma reconnaissance.

Je lui répondis par un simple serrement de main.

Il entra. Solange le suivit. Mais elle aussi, avant d'entrer, me serra la main.

Au bout de dix minutes, la porte se rouvrit.

— Eh bien? lui dis-je.

— Eh bien! reprit-elle, votre ami est bien digne d'être votre ami, c'est-à-dire qu'il a toutes les délicatesses. Il comprend que je serai heureuse de rester avec mon père jusqu'au moment du départ. Sa sœur me fait dresser un lit dans sa chambre. Demain, à trois heures de l'après-midi, mon père sera hors de tout danger. Demain, à dix heures du soir, comme aujourd'hui, si vous croyez que le remercîment d'une fille qui vous devra son père vaille la peine de vous déranger, venez le chercher rue Férou.

— Oh! certes, j'irai. Votre père ne vous a rien dit pour moi?

— Il vous remercie de votre carte, que voici, et vous prie de me renvoyer à lui le plus tôt qu'il vous sera possible.

— Ce sera quand vous voudrez, Solange, répondis-je le cœur serré.

— Faut-il au moins que je sache où rejoindre mon père, dit-elle. Oh! vous n'êtes pas encore débarrassé de moi.

Je pris sa main et la serrai contre mon cœur.

Mais elle, me présentant son front comme la veille : — A demain! dit-elle.

Et, appuyant mes lèvres contre son front, ee ne fut plus seulement sa main que je serrai contre mon cœur, mais sa poitrine frémissante, mais son cœur bondissant.

Je rentrai chez moi joyeux d'âme comme jamais je ne l'avais été. Était-ce la conscience de la bonne action que j'avais faite, était-ce que déjà j'aimais l'adorable créature?

Je ne sais si je dormis ou si je veillai; je sais que toutes les harmonies de la nature chantaient en moi; je sais que la nuit me parut sans fin, le jour immense; je sais que, tout en poussant le temps devant moi, j'eusse voulu le retenir pour ne pas perdre une minute des jours que j'avais encore à vivre.

Le lendemain, j'étais à neuf heures dans la rue Férou. A neuf heures et demie, Solange parut.

Elle vint à moi et me jeta les bras autour du cou.

— Sauvé, dit-elle, mon père est sauvé, et c'est à vous que je dois son salut! Oh! que je vous aime!

Quinze jours après, Solange reçut une lettre qui lui annonçait que son père était en Angleterre.

Le lendemain, je lui apportai un passe-port.

En le recevant, Solange fondit en larmes.

— Vous ne m'aimez donc pas? dit-elle.

— Je vous aime plus que ma vie, répondis-je; mais j'ai engagé ma parole à votre père, et, avant tout, je dois tenir ma parole.

— Alors, dit-elle, c'est moi qui manquerai à la mienne. Si tu as le courage de me laisser partir, Albert, moi, je n'ai pas le courage de te quitter.

Hélas! elle resta.

⬥━◈━⬥

VII

ALBERT.

De même qu'à la première interruption du récit de M. Ledru, il se fit un moment de silence.

Silence mieux respecté encore que la première fois, car on sentait qu'on approchait de la fin de l'histoire, et M. Ledru avait dit que, cette histoire, il n'aurait peut-être pas la force de la finir. Mais presque aussitôt il reprit :

— Trois mois s'étaient écoulés depuis cette soirée où il avait été question du départ de Solange, et, depuis cette soirée, pas un mot de séparation n'avait été prononcé.

Solange avait désiré un logement rue Taranne. Je l'avais pris sous le nom de Solange; je ne lui en connaissais pas d'autre, comme elle ne m'en connaissait pas d'autre qu'Albert. Je l'avais fait entrer dans une institution de jeunes filles en qualité de sous-maîtresse, et cela pour la soustraire plus sûrement aux recherches de la police révolutionnaire, devenues plus actives que jamais.

Les dimanches et les jeudis, nous les passions ensemble dans ce petit appartement de la rue Taranne : de la fenêtre de la chambre à coucher, nous voyions la place où nous nous étions rencontrés pour la première fois.

Chaque jour nous recevions une lettre ; elle au nom de Solange, moi au nom d'Albert.

Ces trois mois avaient été les plus heureux de ma vie.

Cependant, je n'avais pas renoncé à ce dessein qui m'était venu à la suite de ma conversation avec le valet du bourreau. J'avais demandé et obtenu la permission de faire des expériences sur la persistance de la vie après le supplice, et ces expériences m'avaient démontré que la douleur survivait au supplice, et devait être terrible.

— Ah ! voilà ce que je nie ! s'écria le docteur.

— Voyons, reprit M. Ledru, nierez-vous que le couteau frappe à l'endroit de notre corps le plus sensible, à cause des nerfs qui y sont réunis? Nierez-vous que le cou renferme tous les nerfs des membres supérieurs : le sympathique, le vagus, le phrémius, enfin la moelle épinière, qui est la source même des nerfs qui appartiennent aux membres inférieurs? Nierez-vous que le brisement, que l'écrasement de la colonne vertébrale osseuse, ne produise une des plus atroces douleurs qu'il soit donné à une créature humaine d'éprouver ?

— Soit, dit le docteur ; mais cette douleur ne dure que quelques secondes.

— Oh ! c'est ce que je nie à mon tour ! s'écria M. Ledru avec une profonde conviction ; et puis, ne durât-elle que quelques secondes, pendant ces quelques secondes, *le sentiment, la personnalité, le moi*, restent vivants ; la tête entend, voit, sent et juge la séparation de son être, et qui dira si la courte durée de la souffrance peut compenser l'horrible intensité de cette souffrance (1) ?

— Ainsi, à votre avis le décret de l'Assemblée constituante qui a substitué la guillotine à la potence était une erreur philanthropique, et mieux valait être pendu que décapité?

— Sans aucun doute, beaucoup se sont pendus ou ont été pendus, qui sont revenus à la vie. Eh bien ! ceux-là ont pu dire la sensation qu'ils ont éprouvée. C'est celle d'une apoplexie foudroyante, c'est-à-dire d'un sommeil profond sans aucune douleur particulière, sans aucun sentiment d'une an-

goisse quelconque, une espèce de flamme qui jaillit devant les yeux, et qui, peu à peu, se change en couleur bleue, puis en obscurité, lorsque l'on tombe en syncope. Et, en effet, docteur, vous savez cela mieux que personne. L'homme auquel on comprime le cerveau avec le doigt, à un endroit où manque un morceau du crâne, cet homme n'éprouve aucune douleur, seulement il s'endort. Eh bien ! le même phénomène arrive quand le cerveau est comprimé par un amoncellement du sang. Or, chez le pendu, le sang s'amoncelle, d'abord parce qu'il entre dans le cerveau par les artères vertébrales, qui, traversant les canaux osseux du cou, ne peuvent être compromises, ensuite parce que, tendant à refluer par les veines du cou, il se trouve arrêté par le lien qui noue le cou et les veines.

— Soit, dit le docteur, mais revenons aux expériences. J'ai hâte d'arriver à cette fameuse tête qui a parlé.

Je crus entendre comme un soupir s'échapper de la poitrine de M. Ledru. Quant à voir son visage, c'était impossible. Il faisait nuit complète.

— Oui, dit-il, en effet, je m'écarte de mon sujet, docteur, revenons à mes expériences.

Malheureusement, les sujets ne me manquaient point.

Nous étions au plus fort des exécutions, on guillotinait trente ou quarante personnes par jour, et une si grande quantité de sang coulait sur la place de la Révolution, que l'on avait été obligé de pratiquer autour de l'échafaud, un fossé de trois pieds de profondeur.

Ce fossé était recouvert de planches.

Une de ces planches tourna sous le pied d'un enfant de huit ou dix ans, qui tomba dans ce hideux fossé et s'y noya.

Il va sans dire que je me gardai bien de dire à Solange à quoi j'occupais mon temps le jour où je ne la voyais pas ; au reste, je dois avouer que j'avais d'abord éprouvé une si forte répugnance pour ces pauvres débris humains, que j'avais été effrayé de l'arrière-douleur que mes expériences ajoutaient peut-être au supplice. Mais enfin, je m'étais dit que ces études auxquelles je me livrais étaient faites au profit de la société tout entière, attendu que, si je parvenais jamais à faire partager mes convictions à une réunion de législateurs, j'arriverais peut-être à faire abolir la peine de mort.

Au fur et à mesure que mes expériences donnaient des résultats, je les consignais dans un mémoire.

Au bout de deux mois, j'avais fait sur la persistance de la vie après le supplice toutes les expériences que l'on peut faire. Je résolus de pousser ces expériences encore plus loin s'il était possible, à l'aide du galvanisme et de l'électricité.

On me livra le cimetière de Clamart, et l'on mit à ma disposition toutes les têtes et tous les corps des suppliciés.

---

(1) Ce n'est pas pour faire de l'horrible à froid que nous nous appesantissons sur un pareil sujet, mais il nous semble qu'au moment où l'on se préoccupe de l'abolition de la peine de mort, une pareille dissertation n'était pas oiseuse.

Solange

On avait changé pour moi en laboratoire une petite chapelle qui était bâtie à l'angle du cimetière. Vous le savez, après avoir chassé les rois de leurs palais, on chassa Dieu de ses églises.

J'avais là une machine électrique, et trois ou quatre de ces instruments appelés *excitateurs*.

Vers cinq heures arrivait le terrible convoi. Les corps étaient pêle-mêle dans le tombereau, les têtes pêle-mêle dans un sac.

Je prenais au hasard une ou deux têtes et un ou deux corps; on jetait le reste dans la fosse commune.

Le lendemain, les têtes et les corps sur lesquels j'avais expérimenté la veille étaient joints au convoi du jour. Presque toujours mon frère m'aidait dans ces expériences

Au milieu de tous ces contacts avec la mort, mon amour pour Solange augmentait chaque jour. De son côté, la pauvre enfant m'aimait de toutes les forces de son cœur.

Bien souvent j'avais pensé à en faire ma femme, bien souvent nous avions mesuré le bonheur d'une pareille union; mais, pour devenir ma femme, il fallait que Solange dît son nom, et son nom, qui était celui d'un émigré, d'un aristocrate, d'un proscrit, portait la mort avec lui.

Son père lui avait écrit plusieurs fois pour hâter son départ, mais elle lui avait dit notre amour. Elle lui avait demandé son consentement à notre mariage, qu'il avait accordé ; tout allait donc bien de ce côté-là.

Cependant, au milieu de tous ces procès terribles, un procès plus terrible que les autres nous avait profondément attristés tous deux.

C'était le procès de Marie-Antoinette.

Commencé le 4 octobre, ce procès se suivait avec activité : le 14 octobre, elle avait comparu devant le tribunal révolutionnaire, le 16 à quatre heures du matin, elle avait été condamnée ; le même jour, à onze heures, elle était montée sur l'échafaud.

Le matin, j'avais reçu une lettre de Solange, qui m'écrivait qu'elle ne voulait point laisser passer une pareille journée sans me voir.

J'arrivai vers deux heures à notre petit appartement de la rue Taranne, et je trouvai Solange toute en pleurs. J'étais moi-même profondément affecté de cette exécution. La reine avait été si bonne pour moi dans ma jeunesse, que j'avais gardé un profond souvenir de cette bonté.

Oh! je me souviendrai toujours de cette journée ; c'était un mercredi : il y avait dans Paris plus que de la tristesse, il y avait de la terreur.

Quant à moi, j'éprouvais un étrange découragement, quelque chose comme le pressentiment d'un grand malheur. J'avais voulu essayer de rendre des forces à Solange, qui pleurait, renversée dans mes bras, et les paroles consolatrices m'avaient manqué, parce que la consolation n'était pas dans mon cœur.

Nous passâmes, comme d'habitude, la nuit ensemble ; notre nuit fut plus triste encore que notre journée. Je me rappelle qu'un chien, enfermé dans un appartement au-dessous du nôtre, hurla jusqu'à deux heures du matin.

Le lendemain nous nous informâmes : son maître était sorti en emportant la clef ; dans la rue, il avait été arrêté, conduit au tribunal révolutionnaire; condamné à trois heures, il avait été exécuté à quatre.

Il fallait nous quitter ; les classes de Solange commençaient à neuf heures du matin. Son pensionnat était situé près du Jardin des Plantes. J'hésitai longtemps à la laisser aller. Elle-même ne pouvait se résoudre à me quitter. Mais rester deux jours dehors, c'était s'exposer à des investigations toujours dangereuses dans la situation de Solange.

Je fis avancer une voiture, et la conduisis jusqu'au coin de la rue des Fossés-Saint-Bernard; là je descendis pour la laisser continuer son chemin. Pendant toute la route, nous nous étions tenus embrassés sans prononcer une parole, mêlant nos larmes, qui coulaient jusque sur nos lèvres, mêlant leur amertume à la douceur de nos baisers.

Je descendis du fiacre ; mais, au lieu de m'en aller de mon côté, je restai cloué à la même place, pour voir plus longtemps la voiture qui l'emportait. Au bout de vingt pas, la voiture s'arrêta, Solange passa sa tête par la portière, comme si elle eût deviné que j'étais encore là. Je courus à elle. Je remontai dans le fiacre ; je refermai les glaces. Je la pressai encore une fois dans mes bras. Mais neuf heures sonnèrent à Saint-Étienne-du-Mont. J'essuyai ses larmes, je fermai ses lèvres d'un triple baiser, et, sautant en bas de la voiture, je m'éloignai tout courant.

Il me sembla que Solange me rappelait ; mais toutes ces larmes, toutes ces hésitations pouvaient être remarquées. J'eus le fatal courage de ne pas me retourner.

Je rentrai chez moi désespéré. Je passai la journée à écrire à Solange ; le soir, je lui envoyai un volume.

Je venais de faire jeter ma lettre à la poste lorsque j'en reçus une d'elle.

Elle avait été fort grondée ; on lui avait fait une foule de questions, et on l'avait menacée de lui retirer sa première sortie.

Sa première sortie était le dimanche suivant; mais Solange me jurait qu'en tout cas, dût-elle rompre avec la maîtresse de pension, elle me verrait ce jour-là.

Moi aussi, je le jurai ; il me semblait que, si j'étais sept jours sans la voir, ce qui arriverait si elle n'usait pas de sa première sortie, je deviendrais fou.

D'autant plus que Solange exprimait quelque inquiétude : une lettre qu'elle avait trouvée à sa pension en y rentrant, et qui venait de son père, lui paraissait avoir été décachetée.

Je passai une mauvaise nuit, une plus mauvaise journée le lendemain. J'écrivis comme d'habitude à Solange, et, comme c'était mon jour d'expériences, vers trois heures je passai chez mon frère afin de l'emmener avec moi à Clamart.

Mon frère n'était pas chez lui ; je partis seul.

Il faisait un temps affreux ; la nature, désolée, se fondait en pluie, de cette pluie froide et torrentueuse qui annonce l'hiver. Tout le long de mon chemin j'entendais les crieurs publics hurler d'une voix éraillée la liste des condamnés du jour; elle était nombreuse : il y avait des hommes, des femmes et des enfants. La sanglante moisson était abondante, et les sujets ne me manqueraient pas pour la séance que j'allais faire le soir.

Les jours finissaient de bonne heure. A quatre heures, j'arrivai à Clamart ; il faisait presque nuit.

L'aspect de ce cimetière, avec ses vastes tombes fraîchement remuées, avec ses arbres rares et cliquetant au vent comme des squelettes, était sombre et presque hideux.

Tout ce qui n'était pas terre retournée était herbe, chardons ou orties. Chaque jour la terre retournée envahissait la terre verte.

Au milieu de tous ces boursouflements du sol, la fosse du jour était béante et attendait sa proie; on avait prévu le surcroît de condamnés, et la fosse était plus grande que d'habitude.

Je m'en approchai machinalement. Tout le fond était plein d'eau; pauvres cadavres nus et froids qu'on allait jeter dans cette eau froide comme eux!

En arrivant près de la fosse, mon pied glissa, et je faillis tomber dedans; mes cheveux se hérissèrent. J'étais mouillé, j'avais le frisson, je m'acheminai vers mon laboratoire.

C'était, comme je l'ai dit, une ancienne chapelle; je cherchai des yeux; pourquoi cherchai-je? cela, je n'en sais rien. Je cherchai des yeux s'il restait à la muraille, ou sur ce qui avait été l'autel, quelque signe de culte; la muraille était nue, l'autel était ras. A la place où était autrefois le tabernacle, c'est-à-dire Dieu, c'est-à-dire la vie, il y avait un crâne dépouillé de sa chair et de ses cheveux, c'est-à-dire la mort, c'est-à-dire le néant.

J'allumai ma chandelle; je la posai sur ma table à expériences, toute chargée de ces outils de forme étrange que j'avais inventés moi-même, et je m'assis, rêvant à quoi? à cette pauvre reine que j'avais vue si belle, si heureuse, si aimée; qui, la veille, poursuivie des imprécations de tout un peuple, avait été conduite en charrette à l'échafaud, et qui, à cette heure, la tête séparée du corps, dormait dans la bière des pauvres, elle qui avait dormi sous les lambris dorés des Tuileries, de Versailles et de Saint-Cloud.

Pendant que je m'abîmais dans ces sombres réflexions, la pluie redoublait, le vent passait en larges rafales, jetant sa plainte lugubre parmi les branches des arbres, parmi les tiges des herbes qu'il faisait frissonner.

A ce bruit se mêla bientôt comme un roulement de tonnerre lugubre; seulement ce tonnerre, au lieu de gronder dans les nues, bondissait sur le sol, qu'il faisait trembler.

C'était le roulement du rouge tombereau, qui revenait de la place de la Révolution, et qui entrait à Clamart.

La porte de la petite chapelle s'ouvrit, et deux hommes ruisselant d'eau entrèrent portant un sac.

L'un était ce même Legros que j'avais visité en prison, l'autre était un fossoyeur.

— Tenez, monsieur Ledru, me dit le valet du bourreau, voilà votre affaire; vous n'avez pas besoin de vous presser ce soir; nous vous laissons tout le bataclan; demain, on les enterrera; il fera jour; ils ne s'enrhumeront pas pour avoir passé une nuit à l'air.

Et, avec un rire hideux, ces deux stipendiés de la mort posèrent leur sac dans l'angle, près de l'ancien autel à ma gauche devant moi.

Puis ils sortirent sans refermer la porte, qui se mit à battre contre son chambranle, laissant passer des bouffées de vent qui faisaient vaciller la flamme de ma chandelle, qui montait pâle, et pour ainsi dire mourante, le long de sa mèche noircie.

Je les entendis dételer le cheval, fermer le cimetière et partir, laissant le tombereau plein de cadavres.

J'avais eu grande envie de m'en aller avec eux; mais je ne sais pourquoi quelque chose me retenait à ma place, tout frissonnant. Certes, je n'avais pas peur; mais le bruit de ce vent, le fouettement de cette pluie, le cri de ces arbres qui se tordaient, les sifflements de cet air qui faisait trembler ma lumière, tout cela secouait sur ma tête un vague effroi qui, de la racine humide de mes cheveux, se répandait par tout mon corps.

Tout à coup, il me sembla qu'une voix douce et lamentable à la fois, qu'une voix qui partait de l'enceinte même de la petite chapelle, prononçait le nom d'Albert.

Oh! pour le coup, je tressaillis. Albert!... Une seule personne au monde me nommait ainsi.

Mes yeux égarés firent lentement le tour de la petite chapelle, dont, si étroite qu'elle fût, ma lumière ne suffisait pas pour éclairer les parois, et s'arrêtèrent sur le sac dressé à l'angle de l'autel, et dont la toile sanglante et bosselée indiquait le funèbre contenu.

Au moment où mes yeux s'arrêtaient sur le sac, la même voix, mais plus faible, mais plus lamentable encore, répéta le même nom:

— Albert!

Je me redressai froid d'épouvante: cette voix semblait venir de l'intérieur du sac.

Je me tâtai pour savoir si je dormais ou si j'étais éveillé; puis, roide, marchant comme un homme de pierre, les bras étendus, je me dirigeai vers le sac, où je plongeai une de mes mains.

Alors, il me sembla que des lèvres encore tièdes s'appuyaient sur ma main.

J'en étais à ce degré de terreur où l'excès de la terreur même nous rend le courage. Je pris cette tête, et, revenant à mon fauteuil, où je tombai assis, je la posai sur la table.

Oh! je jetai un cri terrible. Cette tête, dont les lèvres semblaient tièdes encore, dont les yeux étaient à demi fermés, c'était la tête de Solange!

Je crus être fou.

Je criai trois fois:

— Solange! Solange! Solange!

A la troisième fois, les yeux se rouvrirent, me regardèrent, laissèrent tomber deux larmes, et, jetant une flamme humide comme si l'âme s'en échappait, se refermèrent pour ne plus se rouvrir.

Je me levai fou, insensé, furieux; je voulais fuir; mais, en me relevant, j'accrochai la table avec le pan de mon habit; la table tomba, entraînant la chandelle qui s'éteignit, la tête qui roula, m'entraî-

nant moi-même éperdu. Alors il me sembla, couché
à terre, voir cette tête glisser vers la mienne sur la
pente des dalles : ses lèvres touchèrent mes lèvres,
un frisson de glace passa par tout mon corps; je jetai un gémissement, et je m'évanouis.

Le lendemain, à six heures du matin, les fos-
soyeurs me retrouvèrent aussi froid que la dalle sur
laquelle j'étais couché.

Solange, reconnue par la lettre de son père, avait
été arrêtée le jour même, condamnée le jour même
et exécutée le jour même.

Cette tête qui m'avait parlé, ces yeux qui
m'avaient regardé, ces lèvres qui avaient baisé mes
lèvres, c'étaient les lèvres, les yeux, la tête de Solange.

Vous savez, Lenoir, continua M. Ledru, se retournant vers le chevalier, c'est à cette époque que
je faillis mourir.

— Oh ! je jetai un cri terrible. Cette tête, dont les lèvres semblaient tièdes encore, c'était la tête de Solange.— PAGE 39

LES MILLE ET UN FANTOMES

VIII

LE CHAT, L'HUISSIER ET LE SQUELETTE.

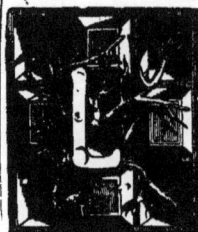

'effet produit par le récit de M. Ledru fut terrible ; nul de nous ne songea à réagir contre cette impression, pas même le docteur.

Le chevalier Lenoir, interpellé par M. Ledru, répondait par un simple signe d'adhésion ; la dame pâle, qui s'était un instant soulevée sur son canapé, était retombée au milieu de ses coussins, et n'avait donné signe d'existence que par un soupir ; le commissaire de police, qui ne voyait pas dans tout cela matière à verbaliser, ne soufflait pas le mot. Pour mon compte, je notais tous les détails de la catastrophe dans mon esprit, afin de les retrouver, s'il me plaisait de les raconter un jour, et, quant à Alliette et à l'abbé Moulle, l'aventure rentrait trop complétement dans leurs idées pour qu'ils essayassent de la combattre.

Au contraire, l'abbé Moulle rompit le premier le silence, et, résumant en quelque sorte l'opinion générale

— Je crois parfaitement à ce que vous venez de nous raconter, mon cher Ledru, dit-il ; mais comment vous expliquez-vous ce *fait* ? comme on dit en langage matériel.

— Je ne me l'explique pas, dit M. Ledru ; je le raconte ; voilà tout.

— Oui, comment l'expliquez-vous ? demanda le docteur, car enfin, quelle que soit la persistance de la vie, vous n'admettez pas qu'au bout de deux heures une tête coupée parle, regarde, agisse ?

— Si je me l'étais expliqué, mon cher docteur, dit M. Ledru, je n'aurais pas fait, à la suite de cet événement, une si terrible maladie.

— Mais enfin, docteur, dit le chevalier Lenoir, comment l'expliquez-vous vous-même ? car vous n'admettez point que Ledru vienne de nous raconter une histoire inventée à plaisir ; sa maladie est un fait matériel aussi.

— Parbleu ! la belle affaire ! Par une hallucination. M. Ledru a cru voir, M. Ledru a cru entendre ; c'est exactement pour lui comme s'il avait vu, entendu. Les organes qui transmettent la perception au *sensorium*, c'est-à-dire au cerveau, peuvent être troublés par les circonstances qui influent sur eux ; dans ce cas-là, ils se troublent, et, en se troublant, transmettent des perceptions fausses : on croit entendre, on entend ; on croit voir, et on voit.

Le froid, la pluie, l'obscurité, avaient troublé les organes de M. Ledru, voilà tout. Le fou aussi voit et entend ce qu'il croit voir et entendre ; l'hallucination est une folie momentanée ; on en garde la mémoire lorsqu'elle a disparu. Voilà tout.

— Mais quand elle ne disparaît pas ? demanda l'abbé Moulle.

— Eh bien ! alors la maladie rentre dans l'ordre des maladies incurables, et l'on en meurt.

— Et avez-vous traité parfois ces sortes de maladies, docteur ?

— Non, mais j'ai connu quelques médecins les ayant traitées, et entre autres un docteur anglais qui accompagnait Walter Scott à son voyage en France.

— Lequel vous a raconté ?...

— Quelque chose de pareil à ce que vient de nous dire notre hôte, quelque chose peut-être de plus extraordinaire même.

— Et que vous expliquez par le côté matériel ? demanda l'abbé Moulle.

— Naturellement.

— Et ce fait qui vous a été raconté par le docteur anglais, vous pouvez nous le raconter, à nous ?

— Sans doute.

— Ah ! racontez, docteur, racontez.

— Le faut-il ?

— Mais sans doute ! s'écria tout le monde.

— Soit. Le docteur qui accompagnait Walter Scott en France se nommait le docteur Sympson : c'était un des hommes les plus distingués de la Faculté d'Edimbourg, et lié, par conséquent, avec les personnes les plus considérables de la ville.

Au nombre de ces personnes était un juge au tribunal criminel dont il ne m'a pas dit le nom. Le nom était le seul secret qu'il trouvât convenable de garder dans toute cette affaire.

Ce juge, auquel il donnait des soins habituels comme docteur, sans aucune cause apparente de dérangement dans la santé, dépérissait à vue d'œil : une sombre mélancolie s'était emparée de lui. Sa famille avait, en différentes occasions, interrogé le docteur, et le docteur, de son côté, avait interrogé son ami sans tirer autre chose de lui que des réponses vagues qui n'avaient fait qu'irriter son inquiétude en lui prouvant qu'un secret existait, mais que, ce secret, le malade ne voulait pas le dire.

Enfin, un jour le docteur Sympson insista tellement pour que son ami lui avouât qu'il était malade, que celui-ci lui prenant les mains avec un sourire triste :

— Eh bien ! oui, lui dit-il, je suis malade, et ma maladie, cher docteur, est d'autant plus incurable, qu'elle est tout entière dans mon imagination.

— Comment ! dans votre imagination ?

— Oui, je deviens fou.

— Vous devenez fou ! Et en quoi ? je vous le demande. Vous avez le regard lucide, la voix calme (il lui prit la main), le pouls excellent.

— Et voilà justement ce qui fait la gravité de mon état, cher docteur, c'est que je le vois et que je le juge.

— Mais enfin en quoi consiste votre folie ?

— Fermez la porte, qu'on ne nous dérange pas, docteur, et je vais vous la dire.

Le docteur ferma la porte et revint s'asseoir près de son ami.

— Vous rappelez-vous, lui dit le juge, le dernier procès criminel dans lequel j'ai été appelé à prononcer un jugement ?

— Oui, sur un bandit écossais qui a été par vous condamné à être pendu, et qui l'a été.

— Justement. Eh bien ! au moment où je prononçais l'arrêt, une flamme jaillit de ses yeux, et il me montra le poing en me menaçant. Je n'y fis point attention... De pareilles menaces sont fréquentes chez les condamnés. Mais, le lendemain de l'exécution, le bourreau se présenta chez moi, me demandant humblement pardon de sa visite ; mais me déclarant qu'il avait cru devoir m'avertir d'une chose : le bandit était mort en prononçant une espèce de conjuration contre moi, et en disant que, le lendemain à six heures, heure à laquelle il avait été exécuté, j'aurais de ses nouvelles.

Je crus à quelque surprise de ses compagnons, à quelque vengeance à main armée, et, lorsque vinrent six heures, je m'enfermai dans mon cabinet, avec une paire de pistolets sur mon bureau.

Six heures sonnèrent à la pendule de ma cheminée. J'avais été préoccupé toute la journée de cette révélation de l'exécuteur. Mais le dernier coup de marteau vibra sur le bronze sans que j'entendisse rien autre chose qu'un certain ronronnement dont j'ignorais la cause. Je me retournai, et j'aperçus un gros chat noir et couleur de feu. Comment était-il entré? c'était impossible à dire; mes portes et mes fenêtres étaient closes. Il fallait qu'il eût été enfermé dans la chambre pendant la journée.

Je n'avais pas goûté; je sonnai, mon domestique vint, mais il ne put entrer, puisque je m'étais enfermé en dedans; j'allai à la porte et je l'ouvris. Alors je lui parlai du chat noir et couleur de feu; mais nous le cherchâmes inutilement, il avait disparu.

Je ne m'en préoccupai point davantage; la soirée se passa, la nuit vint, puis le jour, puis la journée s'écoula, puis six heures sonnèrent. Au même instant, j'entendis le même bruit derrière moi, et je vis le même chat.

Cette fois, il sauta sur mes genoux.

Je n'ai aucune antipathie pour les chats, et cependant cette familiarité me causa une impression désagréable. Je le chassai de dessus mes genoux. Mais à peine fut-il à terre, qu'il sauta de nouveau sur moi. Je le repoussai, mais aussi inutilement que la première fois. Alors, je me levai, je me promenai par la chambre, le chat me suivit pas à pas; impatienté de cette insistance, je sonnai comme la veille, mon domestique entra. Mais le chat s'enfuit sous le lit, où nous le cherchâmes inutilement; une fois sous le lit, il avait disparu.

Je sortis pendant la soirée. Je visitai deux ou trois amis, puis je revins à la maison, où je rentrai, grâce à un passe-partout.

Comme je n'avais point de lumière, je montai doucement l'escalier de peur de me heurter à quelque chose. En arrivant à la dernière marche, j'entendis mon domestique qui causait avec la femme de chambre de ma femme.

Mon nom prononcé fit que je prêtai attention à ce qu'il disait, et alors je l'entendis raconter toute l'aventure de la veille et du jour; seulement il ajoutait : Il faut que monsieur devienne fou, il n'y avait pas plus de chat noir et couleur de feu dans la chambre qu'il n'y en avait dans ma main.

Ces quelques mots m'effrayèrent : ou la vision était réelle, ou elle était fausse; si la vision était réelle, j'étais sous le poids d'un fait surnaturel; si la vision était fausse, si je croyais voir une chose qui n'existait pas, comme l'avait dit mon domestique, je devenais fou.

Vous devinez, mon cher ami, avec quelle impa-tience, mêlée de crainte, j'attendis six heures. Le lendemain, sous un prétexte de rangement, je retins mon domestique près de moi; six heures sonnèrent tandis qu'il était là; au dernier coup du timbre j'entendis le même bruit et je revis mon chat

Il était assis à côté de moi.

Je demeurai un instant sans rien dire, espérant que mon domestique apercevrait l'animal et m'en parlerait le premier; mais il allait et venait dans ma chambre sans paraître rien voir.

Je saisis un moment où, dans la ligne qu'il devait parcourir pour accomplir l'ordre que j'allais lui donner, il lui fallait passer presque sur le chat.

— Mettez ma sonnette sur ma table, John, lui dis-je.

Il était à la tête de mon lit, la sonnette était sur la cheminée; pour aller de la tête de mon lit à la cheminée, il lui fallait nécessairement marcher sur l'animal.

Il se mit en mouvement; mais, au moment où son pied allait se poser sur lui, le chat sauta sur mes genoux.

John ne le vit pas, ou du moins ne parut pas le voir

J'avoue qu'une sueur froide passa sur mon front, et que ces mots : « Il faut que monsieur devienne fou, » se représentèrent d'une façon terrible à ma pensée.

— John, lui dis-je, ne voyez-vous rien sur mes genoux?

John me regarda. Puis, comme un homme qui prend une résolution :

— Si, monsieur, dit-il, je vois un chat.

Je respirai.

Je pris le chat, et lui dis :

— En ce cas, John, portez-le dehors, je vous prie.

Ses mains vinrent au-devant des miennes; je lui posai l'animal sur les bras; puis, sur un signe de moi, il sortit.

J'étais un peu rassuré; pendant dix minutes, je regardai autour de moi avec un reste d'anxiété; mais, n'ayant aperçu aucun être vivant appartenant à une espèce animale quelconque, je résolus de voir ce que John avait fait du chat.

Je sortis donc de ma chambre dans l'intention de lui demander, lorsqu'en mettant le pied sur le seuil de la porte du salon j'entendis un grand éclat de rire qui venait du cabinet de toilette de ma femme. Je m'approchai doucement sur la pointe du pied, et j'entendis la voix de John.

— Ma chère amie, disait-il à la femme de chambre, monsieur ne devient pas fou : non, il l'est. Sa folie, tu sais, c'est de voir un chat noir et couleur de feu. Ce soir, il m'a demandé si je ne voyais pas ce chat sur ses genoux.

— Et qu'as-tu répondu? demanda la femme de chambre.

— Eh bien ! il a pris le prétendu chat sur ses genoux, il me l'a posé sur les bras, et il m'a dit....

— Pardieu ! j'ai répondu que je le voyais, dit John. Pauvre cher homme, je n'ai pas voulu le contrarier ; alors devine ce qu'il a fait.

— Comment veux-tu que je devine ?

— Eh bien ! il a pris le prétendu chat sur ses genoux, il me l'a posé sur les bras, et il m'a dit : « Emporte ! emporte ! » J'ai bravement emporté le chat, et il a été satisfait.

— Mais, si tu as emporté le chat, le chat existait donc ?

— Eh non ! le chat n'existait que dans son imagination. Mais à quoi cela lui aurait-il servi quand je lui aurais dit la vérité ? à me faire mettre à la porte ; ma foi non, je suis bien ici, et j'y reste. Il me donne vingt-cinq livres par an pour voir un chat : je le vois. Qu'il m'en donne trente, et j'en verrai deux.

Je n'eus pas le courage d'en entendre davantage. Je poussai un soupir, et je rentrai dans ma chambre.

Ma chambre était vide...

Le lendemain, à six heures, comme d'habitude, mon compagnon se retrouva près de moi, et ne disparut que le lendemain au jour.

— .... Et je vis entrer une espèce d'huissier de la chambre....

Que vous dirai-je? mon ami, continua le malade, pendant un mois, la même apparition se renouvela chaque soir, et je commençais à m'habituer à sa présence quand, le trentième jour après l'exécution, six heures sonnèrent sans que le chat parût.

Je crus en être débarrassé, je ne dormis pas de joie : toute la matinée du lendemain, je poussai, pour ainsi dire, le temps devant moi ; j'avais hâte d'arriver à l'heure fatale. De cinq heures à six heures, mes yeux ne quittèrent pas ma pendule. Je suivais la marche de l'aiguille avançant de minute en minute.

Enfin, elle atteignit le chiffre XII ; le frémissement de l'horloge se fit entendre ; puis, le marteau frappa le premier coup, le deuxième, le troisième, le quatrième, le cinquième, le sixième enfin !...

Au sixième coup, ma porte s'ouvrit, dit le malheureux juge, et je vis entrer une espèce d'huissier de la chambre, costumé comme s'il eût été au service du lord-lieutenant d'Écosse.

Ma première idée fut que le lord-lieutenant m'envoyait quelque message, et j'étendis la main vers mon inconnu. Mais il ne parut avoir fait aucune attention à mon geste ; il vint se placer derrière mon fauteuil.

Je n'avais pas besoin de me retourner pour le voir : j'étais en face d'une glace ; et, dans cette glace, je le voyais.

Je me levai et je marchai ; il me suivit à quelques pas.

Je revins à ma table, et je sonnai.

Mon domestique parut, mais il ne vit pas plus l'huissier qu'il n'avait vu le chat.

Je le renvoyai, et je restai avec cet étrange personnage, que j'eus le temps d'examiner tout à mon aise.

Il portait l'habit de cour, les cheveux en bourse, l'épée au côté, une veste brodée au tambour et son chapeau sous le bras.

A dix heures, je me couchai ; alors, comme pour passer de son côté la nuit le plus commodément possible, il s'assit dans un fauteuil, en face de mon lit.

Je tournai la tête du côté de la muraille ; mais, comme il me fut impossible de m'endormir, deux ou trois fois je me retournai, et deux ou trois fois, à la lumière de ma veilleuse, je le vis dans le même fauteuil.

Lui non plus ne dormait pas.

Enfin, je vis les premiers rayons du jour se glisser dans ma chambre à travers les interstices des jalousies ; je me retournai une dernière fois vers mon homme : il avait disparu, le fauteuil était vide.

Jusqu'au soir, je fus débarrassé de ma vision.

Le soir, il y avait réception chez le grand commissaire de l'église ; sous prétexte de préparer mon costume de cérémonie, j'appelai mon domestique à six heures moins cinq minutes, lui ordonnant de pousser les verrous de la porte.

Il obéit.

Au dernier coup de six heures, je fixai les yeux sur la porte : la porte s'ouvrit, et mon huissier entra.

J'allai immédiatement à la porte : la porte était refermée ; les verrous semblaient n'être point sortis de leur gâche ; je me retourne : l'huissier était derrière mon fauteuil, et John allait et venait par la chambre sans paraître le moins du monde préoccupé de lui.

Il était évident qu'il ne voyait pas plus l'homme qu'il n'avait vu l'animal.

Je m'habillai.

Alors il se passa une chose singulière : plein d'attention pour moi, mon nouveau commensal aidait John dans tout ce qu'il faisait, sans que John s'aperçût qu'il fût aidé. Ainsi, John tenait mon habit par le collet, le fantôme le soutenait par les pans ; ainsi, John me présentait ma culotte par la ceinture, le fantôme la tenait par les jambes.

Je n'avais jamais eu de domestique plus officieux.

L'heure de ma sortie arriva.

Alors, au lieu de me suivre, l'huissier me précéda, se glissa par la porte de ma chambre, descendit l'escalier, se tint le chapeau sous le bras derrière John, qui ouvrait la portière de la voiture, et, quand John l'eut fermée et eut pris sa place sur la tablette de derrière, il monta sur le siége du cocher, qui se rangea à droite pour lui faire place.

A la porte du grand commissaire de l'église, la voiture s'arrêta ; John ouvrit la portière ; mais le fantôme était déjà à son poste derrière lui. A peine avais-je mis pied à terre, que le fantôme s'élança devant moi, passant à travers les domestiques qui encombraient la porte d'entrée, et regardant si je le suivais.

Alors l'envie me prit de faire sur le cocher lui-même l'essai que j'avais fait sur John.

— Patrick, lui demandai-je, quel était donc l'homme qui était près de vous ?

— Quel homme, Votre Honneur ? demanda le cocher.

— L'homme qui était sur votre siége.

Patrick roula de gros yeux étonnés en regardant autour de lui.

— C'est bien, lui dis-je, je me trompais.

Et j'entrai à mon tour.

L'huissier s'était arrêté sur l'escalier, et m'attendait. Dès qu'il me vit reprendre mon chemin, il reprit le sien, entra devant moi comme pour m'annoncer dans la salle de réception ; puis, moi entré, il alla reprendre, dans l'antichambre, la place qui lui convenait.

Comme à John et comme à Patrick, le fantôme avait été invisible à tout le monde.

C'est alors que ma crainte se changea en terreur, et que je compris que, véritablement, je devenais fou.

Ce fut à partir de ce soir-là que l'on s'aperçut du changement qui se faisait en moi. Chacun me demanda quelle préoccupation me tenait, vous comme les autres.

Je retrouvai mon fantôme dans l'antichambre.

Comme à mon arrivée, il courut devant moi à mon départ, remonta sur le siége, rentra avec moi à la maison, derrière moi, dans ma chambre, et s'assit dans le fauteuil où il s'était assis la veille.

Alors, je voulus m'assurer s'il y avait quelque chose de réel et surtout de palpable dans cette apparition. Je fis un violent effort sur moi-même, et j'allai à reculons m'asseoir dans le fauteuil.

Je ne sentis rien, mais dans la glace je le vis debout derrière moi.

Comme la veille, je me couchai, mais à une heure du matin seulement. Aussitôt que je fus dans mon lit, je le vis dans mon fauteuil.

Le lendemain, au jour, il disparut.

La vision dura un mois.

Au bout d'un mois, elle manqua à ses habitudes et faillit un jour.

Cette fois, je ne crus plus, comme la première, à une disparition totale, mais à quelque modification terrible, et, au lieu de jouir de mon isolement, j'attendis le lendemain avec effroi.

Le lendemain, au dernier coup de six heures, j'entendis un léger frôlement dans les rideaux de mon lit, et, au point d'intersection qu'ils formaient dans la ruelle contre la muraille, j'aperçus un squelette.

Cette fois, mon ami, vous comprenez, c'était, si je puis m'exprimer ainsi, l'image vivante de la mort.

Le squelette était là, immobile, me regardant avec ses yeux vides.

Je me levai, je fis plusieurs tours dans ma chambre; la tête me suivait dans toutes mes évolutions. Les yeux ne m'abandonnèrent pas un instant; le corps demeurait immobile.

Cette nuit, je n'eus point le courage de me coucher. Je dormis, ou plutôt je restai les yeux fermés dans le fauteuil où se tenait d'habitude le fantôme, dont j'étais arrivé à regretter la présence.

Au jour, le squelette disparut.

J'ordonnai à John de changer mon lit de place et de croiser les rideaux.

Au dernier coup de six heures, j'entendis le même frôlement; je vis les rideaux s'agiter; puis j'aperçus les extrémités de deux mains osseuses qui écartaient les rideaux de mon lit, et, les rideaux écartés, le squelette prit dans l'ouverture la place qu'il avait occupée la veille.

Cette fois, j'eus le courage de me coucher.

La tête qui, comme la veille, m'avait suivi dans tous mes mouvements, s'inclina alors vers moi.

Les yeux qui, comme la veille, ne m'avaient pas un instant perdu de vue, se fixèrent alors sur moi.

Vous comprenez la nuit que je passai! Eh bien! mon cher docteur, voici vingt nuits pareilles que je passe. Maintenant, vous savez ce que j'ai; entreprendrez-vous encore de me guérir?

— J'essayerai du moins, répondit le docteur.

— Comment cela? voyons.

— Je suis convaincu que le fantôme que vous voyez n'existe que dans votre imagination.

— Que m'importe qu'il existe ou n'existe pas, si je le vois?

— Vous voulez que j'essaye de le voir, moi?

— Je ne demande pas mieux.

— Quand cela?

— Le plus tôt possible. Demain.

— Soit, demain... jusque-là, bon courage!

Le malade sourit tristement.

Le lendemain, à sept heures du matin, le docteur entra dans la chambre de son ami.

— Eh bien! lui demanda-t-il, le squelette?

— Il vient de disparaître, répondit celui-ci d'une voix faible.

—Eh bien! nous allons nous arranger de manière à ce qu'il ne revienne pas ce soir.

— Faites.

— D'abord, vous dites qu'il entre au dernier tintement de six heures?

— Sans faute.

— Commençons par arrêter la pendule. Et il fixa le balancier.

— Que voulez-vous faire?

— Je veux vous ôter la faculté de mesurer le temps.

— Bien.

— Maintenant, nous allons maintenir les persiennes fermées, croiser les rideaux des fenêtres.

— Pourquoi cela?

— Toujours dans le même but, afin que vous ne puissiez vous rendre aucun compte de la marche de la journée.

— Faites.

— Les persiennes furent assurées, les rideaux tirés; on alluma des bougies.

— Tenez un déjeuner et un dîner prêts, John, dit le docteur, nous ne voulons pas être servis à à heures fixées, mais seulement quand j'appellerai.

— Vous entendez, John? dit le malade.

— Oui, monsieur.

— Puis, donnez-nous des cartes, des dés, des dominos, et laissez-nous.

Les objets demandés furent apportés par John, qui se retira.

Le docteur commença de distraire le malade de son mieux, tantôt causant, tantôt jouant avec lui; puis, lorsqu'il eut faim, il sonna.

John, qui savait dans quel but on avait sonné, apporta le déjeuner.

Après le déjeuner, la partie commença, et fut interrompue par un nouveau coup de sonnette du docteur.

John apporta le dîner.

On mangea, on but, on prit le café, et l'on se remit à jouer. La journée paraît longue ainsi passée en tête à tête. Le docteur crut avoir mesuré le temps dans son esprit, et que l'heure fatale devait être passée.

— Eh bien! dit-il en se levant, victoire!

— Comment! victoire? demanda le malade.

— Sans doute; il doit être au moins huit ou neuf heures, et le squelette n'est pas venu.

— Regardez à votre montre, docteur, puisque c'est la seule qui aille dans la maison, et, si l'heure est passée, ma foi, comme vous, je crierai victoire.

Le docteur regarda sa montre, mais ne dit rien.

— Vous vous étiez trompé, n'est-ce pas, docteur? dit le malade; il est six heures juste

— Où le voyez-vous donc? demanda-t-il.

— Oui; eh bien?

— Eh bien! voilà le squelette qui entre.

Et le malade se rejeta en arrière avec un **profond** soupir.

Le docteur regarda de tous côtés.

— Où le voyez-vous donc? demanda-t-il.

— A sa place habituelle, dans la ruelle de mon lit, entre les rideaux

Le docteur se leva, tira le lit, passa dans la ruelle et alla prendre entre les rideaux la place que le squelette était censé occuper.

— Et maintenant, dit-il, le voyez-vous toujours?

— Je ne vois plus le bas de son corps, attendu que le vôtre à vous me le cache, mais je vois son crâne.

— Où cela?

— Au-dessus de votre épaule droite. C'est comme si vous aviez deux têtes, l'une vivante, l'autre morte.

Le docteur, tout incrédule qu'il était, frissonna malgré lui.

Il se retourna, mais il ne vit rien.

Neuf jours après, John, en entrant dans la chambre de son maître, le trouva mort dans son lit

— Mon ami, dit-il tristement en revenant au malade, si vous avez quelques dispositions testamentaires à faire, faites-les.

Et il sortit.

Neuf jours après, John, en entrant dans la chambre de son maître, le trouva mort dans son lit.

Il y avait trois mois, jour pour jour, que le bandit avait été exécuté.

IX

LES TOMBEAUX DE SAINT - DENIS.

E h bien! qu'est-ce que cela prouve, docteur? demanda M Ledru.

— Cela prouve que les organes qui transmettent au cerveau les perceptions qu'ils reçoivent peuvent se déranger par suite de certaines causes, au point d'offrir à l'esprit un miroir infidèle, et qu'en pareil cas on voit des objets et on entend des sons qui n'existent pas. Voilà tout.

— Cependant, dit le chevalier Lenoir avec la timidité d'un savant de bonne foi, cependant il arrive certaines choses qui laissent une trace, certaines prophéties qui ont un accomplissement. Comment expliquerez-vous, docteur, que des coups donnés par des spectres ont pu faire naître des plaques noires sur le corps de celui qui les a reçus? comment expliquerez-vous qu'une vision ait pu, dix, vingt, trente ans auparavant, révéler l'avenir? Ce qui n'existe pas peut-il meurtrir ce qui est ou annoncer ce qui sera?

— Ah! dit le docteur, vous voulez parler de la vision du roi de Suède.

— Non, je veux parler de ce que j'ai vu moi-même.

— Vous!

— Moi.

— Où cela?

— A Saint-Denis.

— Quand cela?

— En 1794, lors de la profanation des tombes.

— Ah! oui, écoutez cela, docteur, dit M. Ledru.

— Quoi? qu'avez-vous vu? dites.

— Voici. En 1793 j'avais été nommé directeur du Musée des monuments français, et, comme tel, je fus présent à l'exhumation des cadavres de l'abbaye de Saint-Denis, dont les patriotes éclairés avaient changé le nom en celui de Franciade. Je puis, après quarante ans, vous raconter les choses étranges qui ont signalé cette profanation.

La haine que l'on était parvenu à inspirer au peuple pour le roi Louis XVI, et que n'avait pu assouvir l'échafaud du 21 janvier, avait remonté aux rois de sa race : on voulut poursuivre la monarchie jusqu'à sa source, les monarques jusque dans leur tombe, jeter au vent la cendre de soixante rois.

Puis aussi peut-être eut-on la curiosité de voir si les grands trésors que l'on prétendait enfermés dans quelques-uns de ces tombeaux s'étaient conservés aussi intacts qu'on le disait.

Le peuple se rua donc sur Saint-Denis.

Du 6 au 8 août, il détruisit cinquante et un tombeaux, l'histoire de douze siècles.

Alors le gouvernement résolut de régulariser ce désordre, de fouiller pour son propre compte les tombeaux, et d'hériter de la monarchie, qu'il venait de frapper dans Louis XVI, son dernier représentant.

Puis il s'agissait d'anéantir jusqu'au nom, jusqu'au souvenir, jusqu'aux ossements des rois; il s'agissait de rayer de l'histoire quatorze siècles de monarchie.

Pauvres fous qui ne comprennent pas que les hommes peuvent parfois changer l'avenir... jamais le passé.

On avait préparé dans le cimetière une grande fosse commune sur le modèle des fosses des pauvres. C'est dans cette fosse et sur un lit de chaux que devaient être jetés, comme à une voirie, les ossements de ceux qui avaient fait de la France la première des nations, depuis Dagobert jusqu'à Louis XV.

Ainsi, satisfaction était donnée au peuple, mais surtout jouissance était donnée à ces législateurs, à ces avocats, à ces journalistes envieux, oiseaux de proie des révolutions, dont l'œil est blessé par toute splendeur, comme l'œil de leurs frères, les oiseaux de nuit, est blessé par toute lumière.

L'orgueil de ceux qui ne peuvent édifier est de détruire.

Je fus nommé inspecteur des fouilles; c'était pour moi un moyen de sauver une foule de choses précieuses. J'acceptai.

Le samedi 12 octobre, pendant que l'on instruisait le procès de la reine; je fis ouvrir le caveau des Bourbons du côté des chapelles souterraines, et je commençai par en tirer le cercueil de Henri IV, mort assassiné le 14 mai 1610, âgé de cinquante-sept ans.

Quant à la statue du Pont-Neuf, chef-d'œuvre de Jean de Bologne et de son élève, elle avait été fondue pour en faire des gros sous.

Le corps de Henri IV était merveilleusement conservé; les traits du visage, parfaitement reconnaissables, étaient bien ceux que l'amour du peuple et le pinceau de Rubens ont consacrés. Quand on le vit sortir le premier de la tombe et paraître au jour dans son suaire, bien conservé comme lui, l'émotion fut grande, et à peine si ce cri de : Vive Henri IV! si populaire en France, ne retentit point instinctivement sous les voûtes de l'église.

Quand je vis ces marques de respect, je dirai même d'amour, je fis mettre le corps tout debout contre une des colonnes du chœur, et là chacun put venir le contempler.

Il était vêtu, comme de son vivant, de son pourpoint de velours noir, sur lequel se détachaient ses fraises et ses manchettes blanches; de sa trousse de velours pareil au pourpoint, de bas de soie de même couleur, de souliers de velours.

Ses beaux cheveux grisonnants faisaient toujours une auréole autour de sa tête, sa belle barbe blanche tombait toujours sur sa poitrine.

Alors commença une immense procession comme à la châsse d'un saint: des femmes venaient toucher les mains du bon roi, d'autres baisaient le bas de son manteau, d'autres faisaient mettre leurs enfants à genoux, murmurant tout bas :

— Ah! s'il vivait, le pauvre peuple ne serait pas si malheureux. Et elles eussent pu ajouter : Ni si féroce, car ce qui fait la férocité du peuple, c'est le malheur.

Cette procession dura pendant toute la journée du samedi 12 octobre, du dimanche 13 et du lundi 14.

Le lundi les fouilles recommencèrent après le dîner des ouvriers, c'est-à-dire vers trois heures après midi.

Le premier cadavre qui vit le jour après celui de Henri IV fut celui de son fils, Louis XIII. Il était bien conservé, et, quoique les traits du visage fussent affaissés, on pouvait encore le reconnaître à sa moustache.

Puis vint celui de Louis XIV, reconnaissable à ses grands traits qui ont fait de son visage le masque typique des Bourbons ; seulement il était noir comme de l'encre.

Puis vinrent successivement ceux de Marie de Médicis, deuxième femme de Henri IV; d'Anne d'Autriche, femme de Louis XIII; de Marie-Thérèse, infante d'Espagne et femme de Louis XIV; et du grand dauphin.

Tous ces corps étaient putréfiés. Seulement celui du grand dauphin était en putréfaction liquide.

Le mardi, 15 octobre, les exhumations continuèrent.

Le cadavre de Henri IV était toujours là debout contre sa colonne, et assistant impassible à ce vaste sacrilége qui s'accomplissait à la fois sur ses prédécesseurs et sur sa descendance.

Le mercredi 16, juste au moment où la reine Marie-Antoinette avait la tête tranchée sur la place de la Révolution, c'est-à-dire à onze heures du matin,

on tirait à son tour du caveau des Bourbons le cercueil du roi Louis XV.

Il était, selon l'antique coutume du cérémonial de France, couché à l'entrée du caveau où il attendait son successeur, qui ne devait pas venir l'y rejoindre. On le prit, on l'emporta et on l'ouvrit dans le cimetière seulement, et sur les bords de la fosse.

D'abord le corps retiré du cercueil de plomb, et bien enveloppé de linge et de bandelettes, paraissait entier et bien conservé ; mais, dégagé de ce qui l'enveloppait, il n'offrait plus que l'image de la plus hideuse putréfaction, et il s'en échappa une odeur tellement infecte, que chacun s'enfuit, et qu'on fut obligé de brûler plusieurs livres de poudre pour purifier l'air.

On jeta aussitôt dans la fosse ce qui restait du héros du Parc-aux-Cerfs, de l'amant de madame de Châteauroux, de madame de Pompadour et de madame du Barry, et, tombé sur un lit de chaux vive, on recouvrit de chaux vive ces immondes reliques.

J'étais resté le dernier pour faire brûler les artifices et jeter la chaux quand j'entendis un grand bruit dans l'église; j'y entrai vivement, et j'aperçus un ouvrier qui se débattait au milieu de ses camarades, tandis que les femmes lui montraient le poing et le menaçaient.

Le misérable avait quitté sa triste besogne pour aller voir un spectacle plus triste encore, l'exécution de Marie-Antoinette ; puis, enivré des cris qu'il avait poussés et entendu pousser, de la vue du sang qu'il avait vu répandre, il était revenu à Saint-Denis, et, s'approchant de Henri IV dressé contre son pilier, et toujours entouré de curieux, et je dirai presque de dévots ·

— De quel droit, lui avait-il dit, restes-tu debout ici, toi, quand on coupe la tête des rois sur la place de la Révolution?

Et, en même temps, saisissant la barbe de la main gauche, il l'avait arrachée, tandis que, de la droite, il donnait un soufflet au cadavre royal.

Le cadavre était tombé à terre en rendant un bruit sec, pareil à celui d'un sac d'ossements qu'on eût laissé tomber.

Aussitôt un grand cri s'était élevé de tous côtés. A tel autre roi que ce fût, on eût pu risquer un pareil outrage, mais à Henri IV, au roi du peuple, c'était presque un outrage au peuple.

L'ouvrier sacrilége courait donc le plus grand risque lorsque j'accourus à son secours.

Dès qu'il vit qu'il pouvait trouver en moi un appui, il se mit sous ma protection. Mais, tout en le protégeant, je voulus le laisser sous le poids de l'action infâme qu'il avait commise.

— Mes enfants, dis-je aux ouvriers, laissez ce misérable, celui qu'il a insulté est en assez bonne position là-haut pour obtenir de Dieu son châtiment.

Puis, lui ayant repris la barbe qu'il avait arrachée

au cadavre, et qu'il tenait toujours de la main gauche, je le chassai de l'église, en lui annonçant qu'il ne faisait plus partie des ouvriers que j'employais. Les huées et les menaces de ses camarades le poursuivirent jusque dans la rue.

Craignant de nouveaux outrages à Henri IV, j'ordonnai qu'il fût porté dans la fosse commune; mais, jusque-là, le cadavre fut accompagné de marques de respect. Au lieu d'être jeté, comme les autres, au charnier royal, il y fut descendu, déposé doucement et couché avec soin à l'un des angles; puis une couche de terre, au lieu d'une couche de chaux, fut pieusement étendue sur lui.

La journée finie, les ouvriers se retirèrent, le gardien seul resta : c'était un brave homme que j'avais placé là, de peur que, la nuit, on ne pénétrât dans l'église, soit pour exécuter de nouvelles mutilations, soit pour opérer de nouveaux vols; ce gardien dormait le jour et veillait de sept heures du soir à sept heures du matin.

Il passait la nuit debout, et se promenait pour s'échauffer, ou assis près d'un feu allumé contre un des piliers les plus proches de la porte.

Tout présentait dans la basilique l'image de la mort, et la dévastation rendait cette image de la mort plus terrible encore. Les caveaux étaient ouverts et les dalles dressées contre les murailles; les statues brisées jonchaient le pavé de l'église; çà et là, des cercueils éventrés avaient restitué les morts, dont ils croyaient n'avoir à rendre compte qu'au jour du jugement dernier. Tout enfin portait l'esprit de l'homme, si cet esprit était élevé, à la méditation; s'il était faible, à la terreur.

Heureusement le gardien n'était pas un esprit, mais une matière organisée. Il regardait tous ces débris du même œil qu'il eût regardé une forêt en coupe ou un champ fauché, et n'était préoccupé que de compter les heures de la nuit, voix monotone de l'horloge, seule chose qui fût restée vivante dans la basilique désolée.

Au moment où sonna minuit et où vibrait le dernier coup du marteau dans les sombres profondeurs de l'église, il entendit de grands cris venant du côté du cimetière. Ces cris étaient des cris d'appel, de longues plaintes, de douloureuses lamentations.

Après le premier moment de surprise, il s'arma d'une pioche et s'avança vers la porte qui faisait communication entre l'église et le cimetière; mais, cette porte ouverte, reconnaissant parfaitement que ces cris venaient de la fosse des rois, il n'osa aller plus loin, referma la porte, et accourut me réveiller à l'hôtel où je logeais.

Je me refusai d'abord à croire à l'existence de ces clameurs sortant de la fosse royale; mais, comme je logeais juste en face de l'église, le gardien ouvrit ma fenêtre, et, au milieu du silence troublé par le seul bruissement de la brise hivernale, je crus effectivement entendre de longues plaintes qui me semblaient n'être pas seulement la lamentation du vent.

Je me levai et j'accompagnai le gardien jusque dans l'église. Arrivé là, et le porche refermé derrière nous, nous entendîmes plus distinctement les plaintes dont il avait parlé. Il était d'autant plus facile de distinguer d'où venaient ces plaintes, que la porte du cimetière, mal fermée par le gardien, s'était rouverte derrière lui. C'était donc du cimetière effectivement que ces plaintes venaient.

Nous allumâmes deux torches et nous nous acheminâmes vers la porte; mais trois fois, en approchant de cette porte, le courant d'air qui s'était établi du dehors au dedans les éteignit. Je compris que c'était comme ces détroits difficiles à franchir, et qu'une fois étant dans le cimetière, nous n'aurions plus la même lutte à soutenir. Je fis, outre nos torches, allumer une lanterne. Nos torches s'éteignirent; mais la lanterne persista. Nous franchîmes le détroit, et, une fois dans le cimetière, nous rallumâmes nos torches, que respecta le vent.

Cependant, au fur et à mesure que nous approchions, les clameurs s'en étaient allées mourantes, et, au moment où nous arrivâmes au bord de la fosse, elles étaient à peu près éteintes.

Nous secouâmes nos torches au-dessus de la vaste ouverture, et, au milieu des ossements, sur cette couche de chaux et de terre toute trouée par eux, nous vîmes quelque chose d'informe qui se débattait.

Ce quelque chose ressemblait à un homme.

— Qu'avez-vous et que voulez-vous? demandai-je à cette espèce d'ombre.

— Hélas! murmura-t-elle, je suis le misérable ouvrier qui a donné un soufflet à Henri IV.

— Mais comment es-tu là? demandai-je

— Tirez-moi d'abord de là, monsieur Lenoir, car je me meurs, et ensuite vous saurez tout.

Du moment que le gardien des morts s'était convaincu qu'il avait affaire à un vivant, la terreur qui d'abord s'était emparée de lui avait disparu, il avait déjà dressé une échelle couchée dans les herbes du cimetière, tenant cette échelle debout et attendant mes ordres.

Je lui ordonnai de descendre l'échelle dans la fosse, et j'invitai l'ouvrier à monter. Il se traîna, en effet, jusqu'à la base de l'échelle; mais, arrivé là, lorsqu'il fallut se dresser debout et monter les échelons, il s'aperçut qu'il avait une jambe et un bras cassés.

Nous lui jetâmes une corde avec un nœud coulant; il passa cette corde sous ses épaules. Je conservai l'autre extrémité de la corde entre mes mains; le gardien descendit quelques échelons, et, grâce à ce double soutien, nous parvînmes à tirer ce vivant de la compagnie des morts.

A peine fut-il hors de la fosse, qu'il s'évanouit. Nous l'emportâmes près du feu; nous le couchâmes

— J'interrogeai alors le blessé.

sur un lit de paille, puis j'envoyai le gardien chercher un chirurgien.

Le gardien revint avec un docteur avant que le blessé eût repris connaissance, et ce fut seulement pendant l'opération qu'il ouvrit les yeux.

Le pansement fait, je remerciai le chirurgien, et, comme je voulais savoir par quelle étrange circonstance le profanateur se trouvait dans la tombe royale, je renvoyai à son tour le gardien. Celui-ci ne demandait pas mieux que d'aller se coucher après les émotions d'une pareille nuit, et je restai seul près de l'ouvrier. Je m'assis sur une pierre près de

la paille où il était couché et en face du foyer dont la flamme tremblante éclairait la partie de l'église où nous étions, laissant toutes les profondeurs dans une obscurité d'autant plus épaisse, que la partie où nous nous trouvions était dans une plus grande lumière.

J'interrogeai alors le blessé; voici ce qu'il me raconta.

Son renvoi l'avait peu inquiété. Il avait de l'argent dans sa poche, et jusque-là il avait vu qu'avec de l'argent on ne manquait de rien.

En conséquence, il était allé s'établir au cabaret.

Au cabaret, il avait commencé d'entamer une bouteille, mais au troisième verre il avait vu entrer
l'hôte.

— Avons-nous bientôt fini? avait demandé celui-ci.

— Et pourquoi cela? avait répondu l'ouvrier.

— Mais parce que j'ai entendu dire que c'était
toi qui avais donné un soufflet à Henri IV.

— Eh bien! oui, c'est moi! dit insolemment l'ouvrier. Après?

— Après? je ne veux pas donner à boire à un mé-
chant coquin comme toi, qui appellera la malédiction sur ma maison.

— Ta maison, ta maison est la maison de tout le
monde, et, du moment où l'on paye, on est chez soi.

— Oui, mais tu ne payeras pas, toi.

— Et pourquoi cela?

— Parce que je ne veux pas de ton argent. Or,
comme tu ne payeras pas, tu ne seras pas chez toi,
mais chez moi; et, comme tu seras chez moi, j'aurai
le droit de te mettre à la porte.

— Oui, si tu es le plus fort.

— Si je ne suis pas le plus fort, j'appellerai mes
garçons.

— Eh bien! appelle un peu, que nous voyions.

Le cabaretier avait appelé; trois garçons, prévenus d'avance, étaient entrés à sa voix, chacun avec
un bâton à la main, et force avait été à l'ouvrier, si
bonne envie qu'il eût de résister, de se retirer sans
mot dire.

Alors il était sorti, avait erré quelque temps par
la ville, et, à l'heure du dîner, il était entré chez le
gargotier où les ouvriers avaient l'habitude de prendre leurs repas.

Il venait de manger sa soupe quand les ouvriers,
qui avaient fini leur journée, entrèrent.

En l'apercevant, ils s'arrêtèrent au seuil, et, appelant l'hôte, lui déclarèrent que, si cet homme continuait à prendre ses repas chez lui, ils déserteraient
sa maison depuis le premier jusqu'au dernier.

Le gargotier demanda ce qu'avait fait cet homme,
qui était ainsi en proie à la réprobation générale.

On lui dit que c'était l'homme qui avait donné un
soufflet à Henri IV.

— Alors, sors d'ici! dit le gargotier en s'avançant vers lui, et puisse ce que tu as mangé te servir
de poison!

Il y avait encore moins possibilité de résister chez
le gargotier que chez le marchand de vin. L'ouvrier
maudit se leva en menaçant ses camarades, qui s'é-
cartèrent devant lui, non pas à cause des menaces
qu'il avait proférées, mais à cause de la profanation
qu'il avait commise.

Il sortit la rage dans le cœur, erra une partie de la
soirée dans les rues de Saint-Denis, jurant et blas-
phémant. Puis, vers les dix heures, il s'achemina
vers son garni.

Contre l'habitude de la maison, les portes étaient
fermées.

Il frappa à la porte. Le logeur parut à une fenêtre. Comme il faisait nuit sombre, il ne put reconnaître celui qui frappait.

— Qui êtes-vous? demanda-t-il.

L'ouvrier se nomma.

— Ah! dit le logeur, c'est toi qui as donné un
soufflet à Henri IV; attends.

— Quoi! que faut-il que j'attende? dit l'ouvrier
avec impatience.

En même temps, un paquet tomba à ses pieds.

— Qu'est-ce que cela? demanda l'ouvrier.

— Tout ce qu'il y a à toi ici.

— Comment! tout ce qu'il y a à moi ici.

— Oui, tu peux aller coucher où tu voudras; je
n'ai pas envie que ma maison me tombe sur la tête.

L'ouvrier, furieux, prit un pavé et le jeta dans
la porte.

— Attends, dit le logeur, je vais réveiller tes
compagnons, et nous allons voir.

L'ouvrier comprit qu'il n'avait rien de bon à attendre. Il se retira, et, ayant trouvé une porte ouverte à cent pas de là, il entra et se coucha sous un
hangar.

Sous ce hangar, il y avait de la paille; il se coucha sur cette paille et s'endormit.

À minuit moins un quart, il lui sembla que quelqu'un lui touchait sur l'épaule. Il se réveilla, et vit
devant lui une forme blanche ayant l'aspect d'une
femme, et qui lui faisait signe de le suivre.

Il crut que c'était une de ces malheureuses qui
ont toujours un gîte et du plaisir à offrir à qui peut
payer le gîte et le plaisir; et, comme il avait de l'argent, comme il préférait passer la nuit à couvert et
couché dans un lit, à la passer dans un hangar et
couché sur la paille, il se leva et suivit la femme.

La femme longea un instant les maisons du côté
gauche de la Grande-Rue, puis elle traversa la rue,
prit une ruelle à droite, faisant toujours signe à
l'ouvrier de la suivre.

Celui-ci, habitué à ce manège nocturne, connaissant par expérience les ruelles où se logent ordinairement les femmes du genre de celle qu'il suivait, ne fit aucune difficulté et s'engagea dans la
ruelle.

La ruelle aboutissait aux champs; il crut que cette
femme habitait une maison isolée, et la suivit encore.

Au bout de cent pas, ils traversèrent une brèche;
mais, tout à coup, ayant levé les yeux, il aperçut
devant lui la vieille abbaye de Saint-Denis, avec son
clocher gigantesque et ses fenêtres légèrement tein-
tées par le feu intérieur, près duquel veillait le gardien.

Il chercha des yeux la femme; elle avait disparu.

Il était dans le cimetière.

Il voulut repasser par la brèche. Mais sur cette

brèche, sombre, menaçant, le bras tendu vers lui, il lui sembla voir le spectre de Henri IV.

Le spectre fit un pas en avant, et l'ouvrier un pas en arrière.

Au quatrième ou cinquième pas, la terre manqua sous ses pieds, et il tomba à la renverse dans la fosse.

Alors, il lui sembla voir se dresser autour de lui tous ces rois, prédécesseurs et descendants de Henri IV; alors, il lui sembla qu'ils levaient sur lui les uns leurs sceptres, les autres leurs mains de justice, en criant malheur au sacrilége. Alors, il lui sembla qu'au contact de ces mains de justice et de ces sceptres pesants comme du plomb, brûlants comme le feu, il sentait l'un après l'autre ses membres brisés.

C'est en ce moment que minuit sonnait et que le gardien entendait les plaintes.

Je fis ce que je pus pour rassurer ce malheureux; mais sa raison était égarée, et, après un délire de trois jours, il mourut en criant : Grâce!

— Pardon, dit le docteur, mais je ne comprends point parfaitement la conséquence de votre récit. L'accident de votre ouvrier prouve que, la tête préoccupée de ce qui lui était arrivé dans la journée, soit en état de veille, soit en état de somnambulisme, il s'est mis à errer la nuit; qu'en errant, il est entré dans le cimetière, et que, tandis qu'il regardait en l'air, au lieu de regarder à ses pieds, il est tombé dans la fosse où naturellement il s'est, dans sa chute, cassé un bras et une jambe. Or, vous avez parlé d'une prédiction qui s'est réalisée, et je ne vois pas dans tout ceci la plus petite prédiction.

— Attendez, docteur, dit le chevalier, l'histoire que je viens de raconter, et qui, vous avez raison, n'est qu'un fait, mène tout droit à cette prédiction que je vais vous dire, et qui est un mystère.

Cette prédiction, la voici :

Vers le 20 janvier 1794, après la démolition du tombeau de François Ier, on ouvrit le sépulcre de la comtesse de Flandre, fille de Philippe le Long.

Ces deux tombeaux étaient les derniers qui restaient à fouiller; tous les caveaux étaient effondrés, tous les sépulcres étaient vides, tous les ossements étaient au charnier.

Une dernière sépulture était restée inconnue : c'était celle du cardinal de Retz, qui, disait-on, avait été enterré à Saint-Denis.

Tous les caveaux avaient été refermés ou à peu près, caveau des Valois, et caveau des Charles. Il ne restait que le caveau des Bourbons, que l'on devait fermer le lendemain.

Le gardien passait sa dernière nuit dans cette église où il n'y avait plus rien à garder; permission lui avait donc été donnée de dormir, et il profitait de la permission.

A minuit, il fut réveillé par le bruit de l'orgue et des chants religieux. Il se réveilla, se frotta les yeux et tourna la tête vers le chœur, c'est-à-dire du côté où venaient les chants.

Alors, il vit avec étonnement les stalles du chœur garnies par les religieux de Saint-Denis; il vit un archevêque officiant à l'autel; il vit la chapelle ardente allumée; et, sous la chapelle ardente allumée, le grand drap d'or mortuaire qui, d'habitude, ne recouvre que le corps des rois.

Au moment où il se réveillait, la messe était finie et le cérémonial de l'enterrement commençait.

Le sceptre, la couronne et la main de justice, posés sur un coussin de velours rouge, étaient remis aux hérauts, qui les présentèrent à trois princes, lesquels les prirent

Aussitôt s'avancèrent, plutôt glissant que marchant, et sans que le bruit de leurs pas éveillât le moindre écho dans la salle, les gentilshommes de la chambre qui prirent le corps et qui le portèrent dans le caveau des Bourbons, resté seul ouvert, tandis que tous les autres étaient refermés.

Alors, le roi d'armes y descendit, et, lorsqu'il y fut descendu, il cria aux autres hérauts d'avoir à y venir faire leur office.

Le roi d'armes et les hérauts étaient au nombre de cinq.

Du fond du caveau, le roi d'armes appela le premier héraut, qui descendit, portant les éperons; puis le second, qui descendit, portant les gantelets; puis le troisième, qui descendit, portant l'écu; puis le quatrième, qui descendit, portant l'armet timbré; puis le cinquième, qui descendit, portant la cotte d'armes.

Ensuite, il appela le premier valet tranchant, qui apporta la bannière; les capitaines des Suisses, des archers de la garde et des deux cents gentilshommes de la maison; le grand écuyer, qui apporta l'épée royale; le premier chambellan, qui apporta la bannière de France; le grand maître, devant lequel tous les maîtres d'hôtel passèrent, jetant leurs bâtons blancs dans le caveau et saluant les trois princes porteurs de la couronne, du sceptre et de la main de justice, au fur et à mesure qu'ils défilaient; les trois princes, qui apportèrent à leur tour sceptre, main de justice et couronne.

Alors, le roi d'armes cria à voix haute et par trois fois :

« Le roi est mort; vive le roi! — Le roi est mort; vive le roi! — Le roi est mort; vive le roi! »

Un héraut, qui était resté dans le chœur, répéta le triple cri.

Enfin, le grand maître brisa sa baguette en signe que la maison royale était rompue, et que les officiers du roi pouvaient se pourvoir.

Aussitôt les trompettes retentirent et l'orgue s'éveilla.

Puis, tandis que les trompettes sonnaient toujours plus faiblement, tandis que l'orgue gémissait de plus en plus bas, les lumières des cierges pâlirent, les corps des assistants s'effacèrent, et, au dernier gémissement de l'orgue, au dernier son de la trompette, tout disparut.

Le lendemain, le gardien, tout en larmes, raconta l'enterrement royal qu'il avait vu, et auquel, lui, pauvre homme, assistait seul, prédisant que ces tombeaux mutilés seraient remis en place, et que, malgré les décrets de la Convention et l'œuvre de la guillotine, la France reverrait une nouvelle monarchie et Saint-Denis de nouveaux rois.

Cette prédiction valut la prison et presque l'é-

chafaud au pauvre diable, qui, trente ans plus tard, c'est-à-dire le 20 septembre 1824, derrière la même colonne où il avait eu sa vision, me disait, en me tirant par la basque de mon habit :

— Eh bien! monsieur Lenoir, quand je vous disais que nos pauvres rois reviendraient un jour à Saint-Denis, m'étais-je trompé?

En effet, ce jour-là on enterrait Louis XVIII avec le même cérémonial que le gardien des tombeaux avait vu pratiquer trente ans auparavant.

— Expliquez celle-là, docteur

Alors il vit avec étonnement les stalles du chœur garnies par les religieux de Saint-Denis.

LES MILLE ET UN FANTOMES

IX

L ARTIFAILLE.

oit qu'il fût convaincu, soit, ce qui est plus probable, que la négation lui parût difficile vis-à-vis d'un homme comme le chevalier Lenoir, le docteur se tut.

Le silence du docteur laissait le champ libre aux commentateurs; l'abbé Moulle s'élança dans l'arène.

— Tout ceci me confirme dans mon système, dit-il. — Et quel est votre système? demanda le docteur, enchanté de reprendre la polémique avec de moins rudes jouteurs que M. Ledru et le chevalier Lenoir. — Que nous vivons entre deux mondes invisibles, peuplés, l'un d'esprits infernaux, l'autre d'esprits célestes; qu'à l'heure de notre naissance deux génies, l'un bon, l'autre mauvais, viennent prendre place à nos côtés, nous accompagnent

8

toute notre vie, l'un nous soufflant le bien, l'autre le mal, et qu'à l'heure de notre mort celui qui triomphe s'empare de nous : ainsi, notre corps devient ou la proie d'un démon ou la demeure d'un ange ; chez la pauvre Solange, le bon génie avait triomphé, et c'était lui qui vous disait adieu, Ledru, par les lèvres muettes de la jeune martyre ; chez le brigand condamné par le juge écossais, c'était le démon qui était resté maître de la place, et c'est lui qui venait successivement au juge sous la forme d'un chat, dans l'habit d'un huissier, avec l'apparence d'un squelette ; enfin, dans le dernier cas, c'est l'ange de la monarchie qui a vengé sur le sacrilége la terrible profanation des tombeaux, et qui, comme le Christ se manifestant aux humbles, a montré la restauration future de la royauté à un pauvre gardien de tombeaux, et cela avec autant de pompe que si la cérémonie fantastique avait eu pour témoins tous les futurs dignitaires de la cour de Louis XVIII. — Mais enfin, monsieur l'abbé, dit le docteur, tout système est fondé sur une conviction. — Sans doute. — Mais cette conviction, pour qu'elle soit réelle, il faut qu'elle repose sur un fait. — C'est aussi sur un fait que la mienne repose. — Sur un fait qui vous a été raconté par quelqu'un en qui vous avez toute confiance. — Sur un fait qui m'est arrivé à moi-même. — Ah ! l'abbé ; voyons le fait.

— Volontiers. Je suis né sur cette partie de l'héritage des anciens rois qu'on appelle aujourd'hui le département de l'Aisne, et qu'on appelait autrefois l'Ile-de-France ; mon père et ma mère habitaient un petit village situé au milieu de la forêt de Villers-Cotterets, et qu'on appelle Fleury. Avant ma naissance, mes parents avaient déjà eu cinq enfants, trois garçons et deux filles, qui, tous, étaient morts. Il en résulta que, lorsque ma mère se vit enceinte de moi, elle me voua au blanc jusqu'à l'âge de sept ans, et mon père promit un pèlerinage à Notre-Dame-de-Liesse.

Ces deux vœux ne sont point rares en province, et ils avaient entre eux une relation directe, puisque le blanc est la couleur de la Vierge, et que Notre-Dame-de-Liesse n'est autre que la vierge Marie.

Malheureusement, mon père mourut pendant la grossesse de ma mère ; mais ma mère, qui était une femme pieuse, ne résolut pas moins d'accomplir le double vœu dans toute sa rigueur : aussitôt ma naissance, je fus habillé de blanc des pieds à la tête, et, aussitôt qu'elle put marcher, ma mère entreprit à pied, comme il avait été voté, le pèlerinage sacré.

Notre-Dame-de-Liesse, heureusement, n'était située qu'à quinze ou seize lieues du village de Fleury ; en trois étapes, ma mère fut rendue à destination.

Là, elle fit ses dévotions, et reçut des mains du curé une médaille d'argent, qu'elle m'attacha au cou.

Grâce à ce double vœu, je fus exempt de tous les accidents de la jeunesse, et, lorsque j'eus atteint l'âge de raison, soit résultat de l'éducation religieuse que j'avais reçue, soit influence de la médaille, je me sentis entraîné vers l'état ecclésiastique ; ayant fait mes études au séminaire de Soissons, j'en sortis prêtre en 1780, et fus envoyé vicaire à Étampes.

Le hasard fit que je fus attaché à celle des quatre églises d'Étampes qui est sous l'invocation de Notre-Dame.

Cette église est un des merveilleux monuments que l'époque romane a légués au moyen âge. Fondée par Robert le Fort, elle fut achevée au douzième siècle seulement ; elle a encore aujourd'hui des vitraux admirables qui, lors de son édification récente, devaient admirablement s'harmonier avec la peinture et la dorure qui couvraient ses colonnes et en enrichissaient les chapiteaux.

Tout enfant, j'avais fort aimé ces merveilleuses efflorescences de granit que la foi a fait sortir de terre du dixième au seizième siècle, pour couvrir le sol de la France, cette fille aînée de Rome, d'une forêt d'églises, et qui s'arrêta quand la foi mourut dans les cœurs, tuée par le poison de Luther et de Calvin.

J'avais joué, tout enfant, dans les ruines de Saint-Jean de Soissons ; j'avais réjoui mes yeux aux fantaisies de toutes ces moulures, qui semblent des fleurs pétrifiées, de sorte que, lorsque je vis Notre-Dame d'Étampes, je fus heureux que le hasard, ou plutôt la providence, m'eût donné, hirondelle, un semblable nid ; alcyon, un pareil vaisseau.

Aussi mes moments heureux étaient ceux que je passais dans l'église. Je ne veux pas dire que ce fût un sentiment purement religieux qui m'y retint ; non, c'était un sentiment de bien-être qui peut se comparer à celui de l'oiseau que l'on tire de la machine pneumatique, où l'on a commencé à faire le vide, pour le rendre à l'espace et à la liberté. Mon espace à moi, c'était celui qui s'étendait du portail à l'abside ; ma liberté, c'était de rêver, pendant deux heures, à genoux sur une tombe ou accoudé à une colonne. — A quoi rêvais-je? ce n'était certainement pas à quelque argutie théologique ; non, c'était à cette lutte éternelle du bien et du mal, qui tiraille l'homme depuis le jour du péché ; c'était à ces beaux anges aux ailes blanches, à ces hideux démons aux faces rouges, qui, à chaque rayon de soleil, étincelaient sur les vitraux, les uns resplendissants du feu céleste, les autres flamboyants aux flammes de l'enfer. Notre-Dame enfin, c'était ma demeure : là, je vivais, je pensais, je priais. La petite maison presbytérienne qu'on m'avait donnée n'était que mon pied-à-terre, j'y mangeais et j'y couchais, voilà tout.

Encore souvent ne quittais-je ma belle Notre-Dame qu'à minuit ou une heure du matin.

On savait cela. Quand je n'étais pas au presbytère, j'étais à Notre-Dame. On venait m'y chercher, et l'on m'y trouvait.

Des bruits du monde, bien peu parvenaient jusqu'à moi, renfermé comme je l'étais dans ce sanctuaire de religion, et surtout de poésie.

Cependant, parmi ces bruits, il y en avait un qui intéressait tout le monde, petits et grands, clercs et laïques. Les environs d'Étampes étaient désolés par les exploits d'un successeur, ou plutôt d'un rival de Cartouche et de Poulailler, qui, pour l'audace, paraissait devoir suivre les traces de ses prédécesseurs.

Ce bandit, qui s'attaquait à tout, mais particulièrement aux églises, avait nom l'Artifaille.

Une chose qui me fit donner une attention plus particulière aux exploits de ce brigand, c'est que sa femme, qui demeurait dans la ville basse d'Étampes, était une de mes pénitentes les plus assidues. Brave et digne femme, pour qui le crime dans lequel était tombé son mari était un remords, et qui, se croyant responsable devant Dieu, comme épouse, passait sa vie en prières et en confession, espérant, par ses œuvres saintes, atténuer l'impiété de son mari.

Quant à lui, je viens de vous le dire, c'était un bandit ne craignant ni Dieu ni diable, prétendant que la société était mal faite, et qu'il était envoyé sur la terre pour la corriger; que, grâce à lui, l'équilibre se rétablirait dans les fortunes, et qu'il n'était que le précurseur d'une secte que l'on verrait apparaître un jour, et qui prêcherait ce que, lui, mettait en pratique, c'est-à-dire la communauté des biens.

Vingt fois il avait été pris et conduit en prison; mais, presque toujours, à la deuxième ou troisième nuit, on avait trouvé la prison vide; comme on ne savait de quelle façon se rendre compte de ces évasions, on disait qu'il avait trouvé l'herbe qui coupe le fer.

Il y avait donc un certain merveilleux qui s'attachait à cet homme.

Quant à moi, je n'y songeais, je l'avoue, que quand sa pauvre femme venait se confesser à moi, m'avouant ses terreurs et me demandant mes conseils.

Alors, vous le comprenez, je lui conseillais d'employer toute son influence sur son mari pour le ramener dans la bonne voie. Mais l'influence de la pauvre femme était bien faible. Il lui restait donc cet éternel recours en grâce que la prière ouvre devant le Seigneur.

Les fêtes de Pâques de l'année 1783 approchaient. C'était dans la nuit du jeudi au vendredi saint. J'avais, dans la journée du jeudi, entendu grand nombre de confessions, et, vers huit heures du soir, je m'étais trouvé tellement fatigué, que je m'étais endormi dans le confessionnal.

Le sacristain m'avait vu endormi; mais, connaissant mes habitudes, et sachant que j'avais sur moi une clef de la petite porte de l'église, il n'avait pas même songé à m'éveiller; ce qui m'arrivait ce soir-là m'était arrivé cent fois.

Je dormais donc, lorsqu'au milieu de mon sommeil je sentis résonner comme un double bruit. L'un était la vibration du marteau de bronze sonnant minuit; l'autre était le froissement d'un pas sur la dalle.

J'ouvris les yeux, et je m'apprêtais à sortir du confessionnal quand, dans le rayon de lumière jeté par la lune à travers les vitraux d'une des fenêtres, il me sembla voir passer un homme.

Comme cet homme marchait avec précaution, regardant autour de lui à chaque pas qu'il faisait, je compris que ce n'était ni un des assistants, ni le bedeau, ni le chantre, ni aucun des habitués de l'église, mais quelque intrus se trouvant là en mauvaise intention.

Le visiteur nocturne s'achemina vers le chœur. Arrivé là, il s'arrêta, et, au bout d'un instant, j'entendis le coup sec du fer sur une pierre à feu; je vis pétiller une étincelle, un morceau d'amadou s'enflamma, et une allumette alla fixer sa lumière errante à l'extrémité d'un cierge posé sur l'autel.

A la lueur de ce cierge, je pus voir alors un homme de taille médiocre, portant à la ceinture deux pistolets et un poignard, à la figure railleuse plutôt que terrible, et qui, jetant un regard investigateur dans toute l'étendue de la circonférence éclairée par le cierge, parut complétement rassuré par cet examen.

En conséquence, il tira de sa poche, non pas un trousseau de clefs, mais un trousseau de ces instruments destinés à les remplacer, et que l'on appelle rossignol, du nom sans doute de ce fameux Rossignol, qui se vantait d'avoir la clef de tous les chiffres. A l'aide d'un de ces instruments, il ouvrit le tabernacle, en tirant d'abord le saint-ciboire, magnifique coupe de vieil argent, ciselée sous Henri II, puis un ostensoir massif, qui avait été donné à la ville par la reine Marie-Antoinette, puis enfin deux burettes de vermeil.

Comme c'était tout ce que renfermait le tabernacle, il le referma avec soin, et se mit à genoux pour ouvrir le dessous de l'autel, qui faisait châsse.

Le dessous de l'autel renfermait une Notre-Dame en cire couronnée d'une couronne d'or et de diamants et couverte d'une robe toute brodée de pierreries.

Au bout de cinq minutes, la châsse, dont, au reste, le voleur eût pu briser les parois de glace, était ouverte, comme le tabernacle, à l'aide d'une fausse clef, et il s'apprêtait à joindre la robe et la couronne à l'ostensoir, aux burettes et au saint-ciboire, lorsque, ne voulant pas qu'un pareil vol s'accomplît, je sortis du confessionnal, et m'avançai vers l'autel.

Le bruit que je produisis en ouvrant la porte fit

retourner le voleur. Il se pencha de mon côté, et essaya de plonger son regard dans les lointaines obscurités de l'église; mais le confessionnal était hors de la portée de la lumière, de sorte qu'il ne me vit réellement que lorsque j'entrai dans le cercle éclairé par la flamme tremblotante du cierge.

En apercevant un homme, le voleur s'appuya contre l'autel, tira un pistolet de sa ceinture et le dirigea vers moi.

Mais, à ma longue robe noire, il put bientôt voir que je n'étais qu'un simple prêtre inoffensif, et n'ayant pour toute sauvegarde que la foi, pour toute arme que la parole.

Malgré la menace du pistolet dirigé contre moi, j'avançai jusqu'aux marches de l'autel. Je sentais que, s'il tirait sur moi, ou le pistolet raterait, ou la balle dévierait; j'avais la main à ma médaille, et je me sentais tout entier couvert du saint amour de Notre-Dame.

Cette tranquillité du pauvre vicaire parut émouvoir le bandit.

— Que voulez-vous? me dit-il d'une voix qu'il s'efforçait de rendre assurée. — Vous êtes l'Artifaille? lui dis-je. — Parbleu, répondit-il, qui donc oserait, si ce n'était moi, pénétrer seul dans une église, comme je le fais? — Pauvre pécheur endurci qui tires orgueil de ton crime, lui dis-je, ne comprends-tu pas qu'à ce jeu que tu joues tu perds non-seulement ton corps, mais encore ton âme? — Bah! dit-il, quant à mon corps, je l'ai sauvé déjà tant de fois, que j'ai bonne espérance de le sauver encore, et, quant à mon âme... — Eh bien! quant à ton âme! — Cela regarde ma femme : elle est sainte pour deux, et elle sauvera mon âme en même temps que la sienne. — Vous avez raison, votre femme est une sainte femme, mon ami, et elle mourrait certainement de douleur si elle apprenait que vous eussiez accompli le crime que vous étiez en train d'exécuter. — Oh! oh! vous croyez qu'elle mourra de douleur, ma pauvre femme? — J'en suis sûr. — Tiens! je vais donc être veuf, continua le brigand en éclatant de rire et étendant les mains vers les vases sacrés.

Mais je montai les trois marches de l'autel et lui arrêtai le bras.

— Non, lui dis-je, car vous ne commettrez pas ce sacrilége. — Et qui m'en empêchera? — Moi. — Par la force? — Non, par la persuasion. Dieu n'a pas envoyé ses ministres sur la terre pour qu'ils usassent de la force, qui est une chose humaine, mais de la persuasion, qui est une vertu céleste. Mon ami, ce n'est pas pour l'église, qui peut se procurer d'autres vases, mais pour vous, qui ne pourrez pas racheter votre péché; mon ami, vous ne commettrez pas ce sacrilége. — Ah çà! mais vous croyez donc que c'est le premier, mon brave homme? — Non, je sais que c'est le dixième, le

vingtième, le trentième peut-être, mais qu'importe? Jusqu'ici vos yeux étaient fermés, vos yeux s'ouvriront ce soir, voilà tout. N'avez-vous pas entendu dire qu'il y avait un homme nommé Saul qui gardait les manteaux de ceux qui lapidaient saint Étienne? Eh bien! cet homme, il avait les yeux couverts d'écailles, comme il le dit lui-même; un jour les écailles tombèrent de ses yeux; il vit, et ce fut saint Paul. — Dites donc, monsieur l'abbé, saint Paul n'a-t-il pas été pendu? — Oui. — Eh bien! à quoi cela lui a-t-il servi de voir? — Cela lui a servi à être convaincu que, parfois, le salut est dans le supplice. Aujourd'hui, saint Paul a laissé un nom vénéré sur la terre, et jouit de la béatitude éternelle dans le ciel. — A quel âge est-il arrivé à saint Paul de voir? — A trente-cinq ans. — J'ai passé l'âge, j'en ai quarante. — Il est toujours temps de se repentir. Sur la croix, Jésus disait au mauvais larron : — Un mot de prière, et je te sauve. — Ah çà! tu tiens donc à ton argenterie? dit le bandit en me regardant. — Non. Je tiens à ton âme, que je veux sauver. — A mon âme! Tu me feras accroire cela; tu t'en moques pas mal! — Veux-tu que je te prouve que c'est à ton âme que je tiens? lui dis-je. — Oui, donne-moi cette preuve, tu me feras plaisir. — A combien estimes-tu le vol que tu vas commettre cette nuit? — Eh! eh! fit le brigand en regardant les burettes, le calice, l'ostensoir et la robe de la Vierge avec complaisance, à mille écus. — A mille écus? — Je sais bien que cela vaut le double; mais il faudra perdre au moins les deux tiers dessus; ces diables de juifs sont si voleurs! — Viens chez moi. — Chez toi? — Oui, chez moi, au presbytère. J'ai une somme de mille francs, je te la donnerai à-compte. — Et les deux autres mille? — Les deux autres mille? eh bien! je te promets, foi de prêtre, que j'irai dans mon pays; ma mère a quelque bien, je vendrai trois ou quatre arpents de terre pour faire les deux autres mille francs, et je te les donnerai. — Oui, pour que tu me donnes un rendez-vous et que tu me fasses tomber dans quelque piège? — Tu ne crois pas ce que tu dis là, fis-je en étendant la main vers lui. — Eh bien! c'est vrai, je n'y crois pas, dit-il d'un air sombre. Mais ta mère, elle est donc riche? — Ma mère est pauvre. — Elle sera ruinée, alors? — Quand je lui aurai dit qu'au prix de sa ruine j'ai sauvé une âme, elle me bénira. D'ailleurs, si elle n'a plus rien, elle viendra demeurer avec moi, et j'aurai toujours pour deux. — J'accepte, dit-il; allons chez toi. — Soit, mais attends. — Quoi? — Renferme dans le tabernacle les objets que tu y as pris, referme-le à clef, cela te portera bonheur.

Le sourcil du bandit se fronça comme celui d'un homme que la foi envahit malgré lui : il replaça les vases sacrés dans le tabernacle et le referma. — Viens, dit-il. — Fais d'abord le signe de la croix, lui dis-je.

— Eh bien! ces mille francs? demanda-t-il.

Il essaya de jeter un rire moqueur, mais le rire commencé s'interrompit de lui-même.

Puis il fit le signe de la croix.

— Maintenant, suis-moi, lui dis-je.

Nous sortîmes par la petite porte; en moins de cinq minutes, nous fûmes chez moi.

Pendant le chemin, si court qu'il fût, le bandit avait paru fort inquiet, regardant autour de lui et craignant que je ne voulusse le faire tomber dans quelque embuscade

Arrivé chez moi, il se tint près de la porte.

— Eh bien! ces mille francs? demanda-t-il. — Attends, répondis-je.

J'allumai une bougie à mon feu mourant; j'ouvris une armoire, j'en tirai un sac.

— Les voilà; lui dis-je.

Et je lui donnai le sac.

— Maintenant les deux autres mille, quand les aurai-je? — Je te demande six semaines. — C'est bien, je te donne six semaines. — A qui les remettrai-je?

Le bandit réfléchit un instant.

— A ma femme, dit-il. — C'est bien ! — Mais elle ne saura pas d'où ils viennent ni comment je les ai gagnés ? — Elle ne le saura pas, ni elle ni personne. Et jamais, à ton tour, tu ne tenteras rien ni contre Notre-Dame d'Étampes ni contre toute autre église sous l'invocation de la Vierge ?.— Jamais ! — Sur ta parole ? — Foi de l'Artifaille. — Va, mon frère, et ne pèche plus.

Je le saluai en lui faisant signe de la main qu'il était libre de se retirer.

Il parut hésiter un moment ; puis, ouvrant la porte avec précaution, il disparut.

Je me mis à genoux... et je priai pour cet homme.

Je n'avais pas fini ma prière que j'entendis frapper à la porte.

— Entrez, dis-je sans me retourner.

Quelqu'un effectivement, me voyant en prière, s'arrêta en entrant et se tint debout derrière moi.

— Lorsque j'eus achevé mon oraison, je me retournai, et je vis l'Artifaille immobile et droit près de la porte, ayant son sac sous son bras.

— Tiens, me dit-il, je te rapporte tes mille francs. — Mes mille francs ? — Oui, et je te tiens quitte des deux mille autres. — Et cependant la promesse que tu m'as faite subsiste ? — Parbleu ! — Tu te repens donc ? — Je ne sais pas si je me repens, oui ou non, mais je ne veux pas de ton argent, voilà tout.

Et il posa le sac sur le rebord du buffet.

Puis, le sac déposé, il s'arrêta comme pour demander quelque chose ; mais cette demande, on le sentait, avait peine à sortir de ses lèvres.

— Que désirez-vous ? lui demandai-je. Parlez, mon ami. Ce que vous venez de faire est bien ; n'ayez pas honte de faire mieux. — Tu as une grande dévotion à Notre-Dame ? me demanda-t-il. — Une grande. — Et tu crois que, par son intercession, un homme, si coupable qu'il soit, peut être sauvé à l'heure de la mort ? Eh bien ! en échange de tes trois mille francs, dont je te tiens quitte, donne-moi quelque relique, quelque chapelet, quelque reliquaire que je puisse baiser à l'heure de ma mort.

Je détachai la médaille et la chaîne d'or que ma mère m'avait passées au cou le jour de ma naissance, qui ne m'avaient jamais quitté depuis, et je les donnai au brigand.

Le brigand posa ses lèvres sur la médaille et s'enfuit.

Un an s'écoula sans que j'entendisse parler de l'Artifaille ; sans doute il avait quitté Étampes pour aller exercer ailleurs.

Sur ces entrefaites, je reçus une lettre de mon confrère, le vicaire de Fleury. Ma bonne mère était bien malade et m'appelait près d'elle. J'obtins un congé et je partis.

Six semaines ou deux mois de bons soins et de prières rendirent la santé à ma mère. Nous nous quittâmes, moi joyeux, elle bien portante, et je revins à Étampes.

J'arrivai un vendredi soir, toute la ville était en émoi. Le fameux voleur l'Artifaille s'était fait prendre du côté d'Orléans, avait été jugé au présidial de cette ville, qui, après condamnation, l'avait envoyé à Étampes pour être pendu, le canton d'Étampes ayant été principalement le théâtre de ses méfaits.

L'exécution avait eu lieu le matin même.

Voilà ce que j'appris dans la rue ; mais, en entrant au presbytère, j'appris autre chose encore : c'est qu'une femme de la ville basse était venue depuis la veille au matin, c'est-à-dire depuis le moment où l'Artifaille était arrivé à Étampes pour y subir son supplice, était venue s'informer plus de dix fois si j'étais de retour.

Cette insistance n'était pas étonnante. J'avais écrit pour annoncer ma prochaine arrivée, et j'étais attendu d'un moment à l'autre.

Je ne connaissais dans la ville basse que la pauvre femme qui allait devenir veuve. Je résolus d'aller chez elle avant d'avoir même secoué la poussière de mes pieds.

Du presbytère à la ville basse, il n'y avait qu'un pas. Dix heures du soir sonnaient, il est vrai ; mais je pensais que, puisque le désir de me voir était si ardent, la pauvre femme ne serait pas dérangée par ma visite.

Je descendis donc au faubourg et me fis indiquer sa maison. Comme tout le monde la connaissait pour une sainte, nul ne lui faisait un crime du crime de son mari, nul ne lui faisait une honte de sa honte.

J'arrivai à la porte. Le volet était ouvert, et, par le carreau de vitre, je pus voir la pauvre femme, au pied du lit, agenouillée et priant.

Au mouvement de ses épaules, on pouvait deviner qu'elle sanglotait en priant.

Je frappai à la porte.

Elle se leva, et vint vivement ouvrir.

— Ah ! monsieur l'abbé ! s'écria-t-elle, je vous devinais. Quand on a frappé, j'ai compris que c'était vous. Hélas ! hélas ! vous arrivez trop tard : mon mari est mort sans confession. — Est-il donc mort dans de mauvais sentiments ? — Non ; bien au contraire, je suis sûre qu'il était chrétien au fond du cœur ; mais il avait déclaré qu'il ne voulait pas d'autre prêtre que vous, qu'il ne se confesserait qu'à vous, et que, s'il ne se confessait pas à vous, il ne se confesserait à personne qu'à Notre-Dame. — Il vous a dit cela ? — Oui, et, tout en le disant, il baisait une médaille de la Vierge pendue à son cou avec une chaîne d'or, recommandant par-dessus toute chose qu'on ne lui ôtât point cette médaille, et affirmant que, si on parvenait à l'ensevelir avec cette médaille, le mauvais esprit n'aurait aucune prise sur son corps. — Est-ce tout ce qu'il a dit ? — Non. En me quittant pour marcher à l'échafaud, il m'a dit encore que vous arriveriez ce soir, que vous viendriez me voir sitôt votre arrivée; voilà pourquoi je vous attendais. — Il vous a dit cela? fis-je avec étonnement. — Oui; et puis encore il m'a chargée d'une dernière prière. — Pour moi? — Pour vous. Il a dit qu'à quelque heure que vous veniez, je vous priasse... Mon Dieu! je n'oserai jamais vous dire une pareille chose. — Dites, ma bonne femme, dites. — Eh bien! que je vous priasse d'aller à la Justice (1), et là, sous son corps, de dire, au profit de son âme, cinq *pater* et cinq *ave*. Il a dit que vous ne me refuseriez pas, monsieur l'abbé. — Et il a eu raison, car je vais y aller. — Oh! que vous êtes bon!

Elle me prit les mains, et voulut me les baiser.

Je me dégageai.

— Allons, ma bonne femme, lui dis-je, du courage. — Dieu m'en donne, monsieur l'abbé, je ne m'en plains pas. — Il n'a rien demandé autre chose? — Non. — C'est bien! S'il ne lui faut que ce désir accompli pour le repos de son âme, son âme sera en repos.

Je sortis.

Il était dix heures et demie à peu près. C'était dans les derniers jours d'avril, la bise était encore fraîche. Cependant le ciel était beau, beau pour un peintre surtout, car la lune roulait dans une mer de vagues sombres qui donnaient un grand caractère à l'horizon.

Je tournai autour des vieilles murailles de la ville, et j'arrivai à la porte de Paris. Passé onze heures du soir, c'était la seule porte d'Étampes qui restât ouverte.

Le but de mon excursion était sur une esplanade, qui, aujourd'hui comme alors, domine toute la ville. Seulement, aujourd'hui, il ne reste d'autres traces de la potence, qui alors était dressée sur cette esplanade, que trois fragments de la maçonnerie qui assurait les trois poteaux, reliés entre eux par deux poutres, et qui formaient le gibet.

Pour arriver à cette esplanade, située à gauche de la route, quand on vient d'Étampes à Paris, et à droite quand on vient de Paris à Étampes, pour arriver à cette esplanade, il fallait passer au pied de la tour de Guinette, ouvrage avancé, qui semble une sentinelle posée isolément dans la plaine pour garder la ville.

Cette tour, que vous devez connaître, chevalier Lenoir, et que Louis XI a essayé de faire sauter autrefois sans y réussir, est éventrée par l'explosion et semble regarder le gibet, dont elle ne voit que l'extrémité, avec l'orbite noire d'un grand œil sans prunelle.

Le jour, c'est la demeure des corbeaux; la nuit, c'est le palais des chouettes et des chats-huants.

Je pris, au milieu de leurs cris et de leurs hou-

houlements, le chemin de l'esplanade, chemin étroit, difficile, raboteux, creusé dans le roc, percé à travers les broussailles.

Je ne puis pas dire que j'eusse peur. L'homme qui croit en Dieu, qui se confie à lui, ne doit avoir peur de rien, mais j'étais ému.

On n'entendait au monde que le tic-tac monotone du moulin de la basse ville, le cri des hiboux et des chouettes, et le sifflement du vent dans les broussailles.

La lune entrait dans un nuage noir, dont elle brodait les extrémités d'une frange blanchâtre.

Mon cœur battait. Il me semblait que j'allais voir, non pas ce que j'étais venu pour voir, mais quelque chose d'inattendu. Je montais toujours.

Arrivé à un certain point de la montée, je commençai à distinguer l'extrémité supérieure du gibet, composé de ses trois piliers et de cette double traverse de chêne dont j'ai déjà parlé.

C'est à ces traverses de chêne que pendent les croix de fer auxquelles on attache les suppliciés.

J'apercevais, comme une ombre mobile, le corps du malheureux l'Artifaille, que le vent balançait dans l'espace.

Tout à coup je m'arrêtai; je découvrais maintenant le gibet de son extrémité supérieure à sa base. J'apercevais une masse sans forme qui semblait un animal à quatre pattes et qui se mouvait.

Je m'arrêtai et me couchai derrière un rocher. Cet animal était plus gros qu'un chien et plus massif qu'un loup.

Tout à coup, il se leva sur les pattes de derrière, et je reconnus que cet animal n'était autre que celui que Platon appelait un animal à deux pieds et sans plumes, c'est-à-dire un homme.

Que pouvait venir faire, à cette heure, un homme sous un gibet, à moins qu'il n'y vînt avec un cœur religieux pour prier, ou avec un cœur irréligieux pour y faire quelque sacrilège?

Dans tous les cas, je résolus de me tenir coi et d'attendre.

En ce moment, la lune sortit du nuage qui l'avait cachée un instant, et donna en plein sur le gibet.

Alors, je pus voir distinctement l'homme, et même tous les mouvements qu'il faisait.

Cet homme ramassa une échelle couchée à terre, puis la dressa contre un des poteaux, le plus rapproché du cadavre du pendu.

Puis il monta à l'échelle.

Puis il forma avec le pendu un groupe étrange, où le vivant et le mort semblèrent se confondre dans un embrassement.

Tout à coup un cri terrible retentit. Je vis s'agiter les deux corps; j'entendis crier à l'aide d'une voix étranglée qui cessa bientôt d'être distincte; puis, un des deux corps se détacha du gibet, tandis que l'autre restait pendu à la corde et agitait ses bras et ses jambes.

_____

(1) On appelait ainsi l'endroit où l'on pendait les voleurs et les assassins.

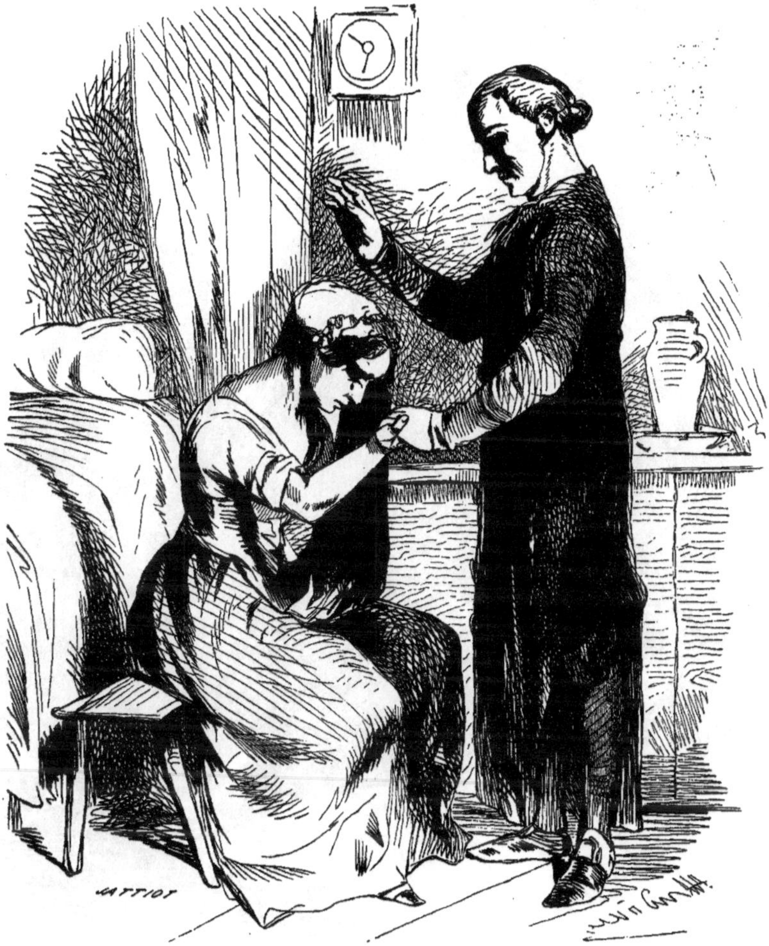

— Allons, ma bonne femme, lui dis-je, du courage. — PAGE 63.

Il m'était impossible de deviner ce qui se passait sous la machine infâme ; mais enfin, œuvre de l'homme ou du démon, il venait de s'y passer quelque chose d'extraordinaire, quelque chose qui appelait à l'aide, qui réclamait du secours.

Je m'élançai.

A ma vue, le pendu parut redoubler d'agitation, tandis que, dessous lui, était immobile et gisant le corps qui s'était détaché du gibet.

Je courus d'abord au vivant. Je montai vivement les degrés de l'échelle, et, avec mon couteau, je coupai la corde ; le pendu tomba à terre, je sautai à bas de l'échelle.

Le pendu se roulait dans d'horribles convulsions, l'autre cadavre se tenait toujours immobile.

Je compris que le nœud coulant continuait de serrer le cou du pauvre diable. Je me couchai sur lui pour le fixer, et à grand'peine je desserrai le nœud coulant qui l'étranglait.

Pendant cette opération, qui me forçait à regarder cet homme face à face, je reconnus avec étonnement que cet homme était le bourreau.

Il avait les yeux hors de leur orbite, la face bleuâtre, la mâchoire presque tordue.

Il avait les yeux hors de leur orbitre, la face bleuâtre, la mâchoire presque tordue, et un souffle, qui ressemblait plus à un râle qu'à une respiration, s'échappait de sa poitrine.

Cependant l'air rentrait peu à peu dans ses poumons, et, avec l'air, la vie.

Je l'avais adossé à une grosse pierre; au bout d'un instant, il parut reprendre ses sens, toussa, tourna le cou en toussant, et finit par me regarder au face.

Son étonnement ne fut pas moins grand que l'a-vait été le mien. — Oh! oh! monsieur l'abbé, dit-il, c'est vous? — Oui, c'est moi — Et que venez-vous faire ici? me demanda-t-il. — Mais vous-même?

Il parut rappeler ses esprits. Il regarda encore une fois autour de lui; mais, cette fois, ses yeux s'arrêtèrent sur le cadavre.

— Ah! dit-il en essayant de se lever, allons-nous-en, monsieur l'abbé, au nom du ciel, allons-nous-en! — Allez-vous-en si vous voulez, mon ami; mais moi, j'ai un devoir à accomplir. — Ici? — Ici. — Quel est-il donc? — Ce malheureux, qui a été pendu par vous aujourd'hui, a désiré que je vinsse dire au pied du gibet cinq *pater* et cinq *ave* pour le salut de son âme. — Pour le salut de son âme? oh! monsieur l'abbé, vous aurez de la besogne si vous sauvez celle-là, c'est Satan en personne. — Comment! c'est Satan en personne? — Sans doute, ne venez-vous pas de voir ce qu'il m'a fait? — Comment, ce qu'il vous a fait, et que vous a-t-il donc fait? — Il m'a pendu, pardieu! — Il vous a pendu? mais il me semblait, au contraire, que c'était vous qui lui aviez rendu ce triste service? — Oui, ma foi! et je croyais l'avoir bel et bien pendu même. Il paraît que je m'étais trompé! Mais comment donc n'a-t-il pas profité du moment où j'étais branché à mon tour pour se sauver?

J'allai au cadavre, je le soulevai; il était roide et froid.

— Mais parce qu'il est mort, dis je. — Mort! répéta le bourreau. Mort! ah! diable! c'est bien pis; alors sauvons-nous, monsieur l'abbé, sauvons-nous.

Et il se leva.

— Non, par ma foi! dit-il, j'aime encore mieux rester, il n'aurait qu'à se relever et à courir après moi. Vous, au moins, qui êtes un saint homme, vous me défendrez. — Mon ami, dis-je à l'exécuteur en le regardant fixement, il y a quelque chose là-dessous. Vous me demandiez tout à l'heure ce que je venais faire ici à cette heure. A mon tour, je vous demanderai : Que veniez-vous faire ici, vous? — Ah! ma foi, monsieur l'abbé, il faudra toujours bien que je vous le dise, en confession ou autrement. Eh bien! je vais vous le dire autrement. Mais attendez donc...

Il fit un mouvement en arrière.

— Quoi donc? — Il ne bouge pas là-bas? — Non, soyez tranquille, le malheureux est bien mort. — Oh! bien mort... bien mort... n'importe! Je vais toujours vous dire pourquoi je suis venu, et, si je mens, il me démentira, voilà tout. — Dites.

— Il faut vous dire que ce mécréant-là n'a pas voulu entendre parler de confession. Il disait seulement de temps en temps : « L'abbé Moulle est-il arrivé? » On lui répondait : « Non, pas encore. » Il poussait un soupir; on lui offrait un prêtre, il répondait : « Non! l'abbé Moulle... et pas d'autre. »

— Oui, je sais cela.

— Au pied de la tour de Guinette, il s'arrêta : Regardez donc, me dit-il, si vous ne voyez pas venir l'abbé Moulle. — Non, lui dis-je. Et nous nous remîmes en chemin. Au pied de l'échelle, il s'arrêta encore. — L'abbé Moulle ne vient pas? demanda-t-il. — Eh non! que l'on vous dit. Il n'y a rien d'impatientant comme un homme qui vous répète toujours la même chose. — Allons! dit-il. — Je lui passai la corde au cou. Je lui mis les pieds contre l'échelle, et lui dis : Monte. Il monta sans trop se faire prier; mais, quand il fut arrivé aux deux tiers de l'échelle : — Attendez, me dit-il, que je

m'assure que l'abbé Moulle ne vient pas. — Ah! regardez, lui dis-je, ça n'est pas défendu. Alors il regarda une dernière fois dans la foule; mais, ne vous voyant pas, il poussa un soupir. Je crus qu'il était résolu et qu'il n'y avait plus qu'à le pousser; mais il vit mon mouvement. — Attends, dit-il. — Quoi encore? — Je voudrais baiser une médaille de Notre-Dame, qui est à mon cou. — Ah! pour cela, lui dis-je, c'est trop juste; baise. Et je lui mis la médaille contre les lèvres. — Qu'y a-t-il donc encore? demandai-je. — Je veux être enterré avec cette médaille. Hum! hum! fis-je, il me semble que toute la défroque du pendu appartient au bourreau. — Cela ne me regarde pas, je veux être enterré avec ma médaille. — Je veux! je veux! comme vous y allez! — Je veux, quoi! La patience m'échappa; il était tout prêt, il avait la corde au cou, l'autre bout de la corde était au crochet. — Va-t-en au diable! lui dis-je. Et je le lançai dans l'espace. — Notre-Dame, ayez pi... Ma foi, c'est tout ce qu'il put dire; la corde étrangla à la fois l'homme et la phrase. Au même instant, vous savez comme cela se pratique, j'empoignai la corde, je sautai sur ses épaules, et han! han! tout fut dit. Il n'eut pas à se plaindre de moi, et je vous réponds qu'il n'a pas souffert.

— Mais tout cela ne dit pas pourquoi tu es venu ce soir. — Oh! c'est que voilà ce qui est le plus difficile à raconter. — Eh bien! je vais te le dire, moi : tu es venu pour lui prendre sa médaille. — Eh bien! oui, le diable m'a tenté. Je me suis dit : Bon! bon! tu veux; c'est bien aisé à dire, cela; mais, quand la nuit sera venue, sois tranquille, nous verrons. Alors, quand la nuit a été venue, je suis parti de la maison. J'avais laissé mon échelle aux alentours; je savais où la retrouver. J'ai été faire une promenade; je suis revenu par le plus long, et puis, quand j'ai vu qu'il n'y avait plus personne dans la plaine, quand je n'ai plus entendu aucun bruit, je me suis approché du gibet, j'ai dressé mon échelle, je suis monté, j'ai tiré le pendu à moi, je lui ai décroché sa chaîne, et... — Et quoi? — Ma foi! croyez moi si vous voulez : au moment où la médaille a quitté son cou, le pendu m'a pris, a retiré sa tête du nœud coulant, a passé ma tête à la place de la sienne, et, ma foi! il m'a poussé à mon tour, comme je l'avais poussé, moi. Voilà la chose. — Impossible! vous vous trompez. — M'avez vous trouvé pendu, oui ou non? — Oui. — Eh bien! je vous promets que je ne me suis pas pendu moi-même. Voilà tout ce que je puis vous dire.

Je réfléchis un instant.

— Et la médaille, lui demandai-je, où est-elle? — Ma foi, cherchez à terre, elle ne doit pas être loin. Quand je me suis senti pendu, je l'ai lâchée.

Je me levai et jetai les yeux à terre. Un rayon de la lune donnait dessus comme pour guider mes recherches.

Je la ramassai. J'allai au cadavre du pauvre l'Ar-tifaille, et je lui rattachai la médaille au cou.

Au moment où elle toucha sa poitrine, quelque chose comme un frémissement courut par tout son corps, et un cri aigu et presque douloureux sortit de sa poitrine.

Le bourreau fit un bond en arrière.

Mon esprit venait d'être illuminé par ce cri. Je me rappelai ce que les saintes Écritures disaient des exorcismes et du cri que poussent les démons en sortant du corps des possédés.

Le bourreau tremblait comme la feuille.

— Venez ici, mon ami, lui dis-je, et ne craignez rien.

Il s'approcha en hésitant.

— Que me voulez-vous? dit-il. — Voici un cadavre qu'il faut remettre à sa place. — Jamais. Bon ! pour qu'il me pende encore. — Il n'y a pas de danger, mon ami, je vous réponds de tout. — Mais, monsieur l'abbé! monsieur l'abbé! — Venez, vous dis-je.

Il fit encore un pas.

— Hum ! murmura-t-il, je ne m'y fie pas. — Et vous avez tort, mon ami. Tant que le corps aura sa médaille, vous n'aurez rien à craindre. — Pourquoi cela? — Parce que le démon n'aura aucune prise sur lui. Cette médaille le protégeait, vous la lui avez ôtée ; à l'instant même le mauvais génie qui l'avait poussé au mal, et qui avait été écarté par son bon ange, est rentré dans le cadavre, et vous avez vu quelle a été l'œuvre de ce mauvais génie. — Alors ce cri que nous venons d'entendre. — C'est celui qu'il a poussé quand il a senti que sa proie lui échappait. — Tiens, dit le bourreau, en effet, cela pourrait bien être. — Cela est. — Alors, je vais le remettre à son crochet. — Remettez-le ; il faut que la justice ait son cours ; il faut que la condamnation s'accomplisse.

Le pauvre diable hésitait encore.

— Ne craignez rien, lui dis-je, je réponds de tout. — N'importe, reprit le bourreau, ne me perdez pas de vue, et, au moindre cri, venez à mon secours. — Soyez tranquille, vous n'aurez pas besoin de moi.

Il s'approcha du cadavre, le souleva doucement par les épaules et le tira vers l'échelle tout en lui parlant.

— N'aie pas peur, l'Artifaille, lui disait-il, ce n'est pas pour te prendre ta médaille. Vous ne nous perdez pas de vue, n'est-ce pas, monsieur l'abbé? — Non, mon ami, soyez tranquille. — Ce n'est pas pour te prendre ta médaille, continua l'exécuteur du ton le plus conciliant; non, sois tranquille ; puisque tu l'as désiré, tu seras enterré avec elle. C'est

vrai, il ne bouge pas, monsieur l'abbé. — Vous le voyez. — Tu seras enterré avec elle; en attendant, je te remets à ta place, sur le désir de M. l'abbé, car, pour moi, tu comprends!... — Oui, oui, lui dis-je, sans pouvoir m'empêcher de sourire, mais faites vite. — Ma foi, c'est fait, dit-il en lâchant le corps qu'il venait d'attacher de nouveau au crochet et en sautant à terre du même coup.

Et le corps se balança dans l'espace, immobile et inanimé.

Je me mis à genoux et je commençai les prières que l'Artifaille m'avait demandées.

— Monsieur l'abbé, dit le bourreau en se mettant à genoux près de moi, vous plairait-il de dire les prières assez haut et assez doucement pour que je puisse les répéter? — Comment! malheureux! tu les as donc oubliées? — Je crois que je ne les ai jamais sues?

Je dis les cinq *pater* et les cinq *ave*, que le bourreau répéta consciencieusement après moi.

La prière terminée, je me levai.

— L'Artifaille, dis-je tout haut au supplicié, j'ai fait tout ce que j'ai pu pour le salut de ton âme, c'est à la bienheureuse Notre-Dame à faire le reste. — *Amen !* dit mon compagnon.

En ce moment un rayon de lune illumina le cadavre comme une cascade d'argent. Minuit sonna à Notre-Dame.

— Allons, dis-je à l'exécuteur, nous n'avons plus rien à faire ici. — Monsieur l'abbé, dit le pauvre diable, seriez-vous assez bon pour m'accorder une dernière grâce? — Laquelle? — C'est de me reconduire jusque chez moi ; tant que je ne sentirai pas ma porte bien fermée entre moi et ce gaillard-là, je ne serai pas tranquille. — Venez, mon ami.

Nous quittâmes l'esplanade, non sans que mon compagnon, de dix pas en dix pas, se retournât pour voir si le pendu était bien à sa place.

Rien ne bougea.

Nous rentrâmes dans la ville. Je conduisis mon homme jusque chez lui. J'attendis qu'il eût éclairé sa maison, puis il ferma la porte sur moi, me dit adieu, et me remercia à travers la porte. Je rentrai chez moi, parfaitement calme de corps et d'esprit.

Le lendemain, comme je m'éveillais, on me dit que la femme du voleur m'attendait dans ma salle à manger.

Elle avait le visage calme et presque joyeux.

— Monsieur l'abbé, me dit-elle, je viens vous remercier : mon mari m'est apparu hier comme minuit sonnait à Notre-Dame, et il m'a dit : — Demain matin, tu iras trouver l'abbé Moulle, et tu lui diras que, grâce à lui et à Notre-Dame, je suis sauvé.

XI

LE BRACELET DE CHEVEUX.

on cher abbé, dit Alliette, j'ai la plus grande estime pour vous et la plus grande vénération pour Cazotte ; j'admets parfaitement l'influence de votre mauvais génie ; mais il y a une chose que vous oubliez et dont je suis, moi, un exemple : c'est que la mort ne tue pas la vie ; la mort n'est qu'un mode de transformation du corps humain ; la mort tue la mémoire, voilà tout. Si la mémoire ne mourait pas, chacun se souviendrait de toutes les pérégrinations de son âme, depuis le commencement du monde jusqu'à nous. La pierre philosophale n'est pas autre chose que ce secret ; c'est ce secret qu'avait trouvé Pythagore, et qu'ont retrouvé le comte de Saint-Germain et Cagliostro ; c'est ce secret que je possède à mon tour, et qui fait que mon corps mourra, comme je me rappelle positivement que cela lui est déjà arrivé quatre ou cinq fois, et encore, quand je dis que mon corps mourra, je me trompe, il y a certains corps qui ne meurent pas, et je suis de ceux-là.

— Monsieur Alliette, dit le docteur, voulez-vous d'avance me donner une permission ?

— Laquelle ?

— C'est de faire ouvrir votre tombeau un mois après votre mort.

— Un mois, deux mois, un an, dix ans, quand vous voudrez, docteur ; seulement prenez vos précautions... car le mal que vous ferez à mon cadavre pourrait nuire à l'autre corps dans lequel mon âme serait entrée.

— Ainsi, vous croyez à cette folie ?

— Je suis payé pour y croire : j'ai vu.

— Qu'avez-vous vu ?... un de ces morts vivants ?

— Oui.

— Voyons, monsieur Alliette, puisque chacun a raconté son histoire, racontez aussi la vôtre ; il serait curieux que ce fût la plus vraisemblable de la société.

— Vraisemblable ou non, docteur, la voici dans toute sa vérité. J'allais de Strasbourg aux eaux de Louesche. Vous connaissez la route, docteur ?

— Non ; mais n'importe, allez toujours.

— J'allais donc de Strasbourg aux eaux de Louesche, et je passais naturellement par Bâle, où je devais quitter la voiture publique pour prendre un voiturin.

Arrivé à l'hôtel de la Couronne, que l'on m'avait recommandé, je m'enquis d'une voiture et d'un voiturin, priant mon hôte de s'informer si quelqu'un dans la ville n'était point en disposition de faire la même route que moi ; alors il était chargé de proposer à cette même personne une association qui devait naturellement rendre à la fois la route plus agréable et moins coûteuse.

Le soir, il revint, ayant trouvé ce que je demandais ; la femme d'un négociant bâlois, qui venait de perdre son enfant, âgé de trois mois, qu'elle nourrissait elle-même, avait fait, à la suite de cette perte, une maladie pour laquelle on lui ordonnait les eaux de Louesche. C'était le premier enfant de ce jeune ménage marié depuis un an.

Mon hôte me raconta qu'on avait eu grand' peine à décider la femme à quitter son mari. Elle voulait absolument ou rester à Bâle ou qu'il vînt avec elle à Louesche ; mais, d'un autre côté, l'état de sa santé exigeant les eaux, tandis que l'état de leur commerce exigeait sa présence à Bâle, elle s'était décidée et partait avec moi le lendemain matin. Sa femme de chambre l'accompagnait.

Un prêtre catholique, desservant l'église d'un petit village des environs, nous accompagnait et occupait la quatrième place dans la voiture.

Le lendemain, vers huit heures du matin, la voiture vint nous prendre à l'hôtel ; le prêtre y était déjà. J'y montai à mon tour, et nous allâmes prendre la dame et sa femme de chambre.

Nous assistâmes, de l'intérieur de la voiture, aux adieux des deux époux, qui, commencés au fond de leur appartement, continuèrent dans le magasin, et ne s'achevèrent que dans la rue. Sans doute la femme avait quelque pressentiment, car elle ne pouvait se consoler. On eût dit que, au lieu de partir pour un voyage d'une cinquantaine de lieues, elle partait pour faire le tour du monde.

Le mari paraissait plus calme qu'elle, mais néanmoins était plus ému qu'il ne convenait raisonnablement pour une pareille séparation.

Nous partîmes enfin.

Nous avions naturellement, le prêtre et moi,

Le cheval s'était abattu, et le cavalier étant tombé, sa tête avait donné contre une pierre. — Page 70.

donné les deux meilleures places à la voyageuse et à sa femme de chambre, c'est-à-dire que nous étions sur le devant et elles au fond.

Nous prîmes la route de Soleure, et le premier jour nous allâmes coucher à Mundischwyll. Toute la journée, notre compagne avait été tourmentée, inquiète. Le soir, ayant vu passer une voiture de retour, elle voulait reprendre le chemin de Bâle. Sa femme de chambre parvint cependant à la décider à continuer sa route.

Le lendemain, nous nous mîmes en route vers neuf heures du matin, La journée était courte ; nous ne comptions pas aller plus loin que Soleure.

Vers le soir, et comme nous commencions d'apercevoir la ville, notre malade tressaillit.

— Ah ! dit-elle, arrêtez, on court après nous.

Je me penchai hors de la portière.

— Vous vous trompez, madame, répondis-je, la route est parfaitement vide.

— C'est étrange, insista-t-elle. J'entends le **galop** d'un cheval.

Je crus avoir mal vu.

Je sortis plus avant hors de la voiture.

— Personne, madame, lui dis-je.

Elle regarda elle-même et vit comme moi la route déserte.

— Je m'étais trompée, dit-elle en se rejetant au fond de la voiture. Et elle ferma les yeux comme une femme qui veut concentrer sa pensée en elle-même.

Le lendemain nous partîmes à cinq heures du matin. Cette fois la journée était longue. Notre conducteur vint coucher à Berne. A la même heure que la veille, c'est-à-dire vers cinq heures, notre compagne sortit d'une espèce de sommeil où elle était, et étendant les bras vers le cocher :

— Conducteur, dit-elle, arrêtez. Cette fois, j'en suis sûre, on court après nous.

— Madame se trompe, répondit le cocher. Je ne vois que les trois paysans qui viennent de nous croiser, et qui suivent tranquillement leur chemin.

— Oh! mais j'entends le galop du cheval.

Ces paroles étaient dites avec une telle conviction, que je ne pus m'empêcher de regarder derrière nous.

Comme la veille, la route était absolument déserte.

— C'est impossible, madame, répondis-je, je ne vois pas de cavalier.

— Comment se fait-il que vous ne voyiez point de cavalier, puisque je vois, moi, l'ombre d'un homme et d'un cheval?

Je regardai dans la direction de sa main, et je vis en effet l'ombre d'un cheval et d'un cavalier. Mais je cherchai inutilement les corps auxquels les ombres appartenaient.

Je fis remarquer cet étrange phénomène au prêtre, qui se signa.

Peu à peu cette ombre s'éclaircit, devint d'instant en instant moins visible, et enfin disparut tout à fait.

Nous entrâmes à Berne.

Tous ces présages paraissaient fatals à la pauvre femme; elle disait sans cesse qu'elle voulait retourner, et cependant elle continuait son chemin.

Soit inquiétude morale, soit progrès naturel de la maladie, la malade en arrivant à Thun, se trouva si souffrante, qu'il lui fallut continuer son chemin en litière. Ce fut ainsi qu'elle traversa le Kander-Thal et le Gemmi. En arrivant à Louesche, un érésypèle se déclara, et pendant plus d'un mois elle fut sourde et aveugle.

Au reste, ses pressentiments ne l'avaient pas trompée, à peine avait-elle fait vingt lieues, que son mari avait été pris d'une fièvre cérébrale.

La maladie avait fait des progrès si rapides, que, le même jour, sentant la gravité de son état, il avait envoyé un homme à cheval pour prévenir sa femme et l'inviter à revenir. Mais entre Lauffen et Breintenbach, le cheval s'était abattu, et, le cavalier étant tombé, sa tête avait donné contre une pierre, et il était resté dans une auberge, ne pouvant rien pour celui qui l'avait envoyé que le faire prévenir de l'accident qui était arrivé.

Alors on avait envoyé un autre courrier; mais sans doute il y avait une fatalité sur eux : à l'extrémité du Kander-Thal, il avait quitté son cheval et pris un guide pour monter le plateau du Schwalbach, qui sépare l'Oberland du Valais, quand, à moitié chemin, une avalanche, roulant du mont Attels, l'avait entraîné avec elle dans un abime; le guide avait été sauvé comme par miracle.

Pendant ce temps, le mal faisait des progrès terribles. On avait été obligé de raser la tête du malade qui portait des cheveux très-longs, afin de lui appliquer de la glace sur le crâne. A partir de ce moment, le moribond n'avait plus conservé aucun espoir, et, dans un moment de calme, il avait écrit à sa femme :

« Chère Bertha,

« Je vais mourir, mais je ne veux pas me séparer de toi tout entier. Fais-toi faire un bracelet des cheveux qu'on vient de me couper et que je fais mettre à part. Porte-le toujours, et il me semble qu'ainsi nous serons encore réunis.

« Ton FRÉDÉRICK. »

Puis il avait remis cette lettre à un troisième exprès, à qui il avait ordonné de partir aussitôt qu'il serait expiré.

Le soir même il était mort. Une heure après sa mort, l'exprès était parti, et, plus heureux que ses deux prédécesseurs, il était, vers la fin du cinquième jour, arrivé à Louesche.

Mais il avait trouvé la femme aveugle et sourde; au bout d'un mois seulement, grâce à l'efficacité des eaux, cette double infirmité avait commencé à disparaître. Ce n'était qu'un autre mois écoulé qu'on avait osé apprendre à la femme la fatale nouvelle à laquelle du reste les différentes visions qu'elle avaient eues l'avaient préparée. Elle était restée un dernier mois pour se remettre complétement; enfin, après trois mois d'absence, elle était repartie pour Bâle.

Comme, de mon côté, j'avais achevé mon traitement, que l'infirmité pour laquelle j'avais pris les eaux et qui était un rhumatisme, allait beaucoup mieux, je lui demandai la permission de partir avec elle, ce qu'elle accepta avec reconnaissance, ayant trouvé en moi une personne à qui parler de son mari, que je n'avais fait qu'entrevoir au moment du départ, mais que j'avais enfin vu.

Nous quittâmes Louesche, et le cinquième jour, au soir, nous étions de retour à Bâle.

Rien ne fut plus triste et plus douloureux que la rentrée de cette pauvre veuve dans sa maison; comme les deux jeunes époux étaient seuls au monde, le mari mort, on avait fermé le magasin, le commerce avait cessé comme cesse le mouvement lorsqu'une pendule s'arrête. On envoya chercher le médecin qui avait soigné le malade, les différentes personnes qui l'avaient assisté à ses derniers moments, et par eux, en quelque sorte, on ressuscita cette agonie, on reconstruisit cette mort déjà presque oubliée chez ces cœurs indifférents.

Elle redemanda au moins ces cheveux que son mari lui léguait.

Le médecin se rappela bien avoir ordonné qu'on les lui coupât; le barbier se souvint bien d'avoir rasé le malade, mais voilà tout. Les cheveux avaient été jetés au vent, dispersés, perdus.

La femme fut désespérée ; ce seul et unique désir du moribond, qu'elle portât un bracelet de ses cheveux, était donc impossible à réaliser.

Plusieurs nuits s'écoulèrent ; nuits profondément tristes, pendant lesquelles la veuve, errante dans la maison, semblait bien plutôt une ombre elle-même qu'un être vivant.

A peine couchée, ou plutôt à peine endormie, elle sentait son bras droit tomber dans l'engourdissement, et elle ne se réveillait qu'au moment où cet engourdissement lui semblait gagner le cœur.

Cet engourdissement commençait au poignet, c'est-à-dire à la place où aurait dû être le bracelet de cheveux, et où elle sentait une pression pareille à celle d'un bracelet de fer trop étroit; et du poignet, comme nous l'avons dit, l'engourdissement gagnait le cœur.

Il était évident que le mort manifestait son regret de ce que ses volontés avaient été si mal suivies.

La veuve comprit ces regrets qui venaient de l'autre côté de la tombe. Elle résolut d'ouvrir la fosse, et, si la tête de son mari n'avait pas été entièrement rasée, d'y recueillir assez de cheveux pour réaliser son dernier désir.

En conséquence, sans rien dire de ses projets à personne, elle envoya chercher le fossoyeur.

Mais le fossoyeur qui avait enterré son mari était mort. Le nouveau fossoyeur, entré en exercice depuis quinze jours seulement, ne savait pas où était la tombe.

Alors, espérant une révélation, elle, qui, par la double apparition du cheval, du cavalier, elle qui, par la pression du bracelet, avait le droit de croire aux prodiges, elle se rendit seule au cimetière, s'assit sur un tertre couvert d'herbe verte et vivace comme il en pousse sur les tombes, et là elle invoqua quelque nouveau signe auquel elle pût se rattacher pour ses recherches.

Une danse macabre était peinte sur le mur de ce cimetière. Ses yeux s'arrêtèrent sur la Mort et se fixèrent longtemps sur cette figure railleuse et terrible à la fois.

Alors il lui sembla que la Mort levait son bras décharné, et du bout de son doigt osseux désignait une tombe au milieu des dernières tombes.

La veuve alla droit à cette tombe, et, quand elle y fut, il lui sembla voir bien distinctement la Mort qui laissait retomber son bras à la place primitive.

Alors elle fit une marque à la tombe, alla chercher le fossoyeur, le ramena à l'endroit désigné, et lui dit :

— Creusez, c'est ici!

J'assistais à cette opération. J'avais voulu suivre cette merveilleuse aventure jusqu'au bout.

Le fossoyeur creusa.

Arrivé au cercueil, il leva le couvercle. D'abord il avait hésité, mais la veuve lui avait dit d'une voix ferme :

— Levez, c'est le cercueil de mon mari.

Il obéit donc, tant cette femme savait inspirer aux autres la confiance qu'elle possédait elle-même.

Alors apparut une chose miraculeuse et que j'ai vue de mes yeux. Non-seulement le cadavre était le cadavre de son mari, non-seulement ce cadavre, à la pâleur près, était tel que de son vivant, mais encore, depuis qu'ils avaient été rasés, c'est-à-dire depuis le jour de sa mort, ses cheveux avaient poussé de telle sorte, qu'ils sortaient comme des racines par toutes les fissures de sa bière.

Alors la pauvre femme se pencha vers ce cadavre, qui semblait seulement endormi ; elle le baisa au front, coupa une mèche de ses longs cheveux si merveilleusement poussés sur la tête d'un mort, et en fit faire un bracelet.

Depuis ce jour, l'engourdissement nocturne cessa. Seulement, à chaque fois qu'elle était prête à courir quelque grand danger, une douce pression, une amicale étreinte du bracelet l'avertissait de se tenir sur ses gardes.

— Eh bien! croyez-vous que ce mort fût réellement mort? que ce cadavre fût bien un cadavre? Moi, je ne le crois pas.

— Et, demanda la dame pâle avec un timbre si singulier, qu'il nous fit tressaillir tous dans cette nuit où l'absence de lumière nous avait laissés, vous n'avez pas entendu dire que ce cadavre fût jamais sorti du tombeau, vous n'avez pas entendu dire que personne eût eu à souffrir de sa vue et de son contact?

— Non, dit Alliette, j'ai quitté le pays.

— Ah! dit le docteur, vous avez tort, monsieur Alliette, d'être de si facile composition. Voici madame Gregoriska qui était toute prête à faire de votre bon marchand de Bâle en Suisse un vampire polonais, valaque ou hongrois. Est-ce que, pendant votre séjour dans les monts Carpathes, continua en riant le docteur, est ce que par hasard vous auriez vu des vampires?

— Écoutez, dit la dame pâle avec une étrange solennité, puisque tout le monde ici a raconté une histoire, j'en veux raconter une aussi. Docteur, vous ne direz pas que l'histoire n'est pas vraie, c'est la mienne... Vous allez savoir pourquoi je suis si pâle.

En ce moment, un rayon de lune glissa par la fenêtre à travers les rideaux, et, venant se jouer sur le canapé où elle était couchée, l'enveloppa d'une lumière bleuâtre qui semblait faire d'elle une statue de marbre noir couchée sur un tombeau.

Pas une voix n'accueillit la proposition; mais le silence profond qui régna dans le salon annonça que chacun attendait avec anxiété.

Alors la pauvre femme se pencha vers le cadavre. — Page 71.

LES MILLE ET UN FANTOMES

XII

LES MONTS CARPATHES.

Je suis Polonaise, née à Sandomir, c'est-à-dire dans un pays où les légendes deviennent des articles de foi, où nous croyons à nos traditions de famille autant, plus peut-être, qu'à l'Évangile. Pas un de nos châteaux qui n'ait son spectre, pas une de nos chaumières qui n'ait son esprit familier. Chez le riche comme chez le pauvre, dans le château comme dans la chaumière, on reconnaît le principe ami comme le principe ennemi. Parfois, ces deux principes entrent en lutte et combattent. Alors, ce sont des bruits si mystérieux dans les corridors, des rugissements si épouvantables dans les vieilles tours, des tremblements si effrayants dans les murailles, que l'on s'enfuit de la chaumière comme du château, et que paysans ou gentilshommes courent à l'église chercher la croix bénie ou les saintes reliques, seuls préservatifs contre les démons qui nous tourmentent.

Mais là aussi deux principes plus terribles, plus acharnés, plus implacables encore, sont en présence, la tyrannie et la liberté.

L'année 1825 vit se livrer, entre la Russie et la Pologne, une de ces luttes dans lesquelles on croirait que tout le sang d'un peuple est épuisé, comme souvent s'épuise tout le sang d'une famille.

Mon père et mes deux frères s'étaient levés contre le nouveau czar, et avaient été se ranger sous le drapeau de l'indépendance polonaise, toujours abattu, toujours relevé.

Un jour, j'appris que mon plus jeune frère avait été tué; un autre jour, on m'annonça que mon frère aîné était blessé à mort; enfin, après une journée pendant laquelle j'avais écouté avec terreur le bruit du canon qui se rapprochait incessamment, je vis arriver mon père avec une centaine de cavaliers, débris de trois mille hommes qu'il commandait.

Il venait s'enfermer dans notre château, avec l'intention de s'ensevelir sous ses ruines.

Mon père, qui ne craignait rien pour lui, tremblait pour moi. En effet, pour mon père, il ne s'agissait que de la mort, car il était bien sûr de ne pas tomber vivant aux mains de ses ennemis; mais, pour moi, il s'agissait de l'esclavage, du déshonneur, de la honte.

Mon père, parmi les cent hommes qui lui restaient, en choisit dix, appela l'intendant, lui remit tout l'or et tous les bijoux que nous possédions, et, se rappelant que, lors du second partage de la Pologne, ma mère, presque enfant, avait trouvé un refuge inabordable dans le monastère de Sahastru, situé au milieu des monts Carpathes, il lui ordonna de me conduire dans ce monastère, qui, hospitalier à la mère, ne serait pas moins hospitalier, sans doute, à la fille.

Malgré le grand amour que mon père avait pour moi, les adieux ne furent pas longs. Selon toute probabilité, les Russes devaient être le lendemain en vue du château. Il n'y avait donc pas de temps à perdre.

Je revêtis à la hâte un habit d'amazone, avec lequel j'avais l'habitude d'accompagner mes frères à la chasse. On me sella le cheval le plus sûr de l'écurie; mon père glissa ses propres pistolets, chef-d'œuvre de la manufacture de Toula, dans mes fontes, m'embrassa, et donna l'ordre du départ.

Pendant la nuit et pendant la journée du lendemain, nous fîmes vingt lieues en suivant les bords d'une de ces rivières sans nom qui viennent se jeter dans la Vistule. Cette première étape doublée nous avait mis hors de la portée des Russes.

Aux derniers rayons du soleil, nous avions vu étinceler les sommets neigeux des monts Carpathes.

Vers la fin de la journée du lendemain, nous atteignîmes leur base; enfin, dans la matinée du troisième jour, nous commençâmes à nous engager dans une de leurs gorges.

Nos monts Carpathes ne ressemblent point aux montagnes civilisées de votre Occident. Tout ce que la nature a d'étrange et de grandiose s'y présente aux regards dans sa plus complète majesté. Leurs cimes orageuses se perdent dans les nues, couvertes de neiges éternelles; leurs immenses forêts de sapins se penchent sur le miroir poli de lacs pareils à des mers; et ces lacs, jamais une nacelle n'les a sillonnés, jamais le filet d'un pêcheur n'a troublé leur cristal, profond comme l'azur du ciel; la voix humaine y retentit à peine de temps en temps, faisant entendre un chant moldave auquel répondent les cris des animaux sauvages; chant et cris vont éveiller quelque écho solitaire, tout étonné qu'une rumeur quelconque lui ait appris sa propre existence. Pendant bien des milles, on voyage sous les voûtes sombres de bois coupés par ces merveilles inattendues que la solitude nous révèle à chaque pas, et qui font passer notre esprit de l'étonnement à l'admiration. Là, le danger est partout, et se compose de mille dangers différents; mais on n'a pas le temps d'avoir peur, tant ces dangers sont sublimes. Tantôt ce sont des cascades improvisées par la fonte des glaces, qui, bondissant de rochers en rochers, envahissent tout à coup l'étroit sentier que vous suivez, sentier tracé par le passage de la bête fauve et du chasseur qui la poursuit; tantôt ce sont des arbres minés par le temps qui se détachent du sol et tombent avec un fracas terrible qui semble être celui d'un tremblement de terre; tantôt enfin ce sont les ouragans qui vous enveloppent de nuages au milieu desquels on voit jaillir, s'allonger et se tordre l'éclair, pareil à un serpent de feu.

Puis, après ces pics alpestres, après ces forêts primitives, comme vous avez eu des montagnes géantes, comme vous avez eu des bois sans limites, vous avez des steppes sans fin, véritable mer avec ses vagues et ses tempêtes, savanes arides et bosselées où la vue se perd dans un horizon sans bornes; alors ce n'est plus la terreur qui s'empare de vous, c'est la tristesse qui vous inonde; c'est une vaste et profonde mélancolie dont rien ne peut distraire; car l'aspect du pays, aussi loin que votre regard peut s'étendre, est toujours le même. Vous montez et vous descendez vingt fois des pentes semblables, cherchant vainement un chemin tracé: en vous voyant ainsi perdu dans votre isolement, au milieu des déserts, vous vous croyez seul dans la nature, et votre mélancolie devient de la désolation; en effet, la marche semble être devenue une chose inutile et qui ne vous conduira à rien; vous ne rencontrez ni village, ni château, ni chaumière, nulle trace d'habitation humaine; parfois seulement, comme une tristesse de plus dans ce morne paysage, un petit lac sans roseaux, sans buissons, endormi au fond d'un ravin, comme une autre mer Morte, vous barre la route avec ses eaux vertes, au-dessus desquelles s'élèvent, à votre approche, quelques oiseaux aquatiques aux cris prolongés et discordants. Puis, vous faites un détour; vous gravissez la colline qui est devant vous, vous descendez dans une autre vallée, vous gravissez une autre colline, et cela dure ainsi jusqu'à ce que vous ayez épuisé la chaîne moutonneuse, qui va toujours en s'amoindrissant.

Mais, cette chaîne épuisée, si vous faites un coude vers le midi, alors le paysage reprend du grandiose, alors vous apercevez une autre chaîne de montagnes plus élevées, de forme plus pittoresque, d'aspect plus riche; celle-là est tout empanachée de forêts, toute coupée de ruisseaux : avec l'ombre et l'eau, la vie renaît dans le paysage; on entend la cloche d'un ermitage; on voit serpenter une caravane au flanc de quelque montagne. Enfin, aux derniers rayons du soleil, on distingue, comme une bande de blancs oiseaux appuyés les uns aux autres, les maisons de quelque village qui semblent s'être groupées pour se préserver de quelque attaque nocturne; car, avec la vie, est revenu le danger, et ce ne sont plus, comme dans les premiers monts que l'on a traversés, des bandes d'ours et de loups qu'il faut craindre, mais des hordes de brigands moldaves qu'il faut combattre.

Cependant, nous approchions. Dix journées de marche s'étaient passées sans accident. Nous pouvions déjà apercevoir la cime du mont Pion, qui dépasse de la tête toute cette famille de géants, et sur le versant méridional duquel est situé le couvent de Sahastru, où je me rendais. Encore trois jours, et nous étions arrivés.

Nous étions à la fin du mois de juillet; la journée avait été brûlante, et c'était avec une volupté sans pareille que, vers quatre heures, nous avions commencé d'aspirer les premières fraîcheurs du soir. Nous avions dépassé les tours en ruines de Niantzo. Nous descendions vers une plaine que nous commencions d'apercevoir à travers l'ouverture des montagnes. Nous pouvions déjà, d'où nous étions, suivre des yeux le cours de la Bistriza, aux rives émaillées de rouges affrines et de grandes campanules aux fleurs blanches. Nous côtoyions un précipice au fond duquel roulait la rivière, qui, là, n'était encore qu'un torrent. A peine nos montures avaient-elles un assez large espace pour marcher deux de front.

Notre guide nous précédait, couché de côté sur son cheval, chantant une chanson morlaque, aux monotones modulations, et dont je suivais les paroles avec un singulier intérêt.

Le chanteur était en même temps le poëte. Quant à l'air, il faudrait être un de ces hommes des montagnes pour vous le rendre dans toute sa sauvage tristesse, dans toute sa sombre simplicité.

En voici les paroles :

Dans le marais de Stavila,
Où tant de sang guerrier coula,
Voyez-vous ce cadavre-là !
Ce n'est point un fils d'Illyrie;
C'est un brigand plein de furie
Qui, trompant la douce Marie,
Extermina, trompa, brûla.

Une balle au cœur du brigand
A passé comme l'ouragan,
Dans sa gorge est un yatagan.
Mais depuis trois jours, ô mystère,
Sous le pin morne et solitaire,
Son sang tiède abreuve la terre
Et noircit le pâle Ovigan.

Ses yeux bleus pour jamais ont lui,
Fuyons tous, malheur à celui
Qui passe au marais près de lui,
C'est un vampire! Le loup fauve
Loin du cadavre impur se sauve,
Et sur la montagne au front chauve,
Le funèbre vautour a fui.

Tout à coup la détonation d'une arme à feu se fit entendre, une balle siffla. La chanson s'interrompit, et le guide, frappé à mort, alla rouler au fond du précipice, tandis que son cheval s'arrêtait frémissant, en allongeant sa tête intelligente vers le fond de l'abîme où avait disparu son maître.

En même temps un grand cri s'éleva, et nous vîmes se dresser aux flancs de la montagne une trentaine de bandits; nous étions complétement entourés.

Chacun saisit son arme, et, quoique pris à l'improviste, comme ceux qui m'accompagnaient étaient de vieux soldats habitués au feu, ils ne se laissèrent pas intimider, et ripostèrent; moi-même, donnant l'exemple, je saisis un pistolet, et, sentant le désavantage de la position, je criai : En avant! et piquai mon cheval, qui s'emporta dans la direction de la plaine.

Mais nous avions affaire à des montagnards, bondissant de rochers en rochers, comme de véritables démons des abîmes, faisant feu tout en bondissant, et gardant toujours sur notre flanc la position qu'ils avaient prise.

D'ailleurs, notre manœuvre avait été prévue. A un endroit où le chemin s'élargissait, où la montagne faisait un plateau, un jeune homme nous attendait à la tête d'une dizaine de gens à cheval; en nous apercevant, ils mirent leurs montures au galop, et vinrent nous heurter de front, tandis que ceux qui nous poursuivaient se laissaient rouler des flancs de la montagne, et, nous ayant coupé la retraite, nous enveloppaient de tous côtés.

La situation était grave, et cependant, habituée dès mon enfance aux scènes de guerre, je pus l'envisager sans en perdre un détail.

Tous ces hommes, vêtus de peaux de mouton, portaient d'immenses chapeaux ronds couronnés de fleurs naturelles, comme ceux des Hongrois. Ils avaient chacun à la main un long fusil turc qu'ils agitaient après avoir tiré, en poussant des cris sauvages, et, à la ceinture, un sabre recourbé et une paire de pistolets.

Quant à leur chef, c'était un jeune homme de vingt-deux ans à peine, au teint pâle, aux longs yeux noirs, aux cheveux tombant bouclés sur ses épaules. Son costume se composait de la robe moldave garnie de fourrures et serrée à la taille par une écharpe à bandes d'or et de soie. Un sabre recourbé brillait à sa main, et quatre pistolets étincelaient à sa ceinture. Pendant le combat, il poussait des cris rauques et inarticulés qui semblaient ne point appartenir à la langue humaine et qui cependant exprimaient ses volontés, car à ces cris ses hommes obéissaient, se jetant ventre à terre pour éviter les décharges de nos soldats, se relevant pour faire feu à leur tour, abattant ceux qui étaient debout encore, achevant les blessés et changeant enfin le combat en boucherie.

J'avais vu tomber l'un après l'autre les deux tiers de mes défenseurs. Quatre restaient encore debout, se serrant autour de moi, ne demandant pas une grâce qu'ils étaient certains de ne pas obtenir, et ne songeant qu'à une chose, à vendre leur vie le plus cher possible.

Alors le jeune chef jeta un cri plus expressif que les autres, en étendant la pointe de son sabre vers nous. Sans doute cet ordre était d'envelopper d'un cercle de feu ce dernier groupe, et de nous fusiller tous ensemble, car les longs mousquets moldaves s'abaissèrent d'un même mouvement. Je compris que notre dernière heure était venue. Je levai les yeux et les mains au ciel avec une dernière prière, et j'attendis la mort.

En ce moment je vis, non pas descendre, mais se précipiter, mais bondir de rocher en rocher, un jeune homme, qui s'arrêta, debout sur une pierre dominant toute cette scène, pareil à une statue sur un piédestal, et qui, étendant la main sur le champ de bataille, ne prononça que ce seul mot : — Assez.

A cette voix, tous les yeux se levèrent, chacun parut obéir à ce nouveau maître. Un seul bandit replaça son fusil à son épaule et lâcha le coup.

Un de nos hommes poussa un cri, la balle lui avait cassé le bras gauche.

Il se retourna aussitôt pour fondre sur l'homme qui l'avait blessé ; mais, avant que son cheval n'eût fait quatre pas, un éclair brillait au-dessus de notre tête, et le bandit rebelle roulait la tête fracassée par une balle.

Tant d'émotions diverses m'avaient conduite au bout de mes forces, je m'évanouis.

Quand je revins à moi, j'étais couchée sur l'herbe, la tête appuyée sur les genoux d'un homme dont je ne voyais que la main blanche et couverte de bagues entourant ma taille, tandis que, devant moi, debout, les bras croisés, le sabre sous un de ses bras, se tenait le jeune chef moldave qui avait dirigé l'attaque contre nous.

— Kostaki, disait en français et d'un ton d'autorité celui qui me soutenait, vous allez à l'instant même faire retirer vos hommes et me laisser le soin de cette jeune femme. — Mon frère, mon frère, répondit celui auquel ces paroles étaient adressées et qui semblait se contenir avec peine ; mon frère, prenez garde de lasser ma patience : je vous laisse le château, laissez-moi la forêt. Au château, vous êtes le maître, mais ici je suis tout-puissant. Ici, il me suffirait d'un mot pour vous forcer de m'obéir. — Kostaki, je suis l'aîné, c'est vous dire que je suis le maître partout, dans la forêt comme au château, là-bas comme ici. Oh! je suis du sang des Brankovan comme vous, sang royal qui a l'habitude de commander, et je commande. — Vous commandez, vous, Grégoriska, à vos valets, oui ; à mes soldats, non. — Vos soldats sont des brigands, Kostaki... des brigands que je ferai pendre aux créneaux de nos tours, s'ils ne m'obéissent pas à l'instant même. — Eh bien ! essayez donc de leur commander.

Alors je sentis que celui qui me soutenait retirait son genou et posait doucement ma tête sur une pierre. Je le suivis du regard avec anxiété, et je pus voir le même jeune homme qui était tombé, pour ainsi dire, du ciel au milieu de la mêlée, et que je n'avais pu qu'entrevoir, m'étant évanouie au moment même où il avait parlé.

C'était un jeune homme de vingt-quatre ans, de haute taille, avec de grands yeux bleus dans lesquels on lisait une résolution et une fermeté singulières. Ses longs cheveux blonds, indice de la race slave, tombaient sur ses épaules comme ceux de l'archange Michel, encadrant des joues jeunes et fraîches ; ses lèvres étaient relevées par un sourire dédaigneux, et laissaient voir une double rangée de perles ; son regard était celui que croise l'aigle avec l'éclair. Il était vêtu d'une espèce de tunique en velours noir ; un petit bonnet pareil à celui de Raphaël, orné d'une plume d'aigle, couvrait sa tête ; il avait un pantalon collant et des bottes brodées. Sa taille était serrée par un ceinturon supportant un couteau de chasse ; il portait en bandoulière une petite carabine à deux coups, dont un des bandits avait pu apprécier la justesse.

Il étendit la main, et cette main étendue semblait commander à son frère lui-même. Il prononça quelques mots en langue moldave. Ces mots parurent faire une profonde impression sur les bandits.

Alors, dans la même langue, le jeune chef parla à son tour, et je devinai que ses paroles étaient mêlées de menaces et d'imprécations.

Mais, à ce long et bouillant discours, l'aîné des deux frères ne répondit qu'un mot.

SOTAIN.   ANDRIEUX

Kostaki se mit presque aussi légèrement en selle que son frère, quoiqu'il me tînt encore entre ses bras.

Les bandits s'inclinèrent.

Il fit un geste, les bandits se rangèrent derrière nous.

— Eh bien! soit, Grégoriska, dit Kostaki reprenant la langue française. Cette femme n'ira pas à la caverne, mais elle n'en sera pas moins à moi. Je la trouve belle, je l'ai conquise et je la veux.

Et en disant ces mots, il se jeta sur moi et m'enleva dans ses bras.

— Cette femme sera conduite au château et remise à ma mère, et je ne la quitterai pas d'ici là,

répondit mon protecteur. — Mon cheval! cria Kostaki en langue moldave.

Dix bandits se hâtèrent d'obéir, et amenèrent à leur maître le cheval qu'il demandait.

Grégoriska regarda autour de lui, saisit par la bride un cheval sans maître, et sauta dessus sans toucher les étriers.

Kostaki se mit presque aussi légèrement en selle que son frère, quoiqu'il me tînt encore entre ses bras, et partit au galop.

Le cheval de Grégoriska sembla avoir reçu la

même impulsion, et vint coller sa tête et son flanc à la tête et au flanc du cheval de Kostaki.

C'était une chose curieuse à voir que ces deux cavaliers volant côte à côte, sombres, silencieux, ne se perdant pas un seul instant de vue, sans avoir l'air de se regarder, s'abandonnant à leurs chevaux, dont la course désespérée les emportait à travers les bois, les rochers et les précipices. Ma tête renversée me permettait de voir les beaux yeux de Grégoriska fixés sur les miens. Kostaki s'en aperçut, me releva la tête, et je ne vis plus que son regard sombre qui me dévorait. Je baissai mes paupières, mais ce fut inutilement ; à travers leur voile, je continuais à voir ce regard lancinant qui pénétrait jusqu'au fond de ma poitrine et me perçait le cœur, alors une étrange hallucination s'empara de moi ; il me sembla être la Lénore de la ballade de Burger, emportée par le cheval et le cavalier fantômes, et, lorsque je sentis que nous nous arrêtions, ce ne fut qu'avec terreur que j'ouvris les yeux, tant j'étais convaincue que je n'allais voir autour de moi que croix brisées et tombes ouvertes.

Ce que je vis n'était guère plus gai, c'était la cour intérieure d'un château moldave, bâti au quatorzième siècle.

XIII

LE CHATEAU DE BRANKOVAN.

lors Kostaki me laissa glisser de ses bras à terre, et presque aussitôt descendit près de moi ; mais, si rapide qu'eût été son mouvement, il n'avait fait que suivre celui de Grégoriska.

Comme l'avait dit Grégoriska, au château il était bien le maître.

En voyant arriver les deux jeunes gens et cette étrangère qu'ils amenaient, les domestiques accoururent ; mais, quoique les soins fussent partagés entre Kostaki et Grégoriska, on sentait que les plus grands égards, que les plus profonds respects étaient pour ce dernier.

Deux femmes s'approchèrent ; Grégoriska leur donna un ordre en langue moldave et me fit signe de la main de les suivre.

Il y avait tant de respect dans le regard qui accompagnait ce signe, que je n'hésitai point. Cinq minutes après, j'étais dans une chambre, qui, toute nue et toute inhabitable qu'elle eût paru à l'homme le moins difficile, était évidemment la plus belle du château.

C'était une grande pièce carrée, avec une espèce de divan de serge verte : siège le jour, lit la nuit. Cinq ou six grands fauteuils de chêne, un vaste bahut, et, dans un des angles de cette chambre, un dais pareil à une grande et magnifique stalle d'église.

De rideaux aux fenêtres, de rideaux au lit, il n'en était pas question.

On montait dans cette chambre par un escalier, où, dans des niches, se tenaient debout, plus grandes que nature, trois statues des Brankovan.

Dans cette chambre, au bout d'un instant, on monta les bagages, au milieu desquels se trouvaient mes malles. Les femmes m'offrirent leurs services. Mais, tout en réparant le désordre que cet événement avait mis dans ma toilette, je conservai ma grande amazone, costume plus en harmonie avec celui de mes hôtes qu'aucun de ceux que j'eusse pu adopter.

A peine ces petits changements étaient-ils faits, que j'entendis frapper doucement à ma porte.

— Entrez, dis-je naturellement en français ; le français, vous le savez, étant pour nous autres Polonais une langue presque maternelle.

Grégoriska entra.

— Ah ! madame, je suis heureux que vous parliez français. — Et moi aussi, monsieur, lui répondis-je, je suis heureuse de parler cette langue, puisque j'ai pu, grâce à ce hasard, apprécier votre généreuse conduite vis-à-vis de moi. C'est dans cette langue que vous m'avez défendue contre les desseins de votre frère, c'est dans cette langue que je vous offre l'expression de ma sincère reconnaissance. — Merci, madame. Il était tout simple que je m'intéressasse à une femme, dans la position où vous vous trouviez. Je chassais dans la montagne lorsque j'entendis des détonations irrégulières et continues ; je compris qu'il s'agissait de quelque attaque à main armée, et je marchai sur le feu, comme on dit en termes militaires. Je suis arrivé à temps, grâce au ciel; mais me permettrez-vous de m'informer, madame, par quel hasard une femme de distinction comme vous êtes s'était aventurée dans nos montagnes? — Je suis Polonaise, monsieur, lui répondis-je, mes deux frères viennent d'être tués dans la guerre contre la Russie; mon père, que j'ai laissé prêt à défendre notre château contre l'ennemi, les a sans doute rejoints à cette heure, et moi, sur l'ordre de mon père, fuyant tous ces massacres, je venais chercher un refuge au monastère de Sahastru, où ma mère, dans sa jeunesse et dans des circonstances pareilles, avait trouvé un asile sûr. — Vous êtes l'ennemie des Russes; alors tant mieux, dit le jeune homme, ce titre vous sera un auxiliaire puissant au château, et nous avons besoin de toutes nos forces pour soutenir la lutte qui se prépare. D'abord, puisque je sais qui vous êtes, sachez, vous, madame, qui nous sommes : le nom de Brankovan ne vous est point étranger, n'est-ce pas, madame?

Je m'inclinai.

—Ma mère est la dernière princesse de ce nom, la dernière descendante de cet illustre chef que firent tuer les Cantimir, ces misérables courtisans de Pierre Ier. Ma mère épousa en premières noces mon père, Serban Waivady, prince comme elle, mais de race moins illustre.

Mon père avait été élevé à Vienne; il avait pu y apprécier les avantages de la civilisation. Il résolut de faire de moi un Européen. Nous partîmes pour la France, l'Italie, l'Espagne et l'Allemagne.

Ma mère (ce n'est pas à un fils, je le sais bien, de vous raconter ce que je vais vous dire; mais comme, pour notre salut, il faut que vous nous connaissiez bien, vous apprécierez les causes de cette révélation); ma mère, qui, pendant les premiers voyages de mon père, lorsque j'étais, moi, dans ma plus jeune enfance, avait eu des relations coupables avec un chef de partisans, c'est ainsi, ajouta Grégoriska en souriant, qu'on appelle ce pays les hommes qui vous ont attaquée; ma mère, dis-je, qui avait eu des relations coupables avec un comte Giordaki Koproli, moitié Grec, moitié Moldave, écrivit à mon père pour tout lui dire et lui demander le divorce; s'appuyant, dans cette demande, sur ce qu'elle ne voulait pas, elle, une Brankovan, demeurer la femme d'un homme qui se faisait de jour en jour plus étranger à son pays. Hélas! mon père n'eut pas besoin d'accorder son consentement à cette demande, qui peut vous paraître étrange à vous, mais qui, chez nous, est la chose la plus commune et la plus naturelle. Mon père venait de mourir d'un anévrisme dont il souffrait depuis longtemps, et ce fut moi qui reçus la lettre.

Je n'avais rien à faire, sinon des vœux bien sincères pour le bonheur de ma mère. Ces vœux, une

lettre de moi les lui porta en lui annonçant qu'elle était veuve.

Cette même lettre lui demandait pour moi la permission de continuer mes voyages, permission qui me fut accordée.

Mon intention bien positive était de me fixer en France ou en Allemagne, pour ne point me trouver en face d'un homme qui me détestait et que je ne pouvais aimer, c'est-à-dire du mari de ma mère, quand, tout à coup, j'appris que le comte Giordaki Koproli venait d'être assassiné, à ce que l'on disait, par les anciens Cosaques de mon père.

Je me hâtai de revenir; j'aimais ma mère; je comprenais son isolement, son besoin d'avoir auprès d'elle, dans un pareil moment, les personnes qui pouvaient lui être chères. Sans qu'elle eût jamais eu pour moi un amour bien tendre, j'étais son fils. Je rentrai un matin, sans être attendu, dans le château de nos pères.

J'y trouvai un jeune homme que je pris d'abord pour un étranger et que je sus ensuite être mon frère.

C'était Kostaki, le fils de l'adultère, qu'un second mariage a légitimé, Kostaki, c'est-à-dire la créature indomptable que vous avez vue, dont les passions sont la seule loi, qui n'a rien de sacré en ce monde que sa mère, qui m'obéit comme le tigre obéit au bras qui l'a dompté, mais avec un éternel rugissement entretenu par le vague espoir de me dévorer un jour. Dans l'intérieur du château, dans la demeure des Brankovan et des Waivady, je suis encore le maître; mais, une fois hors de cette enceinte, une fois en pleine campagne, il redevient le sauvage enfant des bois et des monts, qui veut tout faire ployer sous sa volonté de fer. Comment a-t-il cédé aujourd'hui, comment ses hommes ont-ils cédé? je n'en sais rien; une vieille habitude, un reste de respect. Mais je ne voudrais pas hasarder une nouvelle épreuve. Restez ici, ne quittez pas cette chambre, cette cour, l'intérieur des murailles enfin, je réponds de tout; faites un pas hors du château, je ne réponds plus de rien, que de me faire tuer pour vous défendre. — Ne pourrais-je donc, selon les désirs de mon père, continuer ma route vers le couvent de Sahastru? — Faites, essayez, ordonnez, je vous accompagnerai; mais moi, je resterai en route, et vous, vous... vous n'arriverez pas. — Que faire, alors? — Rester ici, attendre, prendre conseil des événements et profiter des circonstances. Supposez que vous êtes tombée dans un repaire de bandits, et que votre courage seul peut vous tirer d'affaire, que votre sang-froid seul peut vous sauver. Ma mère, malgré sa préférence pour Kostaki, le fils de son amour, est bonne et généreuse. D'ailleurs, c'est une Brankovan, c'est-à-dire une vraie princesse. Vous la verrez; elle vous défendra des brutales passions de Kostaki. Mettez-vous sous sa protection; vous êtes belle, elle vous aimera. D'ailleurs (il me

Le château de Brankovan.

regarda avec une expression indéfinissable) qui pourrait vous voir et ne pas vous aimer? Venez maintenant dans la salle du souper, où elle nous attend. Ne montrez ni embarras ni défiance; parlez en polonais : personne ne connaît cette langue ici ; je traduirai vos paroles à ma mère, et, soyez tranquille, je ne dirai que ce qu'il faudra dire. Surtout, pas un mot sur ce que je viens de vous révéler; qu'on ne se doute pas que nous nous entendons. Vous ignorez encore la ruse et la dissimulation du plus sincère entre nous. Venez.

Je le suivis dans cet escalier, éclairé par des tor-ches de résine brûlant à des mains de fer qui sortaient des murailles.

Il était évident que c'était pour moi qu'on avait fait cette illumination inaccoutumée.

Nous arrivâmes à la salle à manger.

Aussitôt que Grégoriska en eut ouvert la porte, et eut, en moldave, prononcé un mot, que j'ai su depuis vouloir dire : *l'étrangère*, une grande femme s'avança vers nous.

C'était la princesse Brankovan.

Elle portait ses cheveux blancs nattés autour de sa tête ; elle était coiffée d'un petit bonnet de marte-

A côté d'elle était Kostaki, portant le splendide et majestueux costume magyare.

zibeline, surmonté d'une aigrette, témoignage de son origine princière. Elle portait une espèce de tunique de drap d'or, au corsage semé de pierreries, recouvrant une longue robe d'étoffe turque, garnie de fourrure pareille à celle du bonnet.

Elle tenait à la main un chapelet à grains d'ambre, qu'elle roulait très-vite entre ses doigts.

A côté d'elle était Kostaki, portant le splendide et majestueux costume magyare, sous lequel il me sembla plus étrange encore.

C'était une robe de velours vert, à larges manches, tombant au-dessous du genou. Des pantalons de cachemire rouge, des babouches de marocain brodées d'or; sa tête était découverte, et ses longs cheveux, bleus à force d'être noirs, tombaient sur son cou nu, qu'accompagnait seulement le léger filet blanc d'une chemise de soie.

Il me salua gauchement, et prononça, en moldave, quelques paroles qui restèrent inintelligibles pour moi.

— Vous pouvez parler français, mon frère, dit Grégoriska, madame est Polonaise, et entend cette langue. Alors, Kostaki prononça, en français, quelques paroles presque aussi inintelligibles pour moi que celles qu'il avait prononcées en moldave ; mais la mère, étendant gravement le bras, les interrompit. Il était évident pour moi qu'elle déclarait à ses fils que c'était à elle à me recevoir

Alors elle commença, en moldave, un discours de bienvenue, auquel sa physionomie donnait un sens facile à expliquer. Elle me montra la table, m'offrit un siége près d'elle, désigna du geste la maison tout entière, comme pour me dire qu'elle était à moi ; et, s'asseyant la première avec une dignité bienveillante, elle fit un signe de croix, et commença une prière.

Alors chacun prit sa place, place fixée par l'étiquette, Grégoriska près de moi. J'étais l'étrangère, et, par conséquent, je créais une place d'honneur à Kostaki, près de la mère Sméranda.

C'était ainsi que s'appelait la comtesse.

Grégoriska, lui aussi, avait changé de costume. Il portait la tunique magyare comme son frère ; seulement cette tunique était de velours grenat et ses pantalons de cachemire bleu. Une magnifique décoration pendait à son cou : c'était le Nisham du sultan Mahmoud.

Le reste des commensaux de la maison soupait à la même table, chacun au rang que lui donnait sa position parmi les amis ou parmi les serviteurs.

Le souper fut triste ; pas une seule fois Kostaki ne m'adressa la parole, quoique son frère eût toujours l'attention de me parler en français. Quant à la mère, elle m'offrit de tout elle-même avec cet air solonnel qui ne la quittait jamais. Grégoriska avait dit vrai, c'était une vraie princesse.

Après le souper, Grégoriska s'avança vers sa mère. Il lui expliqua, en langue moldave, le besoin que je devais avoir d'être seule, et combien le repos m'était nécessaire après les émotions d'une pareille journée. Sméranda fit de la tête un signe d'approbation, me tendit la main, me baisa au front, comme elle eût fait de sa fille, et me souhaita une bonne nuit dans son château.

Grégoriska ne s'était pas trompé : ce moment de solitude, je le désirais ardemment. Aussi remer-

ciai-je la princesse, qui vint me reconduire jusqu'à la porte, où m'attendaient les deux femmes qui m'avaient déjà conduite dans ma chambre.

Je la saluai à mon tour, ainsi que ses deux fils, et rentrai dans ce même appartement d'où j'étais sortie une heure auparavant.

Le sofa était devenu un lit. Voilà le seul changement qui s'y fût fait.

Je remerciai les femmes. Je leur fis signe que je me déshabillerais seule ; elles sortirent aussitôt avec des témoignages de respect qui indiquaient qu'elles avaient ordre de m'obéir en toutes choses.

Je restai dans cette chambre immense, dont ma lumière, en se déplaçant, n'éclairait que les parties que j'en parcourais, sans jamais pouvoir en éclairer l'ensemble. Singulier jeu de lumière, qui établissait une lutte entre la lueur de ma bougie et les rayons de la lune, qui passaient par ma fenêtre sans rideaux.

Outre la porte par laquelle j'étais entrée, et qui donnait sur l'escalier, deux autres portes s'ouvraient sur ma chambre ; mais d'énormes verrous, placés à ces portes, et qui se tiraient de mon côté, suffisaient pour me rassurer.

J'allai à la porte d'entrée, que je visitai. Cette porte, comme les autres, avait ses moyens de défense.

J'ouvris ma fenêtre ; elle donnait sur un précipice.

Je compris que Grégoriska avait fait de cette chambre un choix réfléchi.

Enfin, en revenant à mon sofa, je trouvai sur une table placée à mon chevet un petit billet plié.

Je l'ouvris, et je lus en polonais :

« Dormez tranquille ; vous n'aurez rien à craindre « tant que vous demeurerez dans l'intérieur du châ- « teau. »

« GRÉGORISKA. »

Je suivis le conseil qui m'était donné, et, la fatigue l'emportant sur mes préoccupations, je me couchai, et je m'endormis.

XIV

LES DEUX FRÈRES.

dater de ce moment, je fus établie au château, et, à dater de ce moment, commença le drame que je vais vous raconter.

Les deux frères devinrent amoureux de moi, chacun avec les nuances de son caractère.

Kostaki, dès le lendemain, me dit qu'il m'aimait, déclara que je serais à lui et non à un autre, et qu'il me tuerait plutôt que de me laisser appartenir à qui que ce fût.

Grégoriska ne dit rien ; mais il m'entoura de soins et d'attentions. Toutes les ressources d'une éducation brillante, tous les souvenirs d'une jeunesse passée dans les plus nobles cours de l'Europe, furent employés pour me plaire. Hélas ! ce n'était pas difficile : au premier son de sa voix, j'avais senti que cette voix caressait mon âme ; au premier regard de ses yeux, j'avais senti que ce regard pénétrait jusqu'à mon cœur.

Au bout de trois mois, Kostaki m'avait cent fois répété qu'il m'aimait, et je le haïssais ; au bout de trois mois, Grégoriska ne m'avait pas encore dit un seul mot d'amour, et je sentais que, lorsqu'il l'exigerait, je serais toute à lui.

Kostaki avait renoncé à ses courses. Il ne quittait plus le château. Il avait momentanément abdiqué en faveur d'une espèce de lieutenant, qui, de temps en temps, venait lui demander ses ordres, et disparaissait

Smérande aussi m'aimait d'une amitié passionnée, dont l'expression me faisait peur. Elle protégeait visiblement Kostaki, et semblait être plus jalouse de moi qu'il ne l'était lui-même. Seulement, comme elle n'entendait ni le polonais ni le français, et que moi je n'entendais pas le moldave, elle ne pouvait faire près de moi des instances bien pressantes en faveur de son fils ; mais elle avait appris à dire en français trois mots, qu'elle me répétait chaque fois que ses lèvres se posaient sur mon front : — Kostaki aime Hedwige.

Un jour, j'appris une nouvelle terrible et qui venait mettre le comble à mes malheurs : la liberté avait été rendue à ces quatre hommes qui avaient survécu au combat ; ils étaient repartis pour la Pologne en engageant leur parole que l'un d'eux reviendrait, avant trois mois, me donner des nouvelles de mon père.

L'un d'eux reparut, en effet, un matin. Notre château avait été pris, brûlé et rasé, et mon père s'était fait tuer en le défendant.

J'étais désormais seule au monde.

Kostaki redoubla d'instances, et Smérande de tendresse ; mais, cette fois, je prétextai le deuil de mon père. Kostaki insista, disant que, plus j'étais isolée, plus j'avais besoin d'un soutien ; sa mère insista, comme et avec lui, plus que lui peut-être.

Grégoriska m'avait parlé de cette puissance que les Moldaves ont sur eux-mêmes, lorsqu'ils ne veulent pas laisser lire dans leurs sentiments. Il en était, lui, un vivant exemple. Il était impossible d'être plus certaine de l'amour d'un homme que je ne l'étais du sien, et cependant, si l'on m'eût demandé sur quelle preuve reposait cette certitude, il m'eût été impossible de le dire ; nul, dans le château, n'avait vu sa main toucher la mienne, ses yeux chercher les miens. La jalousie seule pouvait éclairer Kostaki sur cette rivalité, comme mon amour seul pouvait m'éclairer sur cet amour.

Cependant, je l'avoue, cette puissance de Grégoriska sur lui-même m'inquiétait. Je croyais certainement, mais ce n'était pas assez, j'avais besoin d'être convaincue, lorsqu'un soir, comme je venais de rentrer dans ma chambre, j'entendis frapper doucement à l'une de ces deux portes que j'ai désignées comme fermant en dedans ; à la manière dont on frappait, je devinai que cet appel était celui d'un ami. Je m'approchai, et je demandai qui était là.

— Grégoriska, répondit une voix, à l'accent de laquelle il n'y avait pas de danger que je me trompasse.

— Que me voulez-vous ? lui demandai-je toute tremblante.

— Si vous avez confiance en moi, dit Grégoriska, si vous me croyez un homme d'honneur, accordez-moi ma demande.

— Quelle est-elle ?

— Éteignez votre lumière, comme si vous étiez couchée, et, dans une demi-heure, ouvrez-moi votre porte.

— Revenez dans une demi-heure fut ma seule réponse.

J'éteignis ma lumière, et j'attendis.

Mon cœur battait avec violence, car je comprenais qu'il s'agissait de quelque événement important.

La demi-heure s'écoula; j'entendis frapper plus doucement encore que la première fois. Pendant l'intervalle, j'avais tiré les verrous; je n'eus donc qu'à ouvrir la porte.

Grégoriska entra, et, sans même qu'il me le dît, je repoussai la porte derrière lui, et fermai les verrous.

Il resta un moment muet et immobile, m'imposant silence du geste. Puis, lorsqu'il se fut assuré que nul danger urgent ne nous menaçait, il m'emmena au milieu de la vaste chambre, et, sentant à mon tremblement que je ne saurais rester debout, il alla me chercher une chaise.

Je m'assis, ou plutôt je me laissai tomber sur cette chaise.

— Oh! mon Dieu! lui dis-je, qu'y a-t-il donc et pourquoi tant de précautions?

— Parce que ma vie, ce qui ne serait rien, parce que la vôtre peut-être aussi, dépendent de la conversation que nous allons avoir.

Je lui saisis la main, tout effrayée. Il porta ma main à ses lèvres, tout en me regardant, pour me demander pardon d'une pareille audace. Je baissai les yeux: c'était consentir.

— Je vous aime, me dit-il de sa voix mélodieuse comme un chant; m'aimez-vous?

— Oui, lui répondis-je.

— Consentiriez-vous à être ma femme?

— Oui. Il passa la main sur son front avec une profonde aspiration de bonheur.

— Alors, vous ne refuserez pas de me suivre?

— Je vous suivrai partout!

— Car vous comprenez, continua-t-il, que nous ne pouvons être heureux qu'en fuyant.

— Oh oui! m'écriai-je, fuyons.

— Silence! fit-il en tressaillant, silence!

— Vous avez raison.

Et je me rapprochai toute tremblante de lui.

— Voici ce que j'ai fait, me dit-il; voici ce qui fait que j'ai été si longtemps sans vous avouer que je vous aimais. C'est que je voulais, une fois sûr de votre amour, que rien ne pût s'opposer à notre union. Je suis riche, Hedwige, immensément riche, mais à la façon des seigneurs moldaves: riche de terres, de troupeaux, de serfs. Eh bien! j'ai vendu, au monastère de Hango, pour un million de terres, de troupeaux, de villages. Ils m'ont donné pour trois cent mille francs de pierreries, pour cent mille mille francs d'or, le reste en lettres de change sur Vienne. Un million vous suffira-t-il?

Je lui serrai la main.

— Votre amour m'eût suffi, Grégoriska, jugez.

— Eh bien! écoutez: demain, je vais au monastère de Hango pour prendre mes derniers arrangements avec le supérieur. Il me tient des chevaux prêts; ces chevaux nous attendront à partir de neuf heures, cachés à cent pas du château. Après souper, vous remontez comme aujourd'hui; comme aujourd'hui, vous éteignez votre lumière; comme aujourd'hui, j'entre chez vous. Mais demain, au lieu d'en sortir seul, vous me suivez, nous gagnons la porte qui donne sur la campagne, nous trouvons nos chevaux, nous nous élançons dessus, et après-demain, au jour, nous avons fait trente lieues.

— Que ne sommes-nous à après-demain!

— Chère Edwige!

Grégoriska me serra contre son cœur, nos lèvres se rencontrèrent.

Oh! il l'avait bien dit: c'était un homme d'honneur à qui j'avais ouvert la porte de ma chambre; mais il le comprit bien: si je ne lui appartenais pas de corps, je lui appartenais d'âme.

La nuit s'écoula sans que je pusse dormir un seul instant.

Je me voyais fuyant avec Grégoriska; je me sentais emportée par lui comme je l'avais été par Kostaki, seulement, cette fois, cette course terrible, effrayante, funèbre, se changeait en une douce et ravissante étreinte à laquelle la vitesse ajoutait la volupté, car la vitesse a aussi une volupté à elle

Le jour vint.

Je descendis.

Il me sembla qu'il y avait quelque chose de plus sombre encore qu'à l'ordinaire dans la façon dont Kostaki me salua. Son sourire n'était même plus une ironie, c'était une menace.

Quant à Smérande, elle me parut la même que d'habitude.

Pendant le déjeuner, Grégoriska ordonna ses chevaux. Kostaki ne parut faire aucune attention à cet ordre.

Vers onze heures, il nous salua, annonçant son retour pour le soir seulement, et priant sa mère de ne pas l'attendre à dîner; puis, se retournant vers moi, il me pria, à mon tour, d'agréer ses excuses.

Il sortit. L'œil de son frère le suivit jusqu'au moment où il quitta la chambre, et, en ce moment, il jaillit de cet œil un tel éclair de haine, que je frissonnai.

La journée s'écoula au milieu de transes que vous pouvez concevoir. Je n'avais fait confidence de nos projets à personne; à peine même, dans mes prières, si j'avais osé en parler à Dieu, et il me semblait que ces projets étaient connus de tout le monde; que chaque regard qui se fixait sur moi pouvait pénétrer et lire au fond de mon cœur.

Le dîner fut un supplice: sombre et taciturne, Kostaki parlait rarement; cette fois, il se contenta d'adresser deux ou trois fois la parole, en moldave, à sa mère, et chaque fois l'accent de sa voix me fit tressaillir.

Il s'éloigna au galop dans la direction du monastère de Hango. — Page 86.

Quand je me levai pour remonter à ma chambre, Smérande, comme d'habitude, m'embrassa, et, en m'embrassant, elle me dit cette phrase, que, depuis huit jours, je n'avais point entendu sortir de sa bouche :

— Kostaki aime Hedwige !

Cette phrase me poursuivit comme une menace ; une fois dans ma chambre, il me semblait qu'une voix fatale murmurait à mon oreille : Kostaki aime Hedwige !

Or, l'amour de Kostaki, Grégoriska me l'avait dit, c'était la mort.

Vers sept heures du soir, et comme le jour commençait à baisser, je vis Kostaki traverser la cour. Il se retourna pour regarder de mon côté, mais je me rejetai en arrière, afin qu'il ne pût me voir.

J'étais inquiète, car, aussi longtemps que la position de ma fenêtre m'avait permis de le suivre, je l'avais vu se dirigeant vers les écuries. Je me hasardai à tirer les verrous de ma porte et à me glisser dans la chambre voisine, d'où je pouvais voir tout ce qu'il allait faire.

En effet, il se rendait aux écuries. Il en fit sortir alors lui-même son cheval favori, le sella de ses propres mains et avec le soin d'un homme qui attache la plus grande importance aux moindres détails. Il avait le même costume sous lequel il m'était apparu pour la première fois. Seulement, pour toute arme, il portait son sabre.

Son cheval sellé, il jeta les yeux encore une fois sur la fenêtre de ma chambre. Puis, ne me voyant pas, il sauta en selle, se fit ouvrir la même porte par laquelle était sorti et par laquelle devait rentrer son frère, et s'éloigna au galop, dans la direction du monastère de Hango.

Alors mon cœur se serra d'une façon terrible, un pressentiment fatal me disait que Kostaki allait au-devant de son frère.

Je restai à cette fenêtre tant que je pus distinguer cette route, qui, à un quart de lieue du château, faisait un coude et se perdait dans le commencement d'une forêt. Mais la nuit descendit à chaque instant plus épaisse, la route finit par s'effacer tout à fait.

Je restais encore.

Enfin mon inquiétude, par son excès même, me rendit ma force, et, comme c'était évidemment dans la salle d'en bas que je devais avoir les premières nouvelles de l'un et l'autre des deux frères, je descendis.

Mon premier regard fut pour Smérande. Je vis, au calme de son visage, qu'elle ne ressentait aucune appréhension; elle donnait ses ordres pour le souper habituel, et les couverts des deux frères étaient à leurs places.

Je n'osais interroger personne. D'ailleurs, qui eussé-je interrogé? Personne au château, excepté Kostaki et Grégoriska, ne parlait aucune des deux seules langues que je parlasse.

Au moindre bruit, je tressaillais.

C'était à neuf heures ordinairement que l'on se mettait à table pour le souper.

J'étais descendue à huit heures et demie; je suivais des yeux l'aiguille des minutes, dont la marche était presque visible sur le vaste cadran de l'horloge.

L'aiguille voyageuse franchit la distance qui la séparait du quart.

Le quart sonna. La vibration retentit sombre et triste, puis l'aiguille reprit sa marche silencieuse, et je la vis de nouveau parcourir la distance avec la régularité et la lenteur d'une pointe de compas.

Quelques minutes avant neuf heures, il me sembla entendre le galop d'un cheval dans la cour. Smérande l'entendit aussi, car elle tourna la tête du côté de la fenêtre; mais la nuit était trop épaisse pour qu'elle pût voir.

Oh! si elle m'eût regardée en ce moment, comme elle eût pu deviner ce qui se passait dans mon cœur.

On n'avait entendu que le trot d'un seul che-val, et c'était tout simple. Je savais bien, moi, qu'il ne reviendrait qu'un seul cavalier.

Mais lequel?

Des pas résonnèrent dans l'antichambre. Ces pas étaient lents et semblaient peser sur mon cœur.

La porte s'ouvrit, je vis dans l'obscurité se dessiner une ombre.

Cette ombre s'arrêta un moment sur la porte. Mon cœur était suspendu.

L'ombre s'avança, et, au fur et à mesure qu'elle entrait dans le cercle de lumière, je respirais.

Je reconnus Grégoriska.

Un instant de douleur de plus, et mon cœur se brisait.

Je reconnus Grégoriska, mais pâle comme un mort. Rien qu'à le voir, on devinait que quelque chose de terrible venait de se passer.

— Est-ce toi, Kostaki? demanda Smérande.

— Non, ma mère, répondit Grégoriska d'une voix sourde.

— Ah! vous voilà, dit-elle; et depuis quand votre mère doit-elle vous attendre?

— Ma mère, dit Grégoriska en jetant un coup d'œil sur la pendule, il n'est que neuf heures.

Et en même temps, en effet, neuf heures sonnèrent.

— C'est vrai, dit Smérande. Où est votre frère?

Malgré moi, je songeai que c'était la même question que Dieu avait faite à Caïn.

Grégoriska ne répondit point.

— Personne n'a-t-il vu Kostaki? demanda Smérande.

Le vatar, ou majordome, s'informa autour de lui.

— Vers sept heures, dit-il, le comte a été aux écuries, a sellé son cheval lui-même, et est parti par la route de Hango.

En ce moment, mes yeux rencontrèrent les yeux de Grégoriska. Je ne sais si c'était une réalité ou une hallucination, il me sembla qu'il avait une goutte de sang au milieu du front.

Je portai lentement mon doigt à mon propre front, indiquant l'endroit où je croyais voir cette tache.

Grégoriska me comprit; il prit son mouchoir et s'essuya.

— Oui, oui, murmura Smérande, il aura rencontré quelque ours, quelque loup, qu'il se sera amusé à poursuivre. Voilà pourquoi un enfant fait attendre sa mère. Où l'avez-vous laissé, Grégoriska? dites.

— Ma mère, répondit Grégoriska d'une voix émue, mais assurée, mon frère et moi ne sommes pas sortis ensemble.

— C'est bien! dit Smérande. Que l'on serve, que l'on se mette à table et que l'on ferme les portes; ceux qui seront dehors coucheront dehors.

Les deux premières parties de cet ordre furent exécutées à la lettre, Smérande prit sa place, Grégoriska s'assit à sa droite, et moi à sa gauche.

Puis les serviteurs sortirent pour accomplir la troisième, c'est-à-dire pour fermer les portes du château.

En ce moment, on entendit un grand bruit dans la cour, et un valet tout effaré entra dans la salle en disant :

— Princesse, le cheval du comte Kostaki vient de rentrer dans la cour, seul, et tout couvert de sang.

— Oh! murmura Smérande en se dressant pâle et menaçante, c'est ainsi qu'est rentré un soir le cheval de son père.

Je jetai les yeux sur Grégoriska : il n'était plus pâle, il était livide.

En effet, le cheval du comte Koproli était rentré un soir dans la cour du château, tout couvert de sang, et, une heure après, les serviteurs avaient retrouvé et rapporté le corps couvert de blessures.

Smérande prit une torche des mains d'un des valets, s'avança vers la porte, l'ouvrit et descendit dans la cour.

Le cheval, tout effaré, était contenu, malgré lui, par les trois ou quatre serviteurs qui unissaient leurs efforts pour l'apaiser.

Smérande s'avança vers l'animal, regarda le sang qui tachait sa selle et reconnut une blessure au haut de son front. — Kostaki a été tué en face, dit-elle, en duel et par un seul ennemi. Cherchez son corps, enfants, plus tard nous chercherons son meurtrier.

Comme le cheval était rentré par la porte de Hango, tous les serviteurs se précipitèrent par cette porte, et on vit leurs torches s'égarer dans la campagne et s'enfoncer dans la forêt, comme, dans un beau soir d'été, on voit scintiller les lucioles dans les plaines de Nice et de Pise.

Smérande, comme si elle eût été convaincue que la recherche ne serait pas longue, attendit debout à la porte.

Pas une larme ne coulait des yeux de cette mère désolée, et cependant on sentait gronder le désespoir au fond de son cœur.

Grégoriska se tenait derrière elle, et j'étais près de Grégoriska.

Il avait un instant, en quittant la salle, eu l'intention de m'offrir le bras, mais il n'avait point osé.

Au bout d'un quart d'heure à peu près, on vit au tournant du chemin reparaître une torche, puis deux, puis toutes les torches.

Seulement cette fois, au lieu de s'éparpiller dans la campagne, elles étaient massées autour d'un centre commun.

Ce centre commun, on put bientôt voir qu'il se composait d'une litière et d'un homme étendu sur cette litière.

Le funèbre cortége s'avançait lentement, mais il s'avançait. Au bout de dix minutes, il fut à la porte. En apercevant la mère vivante qui attendait le fils

mort, ceux qui le portaient se découvrirent instinctivement, puis ils rentrèrent silencieux dans la cour.

Smérande se mit à leur suite, et nous, nous suivîmes Smérande. On atteignit ainsi la grande salle, dans laquelle on déposa le corps.

Alors, faisant un geste de suprême majesté, Smérande écarta tout le monde, et, s'approchant du cadavre, elle mit un genou en terre devant lui, écarta les cheveux qui faisaient un voile à son visage, le contempla longtemps, les yeux secs toujours, puis, ouvrant la robe moldave, écarta la chemise souillée de sang.

Cette blessure était au côté droit de la poitrine. Elle avait dû être faite par une lame droite et coupante des deux côtés.

Je me rappelai avoir vu le jour même, au côté de Grégoriska, le long couteau de chasse qui servait de baïonnette à sa carabine.

Je cherchai à son côté cette arme ; mais elle avait disparu.

Smérande demanda de l'eau, trempa son mouchoir dans cette eau, et lava la plaie.

Un sang frais et pur vint rougir les lèvres de la blessure.

Le spectacle que j'avais sous les yeux présentait quelque chose d'atroce et de sublime à la fois. Cette vaste chambre, enfumée par les torches de résine, ces visages barbares, ces yeux brillants de férocité, ces costumes étranges, cette mère qui calculait, à la vue du sang encore chaud, depuis combien de temps la mort lui avait pris son fils, ce grand silence, interrompu seulement par les sanglots de ces brigands, dont Kostaki était le chef, tout cela, je le répète, était atroce et sublime à voir.

Enfin Smérande approcha ses lèvres du front de son fils, puis, se relevant, puis, rejetant en arrière les longues nattes de ses cheveux blancs qui s'étaient déroulés :

— Grégoriska! dit-elle.

Grégoriska tressaillit, secoua la tête, et sortant de son atonie :

— Ma mère, répondit-il.

— Venez ici, mon fils, et écoutez-moi.

Grégoriska obéit en frémissant, mais il obéit.

À mesure qu'il approchait du corps, le sang, plus abondant et plus vermeil, sortait de la blessure. Heureusement, Smérande ne regardait plus de ce côté, car, à la vue de ce sang accusateur, elle n'eût plus eu besoin de chercher qui était le meurtrier.

— Grégoriska, dit-elle, je sais bien que Kostaki et toi ne vous aimiez point. Je sais bien que tu es Waivady par ton père, et lui, Koproli par le sien ; mais, par votre mère, vous étiez tous deux des Brankovan. Je sais que toi tu es un homme des villes d'Occident, et lui un enfant des montagnes orientales ; mais enfin, par le ventre qui vous a portés tous deux, vous êtes frères. Eh bien ! Gré-

Kostaki a été tué en face, en duel et par un seul ennemi. — Page 87.

goriska, je veux savoir si nous allons porter mon fils auprès de son père sans que le serment ait été prononcé, si je puis pleurer tranquille, enfin, comme une femme, me reposant sur vous, c'est-à-dire sur un homme, de la punition.

— Nommez-moi le meurtrier de mon frère, madame, et ordonnez, je vous jure qu'avant une heure, si vous l'exigez, il aura cessé de vivre.

— Jurez toujours, Grégoriska, jurez, sous peine de ma malédiction, entendez-vous, mon fils? Jurez que le meurtrier mourra, que vous ne laisserez

pas pierre sur pierre de sa maison; que sa mère, ses enfants, ses frères, sa femme ou sa fiancée périront de votre main. Jurez, et, en jurant, appelez sur vous la colère du ciel si vous manquez à ce serment sacré. Si vous manquez à ce serment sacré, soumettez-vous à la misère, à l'exécration de vos amis, à la malédiction de votre mère.

Grégoriska étendit la main sur le cadavre.

— Je jure que le meurtrier mourra, dit-il.

A ce serment étrange et dont moi et le mort, peut-être, pouvions seuls comprendre le véritable

— Les yeux du cadavre se rouvrirent et s'attachèrent sur moi plus vivants que je ne les avais jamais vus.

sens, je vis ou je crus voir s'accomplir un effroyable prodige. Les yeux du cadavre se rouvrirent et s'attachèrent sur moi plus vivants que je ne les avais jamais vus, et je sentis, comme si ce double rayon eût été palpable, pénétrer un fer brûlant jusqu'à mon cœur.

C'était plus que je n'en pouvais supporter ; je m'évanouis

XV

LE MONASTÈRE DE HANGO.

uand je me réveillai, j'é-
tais dans ma chambre, couchée sur mon lit; une des
deux femmes veillait près
de moi.

Je demandai où était
Smérande; on me répon-
dit qu'elle veillait près du
corps de son fils.

Je demandai où était Grégoriska; on me répondit qu'il était au monastère de Hango.

Il n'était plus question de fuite. Kostaki n'était-il
pas mort? Il n'était plus question de mariage. Pou-
vais-je épouser le fratricide?

Trois jours et trois nuits s'écoulèrent ainsi au
milieu de rêves étranges. Dans ma veille ou dans
mon sommeil, je voyais toujours ces deux yeux vivants au milieu de ce visage mort : c'était une vision horrible.

C'était le troisième jour que devait avoir lieu l'enterrement de Kostaki.

Le matin de ce jour on m'apporta de la part de
Smérande un costume complet de veuve. Je m'habillai et je descendis.

La maison semblait vide; tout le monde était à
la chapelle.

Je m'acheminai vers le lieu de la réunion. Au
moment où j'en franchis le seuil, Smérande, que je
n'avais pas vue depuis trois jours, franchit le seuil
et vint à moi.

Elle semblait une statue de la Douleur. D'un mouvement lent comme celui d'une statue, elle posa ses
lèvres glacées sur mon front, et, d'une voix qui
semblait déjà sortir de la tombe, elle prononça ces
paroles habituelles : — Kostaki vous aime.

Vous ne pouvez vous faire une idée de l'effet que
produisirent sur moi ces paroles. Cette protestation
d'amour faite au présent, au lieu d'être faite au
passé; ce *vous aime*, au lieu de *vous aimait;* cet
amour d'outre-tombe qui venait me chercher dans
la vie, produisit sur moi une impression terrible.

En même temps, un étrange sentiment s'emparait
de moi, comme si j'eusse été en effet la femme de
celui qui était mort, et non la fiancée de celui qui
était vivant. Ce cercueil m'attirait à lui, malgré
moi, douloureusement, comme on dit que le serpent

attire l'oiseau qu'il fascine. Je cherchai des yeux
Grégoriska.

Je l'aperçus, pâle et debout, contre une colonne;
ses yeux étaient au ciel. Je ne puis dire s'il me vit.

Les moines du couvent de Hango entouraient le
corps en chantant des psalmodies du rit grec, quelquefois harmonieuses, plus souvent monotones. Je
voulais prier aussi, moi; mais la prière expirait sur
mes lèvres, mon esprit était tellement bouleversé,
qu'il me semblait bien plutôt assister à un consis-
toire de démons qu'à une réunion de prêtres.

Au moment où l'on enleva le corps, je voulus le
suivre, mais mes forces s'y refusèrent. Je sentis
mes jambes craquer sous moi, et je m'appuyai à la
porte.

Alors Smérande vint à moi, et fit un signe à
Grégoriska. Grégoriska obéit, et s'approcha. Alors
Smérande m'adressa la parole en langue moldave.

—Ma mère m'ordonne de vous répéter mot pour
mot ce qu'elle va vous dire, fit Grégoriska.

Alors Smérande parla de nouveau; quand elle
eut fini : — Voici les paroles de ma mère, dit-il :
« Vous pleurez mon fils, Hedwige, vous l'aimiez,
n'est-ce pas? Je vous remercie de vos larmes et de
votre amour; désormais vous êtes autant ma fille
que si Kostaki eût été votre époux; vous avez désormais une patrie, une mère, une famille. Répandons
la somme de larmes que l'on doit aux morts, puis
ensuite redevenons toutes deux dignes de celui qui
n'est plus... moi sa mère, vous sa femme! Adieu !
rentrez chez vous; moi, je vais suivre mon fils jusqu'à
sa dernière demeure; à mon retour, je m'enfermerai
avec ma douleur, et vous ne me verrez que lorsque
je l'aurai vaincue; soyez tranquille, je la tuerai, car
je ne veux pas qu'elle me tue. »

Je ne pus répondre à ces paroles de Smérande,
traduites par Grégoriska, que par un gémissement.

Je remontai dans ma chambre, le convoi s'éloigna. Je le vis disparaître à l'angle du chemin. Le
couvent de Hango n'était qu'à une demi-lieue du
château, en droite ligne; mais les obstacles du sol
forçaient la route de dévier, et, en suivant la route,
il s'éloignait de près de deux heures.

Nous étions au mois de novembre. Les journées
étaient redevenues froides et courtes. A cinq heures
du soir, il faisait nuit close.

Vers sept heures, je vis reparaître des torches. C'était le cortége funèbre qui rentrait. Le cadavre reposait dans le tombeau de ses pères. Tout était dit.

Je vous ai dit à quelle obsession étrange je vivais en proie depuis le fatal événement qui nous avait tous habillés de deuil, et surtout depuis que j'avais vu se rouvrir et se fixer sur moi les yeux que la mort avait fermés. Ce soir-là, accablée par les émotions de la journée, j'étais plus triste encore. J'écoutais sonner les différentes heures à l'horloge du château, et je m'attristais au fur et à mesure que le temps envolé me rapprochait de l'instant où Kostaki avait dû mourir.

J'entendis sonner neuf heures moins un quart.

Alors une étrange sensation s'empara de moi. C'était une terreur frissonnante qui courait par tout mon corps, et le glaçait; puis, avec cette terreur, quelque chose comme un sommeil invincible qui alourdissait mes sens; ma poitrine s'oppressa, mes yeux se voilèrent. J'étendis les bras, et j'allai à reculons tomber sur mon lit.

Cependant mes sens n'avaient pas tellement disparu que je ne pusse entendre comme un pas qui s'approchait de ma porte; puis il me sembla que ma porte s'ouvrait; puis je ne vis et n'entendis plus rien.

Seulement je sentis une vive douleur au cou.

Après quoi je tombai dans une léthargie complète.

A minuit je me réveillai, ma lampe brûlait encore; je voulus me lever, mais j'étais si faible, qu'il me fallut m'y reprendre à deux fois. Cependant je vainquis cette faiblesse, et, comme, éveillée, j'éprouvais au cou la même douleur que j'avais éprouvée dans mon sommeil : je me traînai, en m'appuyant contre la muraille, jusqu'à la glace et je regardai.

Quelque chose de pareil à une piqûre d'épingle, marquait l'artère de mon col.

Je pensai que quelque insecte m'avait mordu pendant mon sommeil, et, comme j'étais écrasée de fatigue, je me couchai et je m'endormis.

Le lendemain, je me réveillai comme d'habitude. Comme d'habitude, je voulus me lever aussitôt que mes yeux furent ouverts; mais j'éprouvai une faiblesse que je n'avais éprouvée encore qu'une seule fois dans ma vie, le lendemain d'un jour où j'avais été saignée.

Je m'approchai de ma glace, et je fus frappée de ma pâleur.

La journée se passa triste et sombre; j'éprouvais une chose étrange; où j'étais, j'avais besoin de rester, tout déplacement était une fatigue.

La nuit vint, on m'apporta ma lampe; mes femmes, je le compris du moins à leurs gestes, m'offraient de rester près de moi. Je les remerciai : elles sortirent.

A la même heure que la veille, j'éprouvai les mêmes symptômes. Je voulus me lever alors et ap-

peler du secours; mais je ne pus aller jusqu'à la porte. J'entendis vaguement le timbre de l'horloge sonnant neuf heures moins un quart; les pas résonnèrent, la porte s'ouvrit; mais je ne voyais, je n'entendais rien; comme la veille, j'étais allée tomber renversée sur mon lit.

Comme la veille, j'éprouvai une douleur aiguë au même endroit.

Comme la veille, je me réveillai à minuit; seulement, je me réveillai plus faible et plus pâle que la veille.

Le lendemain encore l'horrible obsession se renouvela.

J'étais décidée à descendre près de Smérande, si faible que je fusse, lorsqu'une de mes femmes entra dans ma chambre, et prononça le nom de Grégoriska.

Grégoriska venait derrière elle.

Je voulus me lever pour le recevoir, mais je retombai sur mon fauteuil.

Il jeta un cri en m'apercevant, et voulut s'élancer vers moi; mais j'eus la force d'étendre le bras vers lui. — Que venez-vous faire ici? lui demandai-je. — Hélas! dit-il, je venais vous dire adieu! je venais vous dire que je quitte ce monde qui m'est insupportable sans votre amour et sans votre présence; je venais vous dire que je me retire au monastère de Hango. — Ma présence vous est ôtée, Grégoriska, lui répondis-je, mais non mon amour. Hélas! je vous aime toujours, et ma grande douleur, c'est que désormais cet amour soit presque un crime. — Alors, je puis espérer que vous prierez pour moi, Hedwige. — Oui; seulement je ne prierai pas longtemps, ajoutai-je avec un sourire. — Qu'avez-vous donc, en effet, et pourquoi êtes-vous si pâle? — J'ai... que Dieu prend pitié de moi, sans doute, et qu'il m'appelle à lui!

Grégoriska s'approcha de moi, me prit une main, que je n'eus pas la force de lui retirer, et, me regardant fixement : — Cette pâleur n'est point naturelle, Hedwige; d'où vient-elle? dites. — Si je vous le disais, Grégoriska, vous croiriez que je suis folle. — Non, non, dites, Hedwige, je vous en supplie, nous sommes ici dans un pays qui ne ressemble à aucun autre pays, dans une famille qui ne ressemble à aucune autre famille. Dites, dites tout, je vous en supplie.

Je lui racontai tout : cette étrange hallucination qui me prenait à cette heure où Kostaki avait dû mourir; cette terreur, cet engourdissement, ce froid de glace, cette prostration qui me couchait sur mon lit, ce bruit de pas que je croyais entendre, cette porte que je croyais voir s'ouvrir, enfin cette douleur aiguë suivie d'une pâleur et d'une faiblesse sans cesse croissantes.

J'avais cru que mon récit paraîtrait, à Grégoriska, un commencement de folie, et je l'achevais avec une certaine timidité, quand, au contraire, je vis qu'il prêtait à ce récit une attention profonde.

Après que j'eus cessé de parler, il réfléchit un instant.

— Ainsi, demanda-t-il, vous vous endormez chaque soir à neuf heures moins un quart? — Oui, quelques efforts que je fasse pour résister au sommeil. — Ainsi, vous croyez voir s'ouvrir votre porte? — Oui, quoique je la ferme au verrou. — Ainsi, vous ressentez une douleur aiguë au cou? — Oui, quoique à peine mon cou conserve la trace d'une blessure. — Voulez-vous permettre que je voie? dit-il. — Je renversai ma tête sur mon épaule.

Il examina cette cicatrice.

— Edwige, dit-il après un instant, avez-vous confiance en moi? — Vous le demandez? répondis-je. — Croyez-vous en ma parole? — Comme je crois aux saints Évangiles. — Eh bien! Edwige, sur ma parole, je vous jure que vous n'avez pas huit jours à vivre, si vous ne consentez pas à faire, aujourd'hui même, ce que je vais vous dire : — Et si j'y consens? — Si vous y consentez, vous serez sauvée peut-être. — Peut-être?

Il se tut.

— Quoi qu'il doive arriver, Grégoriska, repris-je, je ferai ce que vous m'ordonnerez de faire. — Eh bien! écoutez, dit-il, et surtout ne vous effrayez pas. Dans votre pays, comme en Hongrie, comme dans notre Roumanie, il existe une tradition.

Je frissonnai, car cette tradition m'était revenue à la mémoire.

— Ah! dit-il, vous savez ce que je veux dire? — Oui, répondis-je, j'ai vu, en Pologne, des personnes soumises à cette horrible fatalité. — Vous voulez parler des vampires, n'est-ce pas? — Oui, dans mon enfance, j'ai vu déterrer, dans le cimetière d'un village appartenant à mon père, quarante personnes mortes en quinze jours, sans que l'on pût deviner la cause de leur mort. Dix-sept ont donné tous les signes du vampirisme, c'est-à-dire qu'on les a retrouvés frais, vermeils, et pareils à des vivants; les autres étaient leurs victimes. — Et que fit-on pour en délivrer le pays?

— On leur enfonça un pieu dans le cœur, et on les brûla ensuite. — Oui, c'est ainsi que l'on agit d'ordinaire; mais, pour nous, cela ne suffit pas. Pour vous délivrer du fantôme, je veux d'abord le connaître, et, de par le ciel, je le connaîtrai. Oui, et, s'il le faut, je lutterai corps à corps avec lui, quel qu'il soit. — Oh! Grégoriska, m'écriai-je, effrayée. — J'ai dit : quel qu'il soit, et je le répète. Mais il faut, pour mener à bien cette terrible aventure, que vous consentiez à tout ce que je vais exiger de vous. — Dites. — Tenez-vous prête à sept heures. Descendez à la chapelle; descendez-y seule; il faut vaincre votre faiblesse, Hedwige, il le faut. Là, nous recevrons la bénédiction nuptiale. Consentez-y, ma bien-aimée; il faut, pour vous défendre, que, devant Dieu et devant les hommes, j'aie le droit de veiller sur vous. Nous remonterons ici, et alors nous verrons. — Oh! Grégoriska, m'écriai-je, si c'est lui, il vous tuera. — Ne craignez rien, ma bien-aimée Edwige. Seulement, consentez. — Vous savez bien que je ferai tout ce que vous voudrez, Grégoriska. — A ce soir, alors. — Oui, faites de votre côté ce que vous voulez faire, et je vous seconderai de mon mieux, allez.

Il sortit. Un quart d'heure après, je vis un cavalier bondissant sur la route du monastère; c'était lui!

A peine l'eus-je perdu de vue que je tombai à genoux, et que je priai comme on ne prie plus dans vos pays sans croyance, et j'attendis sept heures, offrant à Dieu et aux saints l'holocauste de mes pensées; je ne me relevai qu'au moment où sonnèrent sept heures.

J'étais faible comme une mourante, pâle comme une morte. Je jetai sur ma tête un grand voile noir, je descendis l'escalier, me soutenant aux murailles, et me rendis à la chapelle sans avoir rencontré personne.

Grégoriska m'attendait avec le père Bazile, supérieur du couvent de Hango. Il portait au côté une épée sainte, relique d'un vieux croisé qui avait pris Constantinople avec Ville-Hardouin et Beaudoin de Flandre.

— Hedwige, dit-il en frappant de la main sur son épée, avec l'aide de Dieu, voici qui rompra le charme qui menace votre vie. Approchez donc résolûment, voici un saint homme qui, après avoir reçu ma confession, va recevoir nos serments.

La cérémonie commença; jamais peut-être il n'y en eut de plus simple et de plus solennelle à la fois. Nul n'assistait le pope; lui-même nous plaça sur la tête les couronnes nuptiales. Vêtus de deuil tous deux, nous fîmes le tour de l'autel un cierge à la main; puis le religieux, ayant prononcé les paroles saintes, ajouta :

—. Allez maintenant, mes enfants, et que Dieu vous donne la force et le courage de lutter contre l'ennemi du genre humain. Vous êtes armés de votre innocence et de sa justice; vous vaincrez le démon. Allez, et soyez bénis.

Nous baisâmes les livres saints et nous sortîmes de la chapelle.

Alors, pour la première fois, je m'appuyai sur le bras de Grégoriska, et il me sembla qu'au toucher de ce bras vaillant, qu'au contact de ce noble cœur, la vie rentrait dans mes veines. Je me croyais certaine de triompher, puisque Grégoriska était avec moi; nous remontâmes dans ma chambre.

Huit heures et demie sonnaient.

— Hedwige, me dit alors Grégoriska, nous n'avons pas de temps à perdre. Veux-tu t'endormir comme d'habitude, et que tout se passe pendant

Le spectre reculait sous le glaive sacré. — Page 94.

ton sommeil? Veux-tu rester éveillée et tout voir?
— Près de toi, je ne crains rien, je veux rester éveillée, je veux tout voir.

Grégoriska tira de sa poitrine un buis béni, tout humide encore d'eau sainte, et me le donna.

— Prends donc ce rameau, dit-il, couche-toi sur ton lit, récite les prières à la Vierge et attends sans crainte. Dieu est avec nous. Surtout ne laisse pas tomber ton rameau; avec lui, tu commanderas à l'enfer même. Ne m'appelle pas, ne crie pas; prie, espère et attends.

Je me couchai sur le lit, je croisai mes mains sur ma poitrine, sur laquelle j'appuyai le rameau béni.

Quant à Grégoriska, il se cacha derrière le dais dont j'ai parlé, et qui coupait l'angle de ma chambre.

Je comptais les minutes, et, sans doute, Grégoriska les comptait aussi de son côté.

Les trois quarts sonnèrent.

Le retentissement du marteau vibrait encore, que je ressentis ce même engourdissement, cette même terreur, ce même froid glacial; mais j'approchai le rameau béni de mes lèvres, et cette première sensation se dissipa.

Alors, j'entendis bien distinctement le bruit de ce pas lent et mesuré qui retentissait dans l'escalier et qui s'approchait de ma porte.

Puis ma porte s'ouvrit lentement, sans bruit, comme poussée par une force surnaturelle, et alors...

La voix s'arrêta comme étouffée dans la gorge de la narratrice.

— Et alors, continua-t-elle avec un effort, j'aperçus Kostaki, pâle comme je l'avais vu sur la litière; ses longs cheveux noirs, épars sur ses épaules, dégouttaient de sang; il portait son costume habituel; seulement il était ouvert sur sa poitrine, et laissait voir sa blessure saignante.

Tout était mort, tout était cadavre... chair, habits, démarche... les yeux seuls, ces yeux terribles, étaient vivants.

A cette vue, chose étrange! au lieu de sentir redoubler mon épouvante, je sentis croître mon courage. Dieu me l'envoyait sans doute pour que je pusse juger ma position et me défendre contre l'enfer. Au premier pas que le fantôme fit vers mon lit, je croisai hardiment mon regard avec ce regard de plomb, et lui présentai le rameau béni.

Le spectre essaya d'avancer; mais un pouvoir plus fort que le sien le maintint à sa place. Il s'arrêta :

— Oh! murmura-t-il; elle ne dort pas, elle sait tout.

Il parlait en moldave, et cependant j'entendais comme si ces paroles eussent été prononcées dans une langue que j'eusse comprise.

Nous étions ainsi en face, le fantôme et moi, sans que mes yeux pussent se détacher des siens, lorsque je vis, sans avoir besoin de tourner la tête de son côté, Grégoriska sortir de derrière la stalle de bois, semblable à l'ange exterminateur et tenant son épée à la main. Il fit le signe de la croix de la main gauche et s'avança lentement l'épée tendue vers le fantôme; celui-ci, à l'aspect de son frère, avait à son tour tiré son sabre avec un éclat de rire terrible; mais, à peine le sabre eut-il touché le fer béni, que le bras du fantôme retomba inerte près de son corps.

Kostaki poussa un soupir plein de lutte et de désespoir.

— Que veux-tu? dit-il à son frère. — Au nom du Dieu vivant, dit Grégoriska, je t'adjure de répondre. — Parle, dit le fantôme en grinçant des dents. — Est-ce moi qui t'ai attendu? — Non. — Est-ce moi qui t'ai attaqué? — Non. — Est-ce moi qui t'ai frappé? — Non. — Tu t'es jeté sur mon épée, et voilà tout. Donc, aux yeux de Dieu et des hommes, je ne suis pas coupable du crime de fratricide; donc tu n'as pas reçu une mission divine, mais infernale; donc tu es sorti de la tombe, non comme une ombre sainte, mais comme un spectre maudit,

et tu vas rentrer dans ta tombe. — Avec elle, oui! s'écria Kostaki en faisant un effort suprême pour s'emparer de moi. — Seul! s'écria à son tour Grégoriska; cette femme m'appartient.

Et, en prononçant ces paroles, du bout du fer béni il toucha la plaie vive.

Kostaki poussa un cri comme si un glaive de flamme l'eût touché, et, portant la main gauche à sa poitrine, il fit un pas en arrière.

En même temps, et d'un mouvement qui semblait être emboîté avec le sien, Grégoriska fit un pas en avant; alors, les yeux sur les yeux du mort, l'épée sur la poitrine de son frère, commença une marche lente, terrible, solennelle; quelque chose de pareil au passage de don Juan et du commandeur; le spectre reculant sous le glaive sacré, sous la volonté irrésistible du champion de Dieu; celui-ci le suivant pas à pas sans prononcer une parole; tous deux haletants, tous deux livides, le vivant poussant le mort devant lui, et le forçant d'abandonner ce château qui était sa demeure dans le passé, pour la tombe qui était sa demeure dans l'avenir.

Oh! c'était horrible à voir, je vous jure.

Et pourtant, mue moi-même par une force supérieure, invisible, inconnue, sans me rendre compte de ce que je faisais, je me levai et je les suivis. Nous descendîmes l'escalier, éclairés seulement par les prunelles ardentes de Kostaki. Nous traversâmes ainsi la galerie, ainsi la cour. Nous franchîmes ainsi la porte de ce même pas mesuré : le spectre à reculons, Grégoriska le bras tendu, moi les suivant.

Cette course fantastique dura une heure : il fallait reconduire le mort à sa tombe; seulement, au lieu de suivre le chemin habituel, Kostaki et Grégoriska avaient coupé le terrain en droite ligne, s'inquiétant peu des obstacles qui avaient cessé d'exister : sous leurs pieds, le sol s'aplanissait, les torrents se desséchaient, les arbres se reculaient, les rocs s'écartaient; le même miracle s'opérait pour moi qui s'opérait pour eux; seulement tout le ciel me semblait couvert d'un crêpe noir, la lune et les étoiles avaient disparu, et je ne voyais toujours dans la nuit briller que les yeux de flamme du vampire.

Nous arrivâmes ainsi à Hango, ainsi nous passâmes à travers la haie d'arbousiers qui servait de clôture au cimetière. A peine entrée, je distinguai dans l'ombre la tombe de Kostaki placée à côté de celle de son père; j'ignorais qu'elle fût là, et cependant je la reconnus.

Cette nuit-là je savais tout.

Au bord de la fosse ouverte, Grégoriska s'arrêta.

— Kostaki, dit-il, tout n'est pas encore fini pour toi, et une voix du ciel me dit que tu seras pardonné si tu te repens : promets-tu de rentrer dans ta tombe? promets-tu de n'en plus sortir? promets-tu de vouer enfin à Dieu le culte que tu as voué à l'enfer? — Non! répondit Kostaki. — Te repens-tu? demanda Grégoriska. — Non! — Pour la dernière fois, Kostaki ? — Non ! — Eh bien ! appelle à ton secours Satan, comme j'appelle Dieu au mien, et voyons, cette fois encore, à qui restera la victoire.

Deux cris retentirent en même temps ; les fers se croisèrent tout jaillissants d'étincelles, et le combat dura une minute qui me parut un siècle.

Kostaki tomba ; je vis se lever l'épée terrible, je la vis s'enfoncer dans son corps et clouer ce corps à la terre fraîchement remuée.

Un cri suprême, et qui n'avait rien d'humain, passa dans l'air.

J'accourus.

Grégoriska était resté debout, mais chancelant.

J'accourus et je le soutins dans mes bras.

— Etes-vous blessé ? lui demandai-je avec anxiété. — Non, me dit-il ; mais dans un duel pareil, chère Hedwige, ce n'est pas la blessure qui tue, c'est la lutte. J'ai lutté avec la mort, j'appartiens à la mort. — Ami, ami, m'écriai-je, éloigne-toi, éloigne-toi d'ici, et la vie reviendra peut-être. — Non, dit-il, voilà ma tombe, Hedwige ; mais ne perdons pas de temps ; prends un peu de cette terre imprégnée de son sang, et applique-la sur la morsure qu'il t'a faite ; c'est le seul moyen de te préserver dans l'avenir de son horrible amour.

J'obéis en frissonnant. Je me baissai pour ramasser cette terre sanglante, et, en me baissant, je vis le cadavre cloué au sol ; l'épée bénie lui traversait le cœur, et un sang noir et abondant sortait de sa blessure, comme s'il venait seulement de mourir à l'instant même.

Je pétris un peu de terre avec le sang, et j'appliquai l'horrible talisman sur ma blessure.

— Maintenant, mon Hedwige adorée, dit Grégoriska d'une voix affaiblie, écoute bien mes dernières instructions : quitte le pays aussitôt que tu pourras. La distance seule est une sécurité pour toi. Le père Bazile a reçu aujourd'hui mes volontés suprêmes, et il les accomplira. Hedwige ! un baiser ! le dernier, le seul, Hedwige ! je meurs

Et, en disant ces mots, Grégoriska tomba près de son frère.

Dans toute autre circonstance, au milieu de ce cimetière, près de cette tombe ouverte, avec ces deux cadavres couchés à côté l'un de l'autre, je fusse devenue folle ; mais, je l'ai déjà dit, Dieu avait mis en moi une force égale aux événements dont il me faisait non-seulement le témoin, mais l'acteur.

Au moment où je regardais autour de moi, cherchant quelques secours, je vis s'ouvrir la porte du cloître, et les moines, conduits par le père Bazile, s'avancèrent deux à deux, portant des torches allumées et chantant les prières des morts.

Le père Bazile venait d'arriver au couvent ; il avait prévu ce qui s'était passé, et, à la tête de toute la communauté, il se rendait au cimetière.

Il me trouva vivante près des deux morts.

Kostaki avait le visage bouleversé par une dernière convulsion.

Grégoriska, au contraire, était calme et presque souriant.

Comme l'avait recommandé Grégoriska, on l'enterra près de son frère : le chrétien gardant le damné.

Smérande, en apprenant ce nouveau malheur et la part que j'y avais prise, voulut me voir ; elle vint me trouver au couvent de Hango et apprit de ma bouche tout ce qui s'était passé dans cette terrible nuit.

Je lui racontai dans tous ses détails la fantastique histoire ; mais elle m'écouta comme m'avait écoutée Grégoriska, sans étonnement, sans frayeur.

— Hedwige, répondit-elle après un moment de silence, si étrange que soit ce que vous venez de raconter, vous n'avez dit cependant que la vérité pure. — La race des Brankovan est maudite, jusqu'à la troisième et quatrième génération, et cela parce qu'un Brankovan a tué un prêtre. Mais le terme de la malédiction est arrivé ; car, quoique épouse, vous êtes vierge, et en moi la race s'éteint. Si mon fils vous a légué un million, prenez-le. Après moi, à part les legs pieux que je compte faire, vous aurez le reste de ma fortune. Maintenant, suivez au plus vite le conseil de votre époux. Retournez au plus vite dans les pays où Dieu ne permet point que s'accomplissent ces terribles prodiges. Je n'ai besoin de personne pour pleurer mes fils avec moi. Adieu, ne vous enquérez plus de moi. Mon sort à venir n'appartient plus qu'à moi et à Dieu.

Et, m'ayant embrassée sur le front comme d'habitude, elle me quitta et vint s'enfermer au château de Brankovan.

Huit jours après, je partis pour la France. Comme l'avait espéré Grégoriska, mes nuits cessèrent d'être fréquentées par le terrible fantôme. Ma santé même s'est rétablie, et je n'ai gardé de cet événement que cette pâleur mortelle qui accompagne jusqu'au tombeau toute créature qui a subi le baiser d'un vampire

———◦◊◦———

La dame se tut, minuit sonna, et j'oserai presque dire que le plus brave de nous tressaillit au timbre de la pendule.

Il était temps de se retirer ; nous prîmes congé de M. Ledru.

Un an après, cet excellent homme mourut.

C'est la première fois que, depuis cette mort, j'ai l'occasion de payer un tribut au bon citoyen, au savant modeste, à l'honnête homme surtout. Je m'empresse de le faire.

Je ne suis jamais retourné à Fontenay-aux-Roses.
Mais le souvenir de cette journée laissa une si
profonde impression dans ma vie, mais toutes ces
histoires étranges, qui s'étaient accumulées dans
une seule soirée, creusèrent un si profond sillon
dans ma mémoire, qu'espérant éveiller chez les
autres un intérêt que j'avais éprouvé moi-même, je
recueillis dans les différents pays que j'ai parcourus

depuis dix-huit ans, c'est-à-dire en Suisse, en Allemagne, en Italie, en Espagne, en Sicile, en Grèce
et en Angleterre, toutes les traditions du même
genre que les récits des différents peuples firent
revivre à mon oreille, et que j'en composai cette
collection que je livre aujourd'hui à mes lecteurs
habituels, sous le titre : LES MILLE ET UN FANTÔMES.

FIN.

— Hedwige! un baiser! le dernier, le seul, Hedwige! je meurs. — PAGE 95.

PASCAL BRUNO

PAR

ALEXANDRE DUMAS

❖

es détails m'étaient d'autant plus précieux, que je comptais, dans quelques mois, partir pour l'Italie et visiter moi-même les lieux qui avaient servi de théâtre aux principales scènes que nous venons de raconter. Aussi, en reportant le manuscrit du général T.,

usai-je largement de la permission qu'il m'avait donnée de mettre à contribution ses souvenirs sur les lieux qu'il avait visités. On retrouvera donc, dans mon voyage d'Italie, une foule de détails recueillis par moi, il est vrai, mais dont je dois les indications à son obligeance. Cependant mon consciencieux cicerone m'abandonna à la pointe de la Calabre, et ne voulut jamais traverser le détroit. Quoique exilé deux ans à Lipari et en vue de ses côtes, il n'avait jamais mis le pied en Sicile, et craignait, en sa qualité de Napolitain, de ne pouvoir se soustraire, en m'en parlant, à l'influence de la haine que les deux peuples ont l'un pour l'autre.

Je m'étais donc mis en quête d'un réfugié sicilien, nommé Palmieri, que j'avais rencontré autrefois, mais dont j'avais perdu l'adresse, et qui venait de publier deux excellents volumes de souvenirs, afin de me procurer, sur son île si poétique et si inconnue, ces renseignements généraux et ces désignations particulières qui posent d'avance les bornes milliaires d'un voyage, lorsqu'un soir nous vîmes arriver, faubourg Montmartre, n° 4, le général T. avec Bellini, auquel je n'avais pas songé, et qu'il m'amenait pour compléter mon itinéraire. Il ne faut pas demander comment fut reçu dans notre réunion tout artistique, où souvent le fleuret n'était qu'un prétexte emprunté par la plume ou le pinceau, l'auteur de la *Somnambule* et de la *Norma*. Bellini était de Catane : la première chose qu'avaient vue ses yeux en s'ouvrant, étaient ces flots qui, après avoir baigné les murs d'Athènes, viennent mourir mélodieusement aux rivages d'une autre Grèce, et cet Etna fabuleux et antique, aux flancs duquel vivent encore, après dix-huit cents ans, la mythologie d'Ovide et les récits de Virgile. Aussi Bellini était-il une de ces natures les plus poétiques qu'il fût possible de rencontrer; son talent même, qu'il faut apprécier avec le sentiment, et non juger avec la science, n'est qu'un chant éternel, doux et mélancolique comme un souvenir; un écho pareil à celui qui dort dans les bois et les montagnes, et qui murmure à peine tant que ne le vient pas éveiller le cri des passions et de la douleur. Bellini était donc l'homme qu'il me fallait. Il avait quitté la Sicile jeune encore, de sorte qu'il lui était resté de son île natale cette mémoire grandissante que conserve religieusement, transporté loin des lieux où il a été élevé, le souvenir poétique de l'enfant. Syracuse, Agrigente, Palerme, se déroulèrent ainsi sous mes yeux : magnifique panorama, inconnu alors pour moi, et éclairé par les lueurs de son imagination; puis enfin, passant des détails topographiques aux mœurs du pays, sur lesquelles je ne me lassais pas de l'interroger : — Tenez, me dit-il, n'oubliez pas de faire une chose lorsque vous irez de Palerme à Messine soit par mer, soit par terre. Arrêtez-vous au petit village de Bauso, près de la pointe du cap Blanc; en face de l'auberge, vous

trouverez une rue qui va en montant, et qui est terminée à droite par un petit château en forme de citadelle; aux murs de ce château il y a deux cages, l'une vide, l'autre dans laquelle blanchit depuis vingt ans une tête de mort. Demandez au premier passant venu l'histoire de l'homme à qui a appartenu cette tête, et vous aurez un de ces récits complets qui déroulent toute une société, depuis la montagne jusqu'à la ville, depuis le paysan jusqu'au grand seigneur.

— Mais, répondis-je à Bellini, ne pourriez-vous pas vous-même nous raconter cette histoire? A la manière dont vous en parlez, on voit que vous en avez gardé un profond souvenir.

— Je ne demanderais pas mieux, me dit-il, car Pascal Bruno, qui en est le héros, est mort l'année même de ma naissance, et j'ai été bercé tout enfant avec cette tradition populaire, encore vivante aujourd'hui, j'en suis sûr : mais comment ferai-je, avec mon mauvais français, pour me tirer d'un pareil récit?

— N'est-ce que cela? répondis-je, nous entendons tous l'italien; parlez-nous la langue de Dante, elle en vaut bien une autre.

— Eh bien! soit, reprit Bellini en me tendant la main, mais à une condition.

— Laquelle?

— C'est qu'à votre retour, quand vous aurez vu les localités, quand vous serez retrempé au milieu de cette population sauvage et de cette nature pittoresque, vous me ferez un opéra de Pascal Bruno.

— Pardieu! c'est chose dite! m'écriai-je en lui tendant la main.

Et Bellini raconta l'histoire qu'on va lire.

Six mois après je partis pour l'Italie, je visitai la Calabre, j'abordai en Sicile, et ce que je voyais toujours comme le point désiré, comme le but de mon voyage, au milieu de tous les grands souvenirs, c'était cette tradition populaire que j'avais entendue de la bouche du musicien-poète, et que je venais chercher de huit cents lieues; enfin j'arrivai à Bauso, je vis l'auberge, je montai dans la rue, j'aperçus les deux cages de fer, dont l'une était vide et l'autre pleine.

Puis je revins à Paris après un an d'absence; alors, me souvenant de l'engagement pris et de la promesse à accomplir, je cherchai Bellini.

Je trouvai une tombe.

I

l en est des villes comme des hommes; le hasard préside à leur fondation ou à leur naissance, et l'emplacement topographique où l'on bâtit les unes, la position sociale dans laquelle naissent les autres, influent en bien ou en mal sur toute leur existence: j'ai vu de nobles cités si fières, qu'elles avaient voulu dominer tout ce qui les entourait, si bien que quelques maisons à peine avaient osé s'établir au sommet de la montagne où elles avaient posé leur fondement: aussi restaient-elles toujours hautaines et pauvres, cachant dans les nuages leurs fronts crénelés et incessamment battus par les orages de l'été et par les tempêtes de l'hiver. On eût dit des reines exilées, suivies seulement de quelques courtisans de leur infortune, et trop dédaigneuses pour s'abaisser à venir demander à la plaine un peuple et un royaume. J'ai vu de petites villes si humbles, qu'elles s'étaient réfugiées au fond d'une vallée, qu'elles y avaient bâti au bord d'un ruisseau leurs fermes, leurs moulins et leurs chaumières, qu'abritées par des collines, qui les garantissaient du chaud et du froid, elles y coulaient une vie ignorée et tranquille, pareille à celle de ces hommes sans ardeur et sans ambition, que tout bruit effraye, que toute lumière éblouit, et pour lesquels il n'est de bonheur que dans l'ombre et le silence. Il y en a d'autres qui ont commencé par être un chétif village au bord de la mer, et qui, petit à petit; voyant les navires succéder aux barques, et les vaisseaux aux navires, ont changé leurs chaumières en maisons et leurs maisons en palais; si bien qu'aujourd'hui l'or du Potose et les diamants de l'Inde affluent dans leurs ports, et qu'elles font sonner leurs ducats et étalent leurs parures, comme ces parvenus qui nous éclaboussent avec leurs équipages et nous font insulter par leurs valets. Enfin, il y en a encore qui s'étaient richement élevées d'abord au milieu des prairies riantes, qui marchaient sur des tapis bariolés de fleurs, auxquelles on arrivait par des sentiers capricieux et pittoresques, à qui l'on eût prédit de longues et prospères destinées, et qui tout à coup ont vu leur existence menacée par une ville rivale, qui, surgissant au bord d'une grande route, attirait à elle commerçants et voyageurs, et laissait la pauvre isolée dépérir lentement comme une jeune fille dont un amour solitaire tarit les sources de la vie. Voilà pourquoi on se prend de sympathie ou de répugnance, d'amour ou de haine, pour telle ou telle ville comme pour telle ou telle personne; voilà ce qui fait qu'on donne à des pierres froides et inanimées des épithètes qui n'appartiennent qu'à des êtres vivants et humains; que l'on dit Messine la noble, Syracuse la fidèle, Girgenti la magnifique, Tapani l'invincible, Palerme l'heureuse.

En effet, s'il fut une ville prédestinée, c'est Palerme: située sous un ciel sans nuages, sur un sol fertile, au milieu de campagnes pittoresques, ouvrant son port à une mer qui roule des flots d'azur, protégée au nord par la colline de Sainte-Rosalie, à l'orient par le cap Naferano, encadrée de tous côtés par une chaîne de montagnes qui ceint la vaste plaine où elle est assise, jamais odalisque bysantine ou sultane égyptienne ne se mira avec plus d'abandon, de paresse et de volupté, dans les flots de la Cyrénaïque ou du Bosphore, que ne le fait, le visage tourné du côté de sa mère, l'antique fille de Chaldée. Aussi vainement a-t-elle changé de maîtres, ses maîtres ont disparu, et elle est restée; et de ses dominateurs différents, séduits toujours par sa douceur et par sa beauté, l'esclave reine n'a gardé que des colliers pour toutes chaînes. C'est qu'aussi les hommes et la nature se sont réunis pour la faire magnifique parmi les riches. Les Grecs lui ont laissé leurs temples, les Romains leurs aqueducs, les Sarrasins leurs châteaux, les Normands leurs basiliques, les Espagnols leurs églises; et, comme la latitude où elle est située permet à toute plante d'y fleur r, à tout arbre de s'y développer, elle rassemble dans ses jardins splendides le laurier-rose de la Laconie, le palmier d'Égypte, la figue de l'Inde, l'aloès d'Afrique, le pin d'Italie, le cyprès d'Écosse et le chêne de France.

Aussi n'est il rien de plus beau que les jours de Palerme, si ce n'est ses nuits; nuits d'Orient, nuits transparentes et embaumées, où le murmure de la mer, le frémissement de la brise, la rumeur de la ville, semblent un concert universel d'amour, où chaque chose de la création, depuis la vague jusqu'à la plante, depuis la plante jusqu'à l'homme, jette un mystérieux soupir. Montez sur la plateforme de la *Zisa*, ou sur la terrasse du *Palazzo Reale*, lorsque Palerme dort, et il vous semblera être assis au chevet d'une jeune fille qui rêve de volupté.

C'est l'heure à laquelle les pirates d'Alger et les corsaires de Tunis sortent de leurs repaires, mettent au vent les voiles triangulaires de leurs felouques barbaresques, et rôdent autour de l'île, comme autour d'un bercail, les hyènes du Zahara et les lions de l'Atlas. Malheur alors aux villes imprudentes qui s'endorment sans fanaux et sans gardes au bord de la mer, car leurs habitants se réveillent aux lueurs de l'incendie et aux cris de leurs femmes et de leurs filles, et, avant que les secours ne soient arrivés, les vautours d'Afrique se seront envolés avec leurs proies; puis, quand le jour viendra, on verra les ailes de leurs vaisseaux blanchir à l'horizon et disparaître derrière les îles de Porri, de Favignana ou de Lampadouze.

Parfois aussi il arrive que la mer prend tout à coup une teinte livide, que la brise tombe, que la ville se tait : c'est que quelques nuages sanglants qui courent rapidement du midi au septentrion ont passé dans le ciel; c'est que ces nuages annoncent le *sirocco*, ce *khamsin* tant redouté des Arabes, vapeur ardente qui prend naissance dans les sables de la Lybie, et que les vents du sud-est poussent sur l'Europe : aussitôt tout se courbe, tout souffre, tout se plaint : l'île entière gémit comme lorsque l'Etna menace; les animaux et les hommes cherchent avec inquiétude un abri; et, lorsqu'ils l'ont trouvé, ils se couchent haletants, car ce vent abat tout courage, paralyse toute force, éteint toute faculté. Palerme alors râle pareille à une agonisante, et cela jusqu'au moment où un souffle pur, arrivant de la Calabre, rend la force à la moribonde qui tressaille à cet air vivifiant, se reprend à l'existence, respire avec le même bonheur que si elle sortait d'un évanouissement, et le lendemain recommence, insoucieuse, sa vie de plaisir et de joie.

C'était un soir du mois de septembre 1803; il avait fait sirocco toute la journée; mais au coucher du soleil le ciel s'était éclairci, la mer était redevenue azurée, et quelques bouffées d'une brise fraîche soufflaient de l'archipel lipariote. Ce changement atmosphérique exerçait, comme nous l'avons dit, son influence bienfaisante sur tous les êtres animés, qui sortaient peu à peu de leur torpeur : on eût cru assister à une seconde création, d'autant plus, comme nous l'avons dit, que Palerme est un véritable Éden.

Parmi toutes les filles d'Ève, qui, dans ce paradis qu'elles habitent, font de l'amour leur principale occupation, il en est une qui jouera un rôle trop important dans le cours de cette histoire pour que nous n'arrêtions pas sur elle et sur le lieu qu'elle habite l'attention et les regards de nos lecteurs; qu'ils sortent donc avec nous de Palerme par la porte de San-Georgio; qu'ils laissent à droite Castello-à-Mare; qu'ils gagnent directement le môle, qu'ils suivent quelque temps le rivage, et qu'ils fas-

sent halte à cette délicieuse villa qui s'élève au bord de la mer, et dont les jardins enchantés s'étendent jusqu'au pied du mont Pellegrino; c'est la villa du prince de Carini, vice-roi de Sicile pour Ferdinand IV, qui est retourné prendre possession de sa belle ville de Naples.

Au premier étage de cette élégante villa, dans une chambre tendue de satin bleu de ciel, dont les draperies sont relevées par des cordons de perles, et dont le plafond est peint à fresque, une femme vêtue d'un simple peignoir est couchée sur un sofa, les bras pendants, la tête renversée et les cheveux épars; il n'y a qu'un instant encore qu'on aurait pu la prendre pour une statue de marbre : mais un léger frémissement a couru par tout son corps, ses joues commencent à se colorer, ses yeux viennent de se rouvrir; la statue merveilleuse s'anime, soupire, étend la main vers une petite sonnette d'argent posée sur une petite table de marbre de Sélinunte, l'agite paresseusement, et, comme fatiguée de l'effort qu'elle a fait, se laisse retomber sur le sofa. Cependant le son argentin a été entendu, une porte s'ouvre, et une jeune et jolie camérière, dont la toilette en désordre annonce qu'elle a, comme sa maîtresse, subi l'influence du vent africain, paraît sur le seuil.

— Est-ce vous, Teresa? dit languissamment sa maîtresse en tournant la tête de son côté. O mon Dieu! c'est pour en mourir; est-ce que ce sirocco soufflera toujours?

— Non, signora, il est tout à fait tombé, et l'on commence à respirer.

— Apportez-moi des fruits et des glaces, et donnez-moi de l'air.

Teresa accomplit ces deux ordres avec autant de promptitude que le lui permettait un reste de langueur et de malaise. Elle déposa les rafraîchissements sur la table, et alla ouvrir la fenêtre qui donnait sur la mer.

— Voyez, madame la comtesse, dit-elle, nous aurons demain une magnifique journée, et l'air est si pur, que l'on voit parfaitement l'île d'Alicudi, quoique le jour commence à baisser.

— Oui, oui, cet air fait du bien. Donne-moi le bras, Teresa, je vais essayer de me traîner jusqu'à cette fenêtre.

La camérière s'approcha de sa maîtresse, qui reposa sur la table le sorbet que ses lèvres avaient effleuré à peine, et qui, s'appuyant sur son épaule, marcha languissamment jusqu'au balcon.

— Ah! dit-elle en aspirant l'air du soir, comme on renaît à cette douce brise! Approche-moi ce fauteuil, et ouvre encore la fenêtre qui donne sur le jardin. Bien! le prince est-il revenu de Montréal?

— Pas encore.

— Tant mieux : je ne voudrais pas qu'il me vît pâle et défaite ainsi. Je dois être affreuse.

— Madame la comtesse n'a jamais été plus belle; et je suis sûre que dans toute cette ville, que nous

— Oh! qu'il fait doux de vivre à Palerme! dit la comtesse respirant à pleine poitrine.
— Surtout lorsqu'on a vingt-deux ans, qu'on est riche et qu'on est belle.

découvrons d'ici, il n'y a pas une femme qui ne soit jalouse de la signora.

— Même la marquise de Rudini? même la princesse de Butera?

— Je n'excepte personne.

— Le prince vous paye pour me flatter, Teresa.

— Je jure à madame que je ne lui dis que ce que je pense.

— Oh! qu'il fait doux à vivre à Palerme! dit la comtesse respirant à pleine poitrine.

— Surtout lorsqu'on a vingt-deux ans, qu'on est riche et qu'on est belle, continua en souriant Teresa.

— Tu achèves ma pensée : aussi je veux voir tout le monde heureux autour de moi. A quand ton mariage, hein?

Teresa ne répondit point.

— N'était-ce pas dimanche prochain le jour fixé? continua la comtesse.

— Oui, signora, répondit la camérière en soupirant.

— Qu'est-ce donc? n'es-tu plus décidée?

— Si fait, toujours.

— As-tu de la répugnance pour Gaëtano?

— Non; je crois que c'est un honnête garçon, et qui me rendra heureuse. D'ailleurs, ce mariage est un moyen de rester toujours près de madame la comtesse, et c'est ce que je désire.

— Pourquoi soupires-tu, alors?

— Que la signora me pardonne; c'est un souvenir de notre pays.

— De notre pays?

— Oui. Quand madame la comtesse se souvint à Palerme qu'elle avait laissé une sœur de lait au village dont son père était le seigneur, et qu'elle m'écrivit de la venir rejoindre, j'étais près d'épouser un jeune garçon de Bauso

— Pourquoi ne m'as-tu point parlé de cela? le prince, à ma recommandation, l'aurait pris dans sa maison.

— Oh! il n'aurait pas voulu être domestique; il est trop fier pour cela.

— Vraiment?

— Oui. Il avait déjà refusé une place dans les campieri du prince de Goto.

— C'était donc un seigneur que ce jeune homme?

— Non, madame la comtesse, c'était un simple montagnard.

— Comment s'appelait-il?

— Oh! je ne crois pas que la signora le connaisse, dit vivement Teresa.

— Et le regrettes-tu?

— Je ne pourrais dire. — Ce que je sais seulement, c'est que si je devenais sa femme, au lieu d'être celle de Gaëtano, il me faudrait travailler pour vivre, et que cela me serait bien pénible, surtout en sortant du service de madame la comtesse, qui est facile et si doux.

— On m'accuse cependant de violence et d'orgueil; est-ce vrai, Teresa?

— Madame est excellente pour moi; voilà tout ce que je puis dire.

— C'est cette noblesse palermitaine qui dit cela, parce que les comtes de Castelnovo ont été anoblis par Charles V, tandis que les Ventimille et les Partanna descendent, à ce qu'ils prétendent, de Tancrède et de Roger. Mais ce n'est pas pour cela que les femmes m'en veulent; elles cachent leur haine sous le dédain, et elles me haïssent, parce que Rodolfo m'aime et qu'elles sont jalouses de l'amour du vice-roi. Aussi font-elles tout ce qu'elles peuvent pour me l'enlever; mais elles n'y parviendront pas: je suis plus belle qu'elles; Carini me le dit tous les jours, et toi aussi, menteuse.

— Il y a ici quelqu'un plus flatteur encore que Son Excellence et que moi.

— Et qui cela?

— Le miroir de madame la comtesse.

— Follet, Allume les bougies de la psyché. — La camérière obéit. — Maintenant, ferme cette fenêtre et laisse-moi: celle du jardin donnera assez d'air.

Teresa obéit et s'éloigna; à peine la comtesse l'eut-elle vue disparaître, qu'elle vint s'asseoir devant la psyché, se regarda dans la glace et se mit à sourire.

C'est qu'aussi c'était une merveilleuse créature que cette comtesse Emma, ou plutôt *Gemma;* car dès son enfance ses parents avaient ajouté un G à son nom de baptême; de sorte que, grâce à cette adjonction, elle s'appelait *Diamant.* Certes, c'était à tort qu'elle s'était bornée à faire remonter sa noblesse à une signature de Charles-Quint; car, à sa taille mince et flexible, on reconnaissait l'Ionienne, à ses yeux noirs et veloutés, la descendante des Arabes, à son teint blanc et vermeil, la fille des Gaules. Elle pouvait donc également se vanter de descendre d'un archonte d'Athènes, d'un émir sarrasin, ou d'un capitaine normand; c'était une de ces beautés comme on en trouve en Sicile d'abord, puis dans une seule ville du monde, à Arles, où le même mélange de sang, le même croisement de races, réunit parfois dans une seule personne ces trois types si différents. Aussi, au lieu d'appeler à son secours, ainsi qu'elle en avait d'abord eu l'intention, l'artifice de la toilette, Gemma se trouva si charmante dans son demi-désordre, qu'elle se regarda quelque temps avec une admiration naïve, et comme doit se regarder une fleur qui se penche vers un ruisseau; et cette admiration, ce n'était point de l'orgueil, c'était une adoration pour le Seigneur, qui veut et qui peut créer de si belles choses. Elle resta donc ainsi qu'elle était. En effet, quelle coiffure pouvait mieux faire valoir ses cheveux que cet abandon qui leur permettait de flotter dans leur magnifique étendue? Quel pinceau aurait pu ajouter une ligne à l'arc régulier de ses sourcils de velours? et quel carmin aurait osé rivaliser avec le corail de ses lèvres humides, vif comme le fruit de la grenade? Elle commença, en échange et comme nous l'avons dit, à se regarder sans autre pensée que celle de se voir, et peu à peu elle tomba dans une rêverie profonde et pleine d'extase; car, en même temps que son visage, et comme un fond à cette tête d'ange, la glace qui était placée devant la fenêtre restée ouverte réfléchissait le ciel; et Gemma, sans but, sans motif, se berçant dans un bonheur vague et infini, s'amusait à compter dans cette glace les étoiles qui apparaissaient chacune à son tour, et à leur donner des noms au fur et à mesure qu'elles pointaient dans l'éther. Tout à coup il lui sembla qu'une ombre surgissante se plaçait devant ces étoiles, et qu'une figure se dessinait derrière elle: elle se retourna vivement: un homme était debout sur sa fenêtre. Gemma se leva et ouvrit la bouche pour jeter un cri; mais l'inconnu, s'élançant dans la chambre, joignit les deux mains, et d'une voix suppliante: — Au nom du ciel, lui dit-il, n'appelez pas, madame, car, sur mon honneur, vous n'avez rien à craindre, et je ne veux pas vous faire de mal!...

II

Gemma retomba sur son fauteuil, et cette apparition et ces paroles furent suivies d'un moment de silence, pendant lequel elle eut le temps de jeter un coup d'œil rapide et craintif sur l'étranger qui venait de s'introduire dans sa chambre d'une manière si bizarre et si inusitée.

C'était un jeune homme de vingt-cinq à vingt-six ans, qui paraissait appartenir à la classe populaire : il portait le chapeau calabrois, entouré d'un large ruban qui retombait flottant sur son épaule, une veste de velours à boutons d'argent, une culotte de même étoffe et à ornements pareils; sa taille était serrée par une de ces ceintures en soie rouge avec des broderies et des franges vertes, comme on en fabrique à Messine, en imitation de celles du Levant. Enfin, des guêtres et des souliers de peau complétaient ce costume montagnard, qui ne manquait pas d'élégance, et qui semblait choisi pour faire ressortir les heureuses proportions de la taille de celui qui l'avait adopté. Quant à sa figure, elle était d'une beauté sauvage : c'étaient ces traits fortement accentués de l'homme du Midi, ses yeux hardis et fiers, ses cheveux et sa barbe noirs, son nez d'aigle et ses dents de chacal.

Sans doute que Gemma ne fut point rassurée par cet examen, car l'étranger lui vit étendre le bras du côté de la table, et, devinant qu'elle y cherchait la sonnette d'argent qui y était placée :

— Ne m'avez-vous pas entendu, madame? lui dit-il en donnant à sa voix cette expression de douceur infinie à laquelle se prête si facilement la langue sicilienne : je ne vous veux aucun mal, et, bien loin de là, si vous m'accordez la demande que je viens vous faire, je vous adorerai comme une madone; vous êtes déjà belle comme la mère de Dieu, soyez bonne aussi comme elle.

— Mais enfin que me voulez-vous? dit Gemma d'une voix tremblante encore, et comment entrez-vous ainsi chez moi à cette heure?

— Si je vous avais demandé une entrevue à vous, noble, riche et aimée d'un homme qui est presque un roi, est-il probable que vous me l'eussiez accordé à moi, pauvre et inconnu? dites-le-moi, madame : d'ailleurs, eussiez-vous eu cette bonté, vous pouviez tarder à me répondre, et je n'avais pas le temps d'attendre.

— Que puis-je donc pour vous?, dit Gemma, se rassurant de plus en plus.

— Tout, madame; car vous avez entre vos mains mon désespoir ou mon bonheur, ma mort ou ma vie.

— Je ne vous comprends pas; expliquez-vous.

— Vous avez à votre service une jeune fille de Bauso.

— Teresa?

— Oui, Teresa, continua le jeune homme d'une voix tremblante : or, cette jeune fille va se marier à un valet de chambre du prince de Carini, et cette jeune fille est ma fiancée.

— Ah! c'est vous?...

— Oui, c'est moi qu'elle allait épouser au moment où elle reçut la lettre qui l'appelait auprès de vous. Elle promit de me rester fidèle, de vous parler pour moi, et, si vous refusiez sa demande, de venir me retrouver : je l'attendais donc; mais trois ans se sont écoulés sans que je la revisse, et, comme elle ne revenait pas, c'est moi qui suis venu. En arrivant, j'ai tout appris, alors j'ai pensé à venir me jeter à vos genoux et à vous demander Teresa.

— Teresa est une fille que j'aime et dont je ne veux pas me séparer. Gaëtano est le valet de chambre du prince, et, en l'épousant, elle restera près de moi.

— Si c'est une condition, j'entrerai chez le prince, dit le jeune homme, se faisant une violence visible.

— Teresa m'avait dit que vous ne vouliez pas servir.

— C'est vrai! mais, s'il le faut cependant, je ferai ce sacrifice pour elle; seulement, si cela était possible, j'aimerais mieux être engagé dans ses campieri que de faire partie de ses domestiques.

— C'est bien; j'en parlerai au prince, et, s'il y consent...

— Le prince voudra tout ce que vous voudrez, madame; vous ne priez pas, vous ordonnez, je le sais.

— Mais qui me répondra de vous?

— Ma reconnaissance éternelle, madame.

Encore faut-il que je sache qui vous êtes.

— Je suis un homme dont vous pouvez faire le malheur ou la félicité, voilà tout.

Le prince me demandera votre nom.

— Seriez-vous le fils d'Antonio Bruno, dont la tête est dans une cage de fer au château de Bauso. — Page 9.

— Que lui importe mon nom? le connaît-il? Le nom d'un pauvre paysan de Bauso est-il jamais arrivé jusqu'au prince?

— Mais moi, je suis du même pays que vous; mon père était comte de Castelnovo, et habitait une petite forteresse à un quart de lieue du village.

— Je le sais, madame, répondit le jeune homme d'une voix sourde.

— Eh bien! je dois connaître votre nom, moi! Dites-le-moi, alors, et je verrai ce que j'ai à faire.

— Croyez-moi, madame la comtesse, il vaut mieux que vous l'ignoriez; qu'importe mon nom? Je suis honnête homme, je rendrai Teresa heureuse, et,

s'il le faut, je me ferai tuer pour le prince et pour vous.

— Votre entêtement est étrange, et, je tiens d'autant plus à savoir votre nom, que je l'ai demandé à Teresa, et que, comme vous, elle a refusé de me le dire. Je vous préviens cependant que je ne ferai rien qu'à cette condition.

— Vous le voulez, madame?

— Je l'exige.

— Eh bien! une dernière fois, je vous en supplie.

— Ou nommez-vous, ou sortez! dit Gemma avec un geste impératif.

Au même instant un coup de pistolet se fit entendre et Gemma s'évanouit. — PAGE 11.

— Je m'appelle Pascal Bruno, répondit le jeune homme d'une voix si calme, qu'on eût pu croire que toute émotion avait disparu si, en le voyant si pâle, on n'eût facilement deviné ce qu'il souffrait intérieurement.

— Pascal Bruno! s'écria Gemma reculant son fauteuil, Pascal Bruno! Seriez-vous le fils d'Antonio Bruno, dont la tête est dans une cage de fer au château de Bauso?

— Je suis son fils.

— Eh bien! savez-vous pourquoi la tête de votre père est là, dites?

Pascal garda le silence.

— Eh bien! continua Gemma, c'est que votre père a voulu assassiner le mien.

— Je sais tout cela, madame; je sais encore que, lorsqu'on vous promenait, enfant, dans le village, vos femmes de chambre et vos valets vous montraient cette tête en vous disant que c'était celle de mon père, qui avait voulu assassiner le vôtre; mais ce qu'on ne vous disait pas, madame, c'est que votre père avait déshonoré le mien.

— Vous mentez.

— Que Dieu me punisse si je ne dis pas la vérité, madame : ma mère était belle et sage, le comte l'aima, et ma mère résista à toutes les propositions, à toutes les promesses, à toutes les menaces; mais, un jour que mon père était allé à Taormine, il la fit enlever par quatre hommes, transporter dans une petite maison qui lui appartenait, entre Limero et Furnari, et qui est maintenant une auberge... Et là... là, madame, il la viola!

— Le comte était seigneur et maître du village de Bauso : ses habitants lui appartenaient, corps et biens, et c'était beaucoup d'honneur qu'il faisait à votre mère que de l'aimer!...

— Mon père ne pensa pas ainsi, à ce qu'il paraît, dit Pascal en fronçant le sourcil, et cela sans doute parce qu'il était né à Strilla, sur les terres du prince de Moncada-Paterno, ce qui fit qu'il frappa le comte; la blessure ne fut pas mortelle, tant mieux! je l'ai longtemps regretté; mais, aujourd'hui, à ma honte, je m'en félicite.

— Si j'ai bonne mémoire, votre père, non-seulement a été mis à mort comme meurtrier, mais encore vos oncles sont aux bagnes?

— Ils avaient donné asile à l'assassin, ils l'avaient défendu lorsque les sbires étaient venus pour l'arrêter; ils furent considérés comme complices, et envoyés, mon oncle Placido à Favignana, mon oncle Pietro à Lipari, et mon oncle Pépé à Vulcano. Quant à moi, j'étais trop jeune, et, quoique l'on m'eût arrêté avec eux, on me rendit à ma mère.

— Et, qu'est-elle devenue votre mère?

— Elle est morte.

— Où cela?

— Dans la montagne, entre Pizzo de Goto et Nisi.

— Pourquoi avait-elle quitté Bauso?

— Pour que nous ne vissions pas, chaque fois que nous passions devant le château, elle, la tête de son mari, moi, la tête de mon père. Oui, elle est morte là, sans médecin, sans prêtre; elle a été enterrée hors de la terre sainte, et c'est moi qui ai été son seul fossoyeur... Alors, madame, vous me pardonnerez, je l'espère, sur la terre fraîchement retournée, j'avais fait le serment de venger toute ma famille, à laquelle je survivais seul, car je ne comptais plus mes oncles comme de ce monde, sur vous, qui restez seule de la famille du comte. Mais que voulez vous? je devins amoureux de Teresa; je quittai mes montagnes pour ne plus voir la tombe à laquelle je sentais que je devenais parjure; je descendis dans la plaine, je me rapprochai de Bauso, et je fis plus encore : lorsque je sus que Teresa quittait le village pour entrer à votre service, je songeai à entrer à celui du comte. Je reculai longtemps devant cette pensée, enfin je m'y habituai. Je pris sur moi de vous voir : je vous ai vue, et me voilà sans armes et en suppliant, en face de vous, madame, devant qui je ne devais paraître qu'en ennemi.

— Vous comprenez, répondit Gemma, qu'il est impossible que le prince prenne à son service un homme dont le père a été pendu et dont les oncles sont aux galères.

— Pourquoi pas, madame, si cet homme consent à oublier que c'est injustement que ces choses ont été faites?

— Vous êtes fou!

— Madame la comtesse, vous savez ce que c'est qu'un serment pour un montagnard? Eh bien! je fausserai mon serment. Vous savez ce que c'est que la vengeance pour un Sicilien? eh bien! je renoncerai à ma vengeance... Je ne demande pas mieux que de tout oublier, ne me forcez pas de me souvenir.

— Et, dans ce cas, que feriez-vous?

— Je ne veux pas y penser.

— C'est bien! nous prendrons nos mesures en conséquence.

— Je vous en supplie, madame la comtesse, soyez bonne pour moi; vous voyez que je fais ce que je peux pour rester honnête homme. Une fois engagé chez le prince, une fois le mari de Teresa, je réponds de moi... D'ailleurs, je ne retournerai pas à Bauso.

— Cela est impossible.

— Madame la comtesse, vous avez aimé! (Gemma sourit dédaigneusement.) Vous devez alors savoir ce que c'est que la jalousie; vous devez savoir ce qu'on souffre et comment on se sent devenir fou. Eh bien! j'aime Teresa, je suis jaloux d'elle, je sens que je perdrai l'esprit si ce mariage ne se fait pas; et alors...

— Et alors?

— Alors!... gare que je ne me souvienne de la cage où est la tête de mon père, des bagnes où vivent mes oncles, et de la tombe où dort ma mère.

En ce moment, un cri étrange, qui semblait être un signal, se fit entendre au bas de la fenêtre; presque aussitôt le bruit d'une sonnette retentit.

— Voilà le prince! s'écria Gemma.

— Oui, oui, je le sais, murmura Pascal d'une voix sourde; mais, avant qu'il ne soit arrivé à cette porte, vous avez encore le temps de me dire oui. Je vous en supplie, madame, accordez-moi ce que je vous demande; donnez-moi Teresa, placez-moi au service du prince.

— Laissez-moi passer, dit impérieusement Gemma s'avançant vers la porte; mais, loin d'obéir à cet ordre, Bruno s'élança vers le verrou qu'il poussa. — Oseriez-vous m'arrêter? continua Gemma saisissant le cordon d'une sonnette. — A moi! au secours! au secours!

— N'appelez pas, madame, dit Bruno se contenant encore, car je vous ai dit que je ne voulais pas vous faire de mal. Un second cri pareil au premier se fit entendre au bas de la fenêtre. — C'est bien, c'est bien, Ali, tu veilles fidèlement, mon enfant, dit Bruno. Oui, je sais que le comte arrive, j'entends ses pas dans le corridor. Madame, madame, il vous reste encore un instant, une seconde, et tous les malheurs que je prévois n'auront pas lieu...

— Au secours! Rodolfo, au secours! cria Gemma.

— Vous n'avez donc ni cœur, ni âme, ni pitié,

ni pour vous ni pour les autres! dit Bruno en enfonçant ses mains dans ses cheveux et regardant la porte qu'on secouait avec force.

— Je suis enfermée, continua la comtesse se rassurant de l'aide qui lui arrivait, enfermée avec un homme qui me menace. A moi! Rodolfo! à moi! au secours!

— Je ne menace pas, je prie... je prie encore... mais, puisque vous le voulez!...

Bruno poussa un rugissement de tigre et s'élança vers Gemma pour l'étouffer entre ses mains, sans doute, car, ainsi qu'il l'avait dit, il n'avait pas d'armes. Au même instant, une porte cachée au fond de l'alcôve s'ouvrit, un coup de pistolet se fit entendre, la chambre s'emplit de fumée, et Gemma s'évanouit.

Lorsqu'elle revint à elle, elle était entre les bras de son amant; ses yeux cherchèrent avec effroi autour de la chambre, et, aussitôt qu'elle put articuler une parole ·

— Qu'est devenu cet homme? dit-elle.

— Je ne sais. Il faut que je l'aie manqué, répondit le prince, car, tandis que j'enjambais par-dessus le lit, il a sauté par la fenêtre; et, comme je vous voyais sans connaissance, je ne me suis pas inquiété de lui, mais de vous. Il faut que je l'aie manqué, répéta-t-il en jetant les yeux autour de la chambre; et, cependant, c'est bizarre, je ne vois pas la balle dans la tenture.

— Faites courir après lui! s'écria Gemma, et point de grâce, point de pitié pour cet homme, monseigneur, car cet homme, c'est un bandit qui voulait m'assassiner.

On chercha toute la nuit dans la villa, par les jardins et sur le rivage, mais inutilement; Pascal Bruno avait disparu.

Le lendemain, on découvrit une trace de sang qui commençait au bas de la fenêtre et qui se perdait à la mer.

⊶◈⊷

III

u point du jour, les barques des pêcheurs sortirent du port comme d'habitude et se dispersèrent sur la mer; l'une d'elles, cependant, montée par un homme et par un enfant de douze à quatorze ans, s'arrêtant en vue de Palerme, abattit sa voile pour rester en panne; et, comme cette immobilité dans un endroit peu favorable à la pêche aurait pu attirer les soupçons sur elle, l'enfant s'occupa de raccommoder ses filets; quant à l'homme, il était couché au fond du bateau, la tête appuyée sur un des bords, et paraissait plongé dans une profonde rêverie; de temps en temps cependant il puisait, comme par un mouvement machinal, de l'eau de mer dans sa main droite, et versait de cette eau sur son épaule gauche serrée d'une bandelette ensanglantée. Alors sa bouche se contractait avec une expression si bizarre, qu'on aurait eu peine à distinguer si c'était un rire ou un grincement de dents qui lui donnait cette expression. Cet homme était Pascal Bruno, et cet enfant, c'était celui qui, placé au bas de la fenêtre, lui avait deux fois donné, par un cri, le signal de la fuite : au premier coup d'œil, on pouvait facilement le reconnaître pour le fils d'une terre plus

ardente encore que celle sur laquelle se passent les événements que nous racontons. En effet, cet enfant était né sur les côtes d'Afrique, et voici comment Bruno et lui s'étaient rencontrés.

Il y avait un an à peu près que des corsaires algériens, sachant que le prince de Moncada-Paterno, l'un de plus riches seigneurs de la Sicile, revenait dans une petite speronare de Pantellerie à Catane, accompagné seulement d'une douzaine d'hommes de sa suite, s'embarquèrent derrière l'île de Porri, distante de deux milles à peu près de la côte. Le bâtiment du prince, ainsi que l'avaient prévu les pirates, passa entre l'île et le rivage; mais, au moment où ils le virent engagé dans le détroit, ils sortirent avec trois barques de la petite anse où ils étaient cachés, et firent force de rames pour couper le chemin au bâtiment du prince. Celui-ci ordonna aussitôt de gouverner vers la terre, et alla s'échouer sur la plage de Fugallo. Comme il y avait, à l'endroit où le bâtiment avait touché, trois pieds d'eau à peine, le prince et sa suite sautèrent à la mer, tenant leurs armes au-dessus de leurs têtes, et espérant arriver au village qu'ils voyaient s'élever à une demi-lieue à peu près dans les terres, sans avoir besoin d'en faire usage. Mais, à peine furent-ils débarqués, qu'une autre troupe de corsaires qui, prévoyant cette manœuvre, avait remonté avec une barque le

Bufaidone, sortit des roseaux au milieu desquels le fleuve coule, et coupa au prince la retraite sur laquelle il comptait. Le combat s'engagea aussitôt; mais, tandis que les campieri du prince avaient affaire à cette première troupe, la seconde arriva, et, toute résistance devenant visiblement inutile, le prince se rendit, demandant la vie sauve et promettant de payer rançon pour lui et pour toute sa suite. Au moment où les prisonniers venaient de déposer leurs armes, on aperçut une troupe de paysans qui accouraient armés de fusils et de faux. Les corsaires, maîtres de la personne du prince, et ayant par conséquent atteint le but qu'ils désiraient, n'attendirent pas les nouveaux arrivants, et s'embarquèrent avec une telle rapidité, qu'ils laissèrent sur le champ de bataille trois hommes de leur équipage, qu'ils croyaient morts ou blessés mortellement.

Parmi ceux qui accouraient ainsi se trouvait Pascal Bruno, que sa vie nomade conduisait vaguement tantôt d'un côté, tantôt d'un autre, et que son esprit inquiet jetait dans toutes les entreprises aventureuses. Arrivés sur la plage où le combat avait eu lieu, les paysans trouvèrent un domestique du prince de Paterno mort, un autre blessé légèrement à la cuisse, et trois corsaires étendus dans leur sang, mais respirant encore. Deux coups de fusil eurent bientôt fait justice de chacun d'entre eux, et un coup de pistolet allait envoyer le troisième rejoindre ses camarades lorsque Bruno, s'apercevant que c'était un enfant, détourna le bras qui allait le frapper, et déclara qu'il prenait le blessé sous sa protection. Quelques réclamations s'élevèrent sur cette pitié, qui semblait intempestive; mais, quand Bruno avait dit une chose, il maintenait ce qu'il avait dit : il arma donc sa carabine, déclara qu'il ferait sauter la cervelle au premier qui s'approcherait de son protégé; et, comme on le savait homme à exécuter à l'instant sa menace, on lui laissa prendre l'enfant dans ses bras et s'éloigner avec lui. Bruno marcha aussitôt vers le rivage, descendit dans une barque avec laquelle il faisait habituellement ses excursions aventureuses, et dont il connaissait si bien la manœuvre, qu'elle semblait lui obéir comme un cheval à son cavalier, déploya sa voile et cingla vers le cap d'Aliga-Grande.

A peine eut-il vu que la barque était dans sa route, et qu'elle n'avait plus besoin de son pilote, qu'il s'occupa de son blessé, toujours évanoui. Il écarta le burnous blanc dans lequel il était enveloppé, détacha la ceinture à laquelle était passé encore son yatagan, et vit, aux dernières lueurs du soleil couchant, que la balle avait frappé entre la hanche droite et les fausses côtes, et était ressortie près de la colonne vertébrale : la blessure était dangereuse, mais n'était pas mortelle.

La brise du soir, la sensation de fraîcheur produite par l'eau de mer avec laquelle Bruno lavait la plaie, rappelèrent l'enfant à lui; il prononça sans ouvrir les yeux quelques mots dans une langue inconnue; mais Bruno, sachant que l'effet habituel d'un coup de feu est de causer une soif violente, devina qu'il demandait à boire, et approcha de ses lèvres une fiasque pleine d'eau; l'enfant but avec avidité, poussa quelques plaintes inarticulées, et retomba dans son évanouissement. Pascal le coucha le plus doucement qu'il put au fond de sa barque, et, laissant la blessure à l'air, il continua de presser, de cinq minutes en cinq minutes, au-dessus d'elle, son mouchoir imbibé d'eau de mer, remède que les marins croient efficace à toutes leurs blessures.

Vers l'heure de l'*Ave Maria*, nos navigateurs se trouvèrent à l'embouchure de la Ragusa : le vent venait d'Afrique : Pascal n'eut donc qu'une légère manœuvre à faire pour s'engager dans le fleuve, et, trois heures après, laissant Modica à droite, il passait sous le pont jeté sur la grande route qui va de Noto à Chiaramonti. Il fit encore une demi-lieue ainsi; mais alors le fleuve cessant d'être navigable, il tira sa barque dans les lauriers-roses et les papyrus qui bordent le rivage, et, reprenant l'enfant dans ses bras, il l'emporta à travers les terres. Bientôt il atteignit l'entrée d'une vallée dans laquelle il s'enfonça, et il ne tarda pas à trouver à sa droite et à sa gauche la montagne taillée à pic comme une muraille, et creusée de distance en distance, car dans cette vallée sont les restes d'une ancienne cité de Troglodites, ces premiers habitants de l'île que civilisèrent les colonies grecques. Bruno entra dans l'une de ces cavernes, qui communiquait par un escalier à un étage supérieur, auquel un seul trou carré, en forme de fenêtre, donnait de l'air; un lit de roseaux était amassé dans un coin, il y étendit le burnous de l'enfant, le coucha sur le burnous; puis, redescendant pour allumer du feu, il remonta bientôt avec une branche de sapin enflammée, qu'il fixa dans le mur, et, s'asseyant sur une pierre, près de la couche du blessé, il attendit qu'il revînt à lui.

Ce n'était pas la première fois que Bruno visitait cette retraite : souvent, dans ces voyages sans but qu'il entreprenait à travers la Sicile pour distraire sa vie solitaire, calmer l'activité de son esprit et chasser ses mauvaises pensées, il était venu dans cette vallée, et il avait habité cette chambre creusée dans le roc depuis trois mille ans; c'est là qu'il se livrait à ces rêveries vagues et incohérentes qui sont habituelles aux hommes d'imagination auxquels la science manque. Il savait que c'était une race disparue de la terre qui, dans des temps reculés, avait creusé ces retraites, et, dévot aux superstitions populaires, il croyait, comme tous les habitants des environs, que ces hommes étaient des enchanteurs : au reste, cette croyance, loin de l'écarter de ces lieux redoutés, l'y attirait irrésistiblement : il

Il arma la carabine et déclara qu'il ferait sauter la cervelle au premier qui s'approcherait de son protégé. — Page 12.

avait dans sa jeunesse entendu raconter nombre d'histoires de fusils enchantés, d'hommes invulnérables, de voyageurs invisibles, et son âme, sans crainte et avide de merveilleux, n'avait qu'un désir, c'était celui de rencontrer un être quelconque, sorcier, enchanteur ou démon, qui, moyennant un pacte infernal, lui accordât un pouvoir surnaturel qui lui donnerait la supériorité sur les autres hommes. Mais c'était toujours en vain qu'il avait évoqué les ombres des anciens habitants de la vallée de Modica; aucune apparition n'avait répondu à ses désirs, et Pascal Bruno était resté, à son grand désespoir, un homme comme les autres hommes; plus,

cependant, la force et l'adresse, que peu de montagnards possédaient à un degré qui pût lui être comparé.

Il y avait une heure à peu près que Bruno rêvait ainsi près son jeune blessé, lorsque celui-ci sortit de l'espèce de léthargie dans laquelle il était plongé; il ouvrit les yeux, regarda autour de lui avec égarement, et arrêta son regard sur celui qui venait de le sauver, mais sans savoir encore s'il voyait en lui un ami ou un ennemi. Pendant cet examen, et par un instinct vague de défense, l'enfant porta la main à sa ceinture pour chercher son fidèle yatagan; mais, ne l'y trouvant pas, il poussa un soupir.

— Souffres-tu? lui dit Bruno, employant pour se faire entendre de lui cette langue franque qui est l'idiome universel des côtes de la Méditerranée, depuis Marseille jusqu'à Alexandrie, depuis Constantinople jusqu'à Alger, et à l'aide duquel on peut faire le tour du vieux monde.

— Qui es-tu? répondit l'enfant.

— Un ami.

— Ne suis-je donc pas prisonnier?

— Non.

— Alors, comment me trouvé-je ici?

Pascal lui raconta tout, l'enfant l'écouta attentivement; puis, lorsque le narrateur eut fini son récit, il fixa ses yeux sur ceux de Bruno, et avec un accent de reconnaissance profonde:

— Alors, lui dit-il, puisque tu m'as sauvé la vie, tu veux donc être mon père?

— Oui, dit Bruno, je le veux.

— Père, dit le blessé, ton fils s'appelle Ali; et toi, comment t'appelles-tu?

— Pascal Bruno.

— Allah te protége! dit l'enfant.

— Désires-tu quelque chose?

— Oui, de l'eau; j'ai soif.

Pascal prit une tasse de terre, cachée dans un enfoncement du rocher, et descendit puiser de l'eau à une source qui coulait près de la maison. En remontant, il jeta les yeux sur le yatagan de l'enfant, et il vit qu'il n'avait pas même songé à le rapprocher de lui. Ali prit avidement la tasse et la vida d'un trait.

— Allah te donne autant d'années heureuses qu'il y avait de gouttes d'eau dans cette tasse! dit l'enfant en la lui rendant.

— Tu es une bonne créature, murmura Bruno; dépêche-toi de guérir, et, quand tu seras guéri, tu pourras retourner en Afrique.

L'enfant guérit et resta en Sicile, car il s'était pris pour Bruno d'une telle amitié, qu'il ne voulut jamais le quitter. Depuis lors, il était demeuré constamment avec lui, l'accompagnant dans ses chasses sur les montagnes, l'aidant à diriger sa barque en mer, et prêt à se faire tuer sur un signe de celui qu'il appelait son père.

La veille, il l'avait suivi à la villa du prince de Carini; il l'attendait sous les fenêtres pendant son entrevue avec Gemma, et c'était lui qui avait poussé le double cri d'alarme, la première fois lorsque le prince avait sonné à la grille, et la seconde fois lorsqu'il était entré dans le château. Il allait monter lui-même dans la chambre pour lui porter secours, si besoin était, lorsqu'il vit Bruno s'élancer par la fe-

nêtre. Il le suivit dans sa fuite. Tous deux arrivèrent au rivage, se jetèrent dans leur canot qui les attendait, et, comme la nuit ils ne pouvaient gagner la haute mer sans éveiller des soupçons, ils se contentèrent de venir se confondre parmi les barques de pêcheurs qui attendaient le point du jour pour sortir du port.

Pendant cette nuit, Ali rendit à son tour, à Pascal, tous les soins qu'il en avait reçus en pareille circonstance, car le prince de Carini avait visé juste, et la balle qu'il cherchait vainement dans sa tenture avait presque traversé l'épaule de Bruno; de sorte qu'Ali n'eut qu'une légère incision à faire avec son yatagan, pour la retirer du côté opposé à celui par lequel elle était entrée. Tout cela s'était passé presque sans que Bruno s'en mêlât et parût même y penser, et la seule marque d'attention qu'il donnât à sa blessure, était, comme nous l'avons dit, de l'humecter de temps en temps avec de l'eau de mer, tandis que l'enfant faisait semblant de raccommoder ses filets.

— Père, dit tout à coup Ali s'interrompant dans cette feinte occupation, regarde donc du côté de la terre!

— Qu'y a-t-il?

— Une troupe de gens.

— Où cela?

— Là-bas, sur le chemin de l'église.

En effet, une société assez nombreuse suivait le chemin tortueux à l'aide duquel on gravit la montagne sainte. Bruno reconnut que c'était un cortége nuptial qui se rendait à la chapelle de Sainte-Rosalie.

— Mets le cap sur la terre et rame vivement! s'écria-t-il se levant tout debout.

L'enfant obéit, saisit de chaque main un aviron, et le petit canot sembla voler à la surface de la mer. Au fur et à mesure qu'ils approchaient du rivage, la figure de Bruno prenait une expression plus terrible; enfin, lorsqu'ils ne furent plus qu'à la distance d'un demi-mille à peu près...

— C'est Teresa! s'écria-t-il avec un accent de désespoir impossible à imaginer: ils ont avancé la cérémonie; ils n'ont pas voulu attendre à dimanche, ils ont eu peur que je ne l'enlevasse d'ici là!... Dieu m'est témoin que j'ai fait tout ce que j'ai pu pour que cela finît bien... Ce sont eux qui n'ont pas voulu; malheur à eux!

A ces mots, Bruno, aidé par Ali, hissa la voile de la petite barque, qui, tournant le mont Pellegrino, disparut au bout de deux heures derrière le cap de Gallo.

IV

ascal ne s'était pas trompé. La comtesse, craignant quelque entreprise de la part de Bruno, avait fait avancer le mariage de trois jours, sans rien dire à Teresa de l'entrevue qu'elle avait eue avec son amant; et, par une dévotion particulière, les époux avaient choisi, pour la célébration du mariage, la chapelle de Sainte-Rosalie, la patronne de Palerme.

C'est encore un des traits caractéristiques de Palerme, ville toute d'amour, que de s'être mise sous la protection d'une sainte jeune et jolie. Aussi sainte Rosalie est-elle à Palerme ce que saint Janvier est à Naples, la toute-puissante distributrice des bienfaits du ciel; mais, de plus que saint Janvier, elle est de race française et royale, et descend directement de Charlemagne (1), ainsi que le prouve son arbre généalogique, peint au-dessus de la porte extérieure de la chapelle; arbre dont le tronc sort de la poitrine du vainqueur de Witikind, et, après s'être divisé en plusieurs rameaux, réunit ses branches à la cime, pour donner naissance au prince de Sinebaldo, père de sainte Rosalie. Mais toute la noblesse de sa race, toute la richesse de sa maison, toute la beauté de sa personne, ne purent rien sur la jeune princesse. Elle quitta, à l'âge de dix-huit ans, la cour de Roger, et, entraînée vers la vie contemplative, elle disparut tout à coup sans qu'on sût ce qu'elle était devenue, et ce ne fut qu'après sa mort qu'on la trouva, belle et fraîche comme si elle vivait encore, dans la grotte qu'elle avait habitée, et dans l'attitude même où elle s'était endormie du sommeil chaste et innocent des élus.

Cette grotte était creusée au flanc de l'ancien mont Evita, si célèbre dans le cours des guerres puniques par les positions inexpugnables qu'il fournit aux Carthaginois; mais aujourd'hui la montagne profane a changé de nom. Sa tête stérile a reçu le baptême de la foi, et on l'appelle le mont Pellegrino, mot qui, dans sa double signification, veut dire éga-

(1) Nous n'avons pas besoin de rappeler à nos lecteurs que nous ne faisons pas ici un cours d'histoire, mais que nous rapportons une tradition. Nous savons parfaitement que Charlemagne était de race teutonique, et non de lignée française.

lement la colline Précieuse ou le mont du Pèlerin. En 1624, une peste désolait Palerme; sainte Rosalie fut invoquée. On tira le corps merveilleux de la grotte, on le transporta en grande pompe dans la cathédrale de Palerme; et à peine les ossements sacrés eurent-ils touché le seuil du monument demi-chrétien, demi-arabe, bâti par l'archevêque Gauthier, qu'à la prière de la sainte, Jésus-Christ chassa de la ville non-seulement la peste, mais encore la guerre et la famine, comme en fait foi le bas-relief de Villa-Reale, élève de Canova. Ce fut alors que les Palermitains reconnaissants transformèrent en église la grotte de sainte Rosalie, établirent le magnifique chemin qui y conduit, et dont la construction semble remonter à ces époques où une colonie romaine jetait un pont ou un aqueduc d'une montagne à l'autre, comme la signature granitique de la métropole. Enfin, le corps de la sainte fut remplacé par une gracieuse statue de marbre, couronnée de roses et couchée dans l'attitude où la sainte s'était endormie, à l'endroit même où elle avait été retrouvée; et le chef-d'œuvre de l'artiste fut encore enrichi par un don royal. Charles III de Bourbon lui donna une robe d'étoffe d'or, estimée 25,000 francs, un collier de diamants et des bagues magnifiques; et, voulant joindre les honneurs chevaleresques aux richesses mondaines, obtint pour elle la grande croix de Malte, qui est suspendue par une chaîne d'or, et la décoration de Marie-Thérèse, qui est une étoile entourée de lauriers avec cette devise : *Fortitudini*.

Quant à la grotte elle-même, c'est une excavation creusée dans un noyau primitif recouvert de couches calcaires, à la voûte de laquelle pendent de brillantes stalactites; à gauche est un autel dans le bas duquel est couchée la statue de la sainte, que l'on voit à travers un treillage d'or, et derrière l'autel coule la fontaine où elle se désaltérait. Quant au portique de cette église naturelle, il est séparé d'elle par un intervalle de trois ou quatre pieds par lequel pénètre le jour et descendent les festons de lierres; de sorte que les rayons du soleil séparent comme un rideau lumineux le desservant de ses auditeurs.

C'est dans cette église que Teresa et Gaëtano furent mariés.

La cérémonie terminée, la noce redescendit à Palerme, où des voitures attendaient les convives pour les conduire au village de Carini, fief princier dont

La cérémonie terminée, la noce redescendit à Palerme. — Page 15.

Rodolfo tirait son nom et son titre. Là, par les soins de la comtesse, tous les apprêts d'un repas magnifique avaient été faits; les paysans des environs avaient été invités; il en était venu de deux ou trois lieues à la ronde, de Montreale, de Capaci et de Favarota; et parmi toutes ces jeunes paysannes qui avaient fait assaut de coquetterie villageoise, on reconnaissait celles de *Piana de Greci* à leur costume moraïte, qu'elles ont religieusement conservé, quoique la colonie qui le leur a légué et qui le tenait de ses pères ait quitté depuis douze cents ans la terre natale pour une nouvelle patrie.

Des tables étaient dressées sur une esplanade ombragée par des chênes verts et des pins parasols, embaumée par les orangers et les citronniers, et ceinte par des haies de grenadiers et de figuiers d'Inde, double bienfait de la Providence, qui, pensant à la faim et à la soif du pauvre, a semé ces arbres comme une manne sur toute l'étendue de la Sicile. On arrivait à cette esplanade par un chemin bordé d'aloès, dont les fleurs géantes, qui semblent de loin des lances de cavaliers arabes, renferment un fil plus brillant et plus solide que celui du chanvre et du lin; et tandis qu'au midi la vue était bornée par le

Il poussa un cri et tomba. — PAGE 18.

palais, au-dessus de la terrasse duquel s'élevait la chaîne de montagnes qui sépare l'île en trois grandes régions, à l'occident, au nord et à l'est, à l'extrémité de trois vallées on revoyait trois fois cette magnifique mer de Sicile, qu'à ses teintes variées on eût prise pour trois mers; car, grâce à un jeu de lumière produit par le soleil qui commençait à disparaître à l'horizon, du côté de Palerme elle était d'un bleu d'azur; autour de l'île des Femmes, elle roulait des vagues d'argent, tandis qu'elle brisait des flots d'or liquide contre les rochers de Saint-Vito.

Au moment du dessert, et lorsque le festin nup-

tial était dans toute sa joie, les portes du château s'ouvrirent, et Gemma, appuyée sur l'épaule du prince, précédée de deux domestiques portant des torches, et suivie d'un monde de valets, descendit l'escalier de marbre de la villa et s'avança sur l'esplanade. Les paysans voulurent se lever, mais le prince leur fit signe de ne pas se déranger. Gemma et lui commencèrent le tour des tables et finirent par s'arrêter derrière les fiancés. Alors un domestique tendit une coupe d'or, Gaëtano la remplit de vin de Syracuse, le domestique présenta la coupe à Gemma, Gemma fit un vœu en faveur des nouveaux époux, effleura de ses lèvres la coupe d'or et la passa au prince, qui, la vidant d'un trait, y versa une bourse pleine d'onces (1), et la fit porter à Teresa, dont c'était le présent de noce. Au même instant les cris de : Vive le prince de Carini ! vive la comtesse de Castel-Nuovo ! se firent entendre ; l'esplanade s'illumina comme par enchantement, et les nobles visiteurs se retirèrent, laissant après eux, comme une apparition céleste, de la lumière et de la joie.

A peine étaient-ils rentrés dans le château avec leur suite, qu'une musique se fit entendre ; les jeunes gens quittèrent les tables et coururent à l'endroit préparé pour la danse. Comme d'habitude, Gaëtano allait ouvrir le bal avec sa fiancée, et déjà il s'avançait vers elle, lorsqu'un étranger, arrivant par le chemin des Aloès, parut sur l'esplanade : c'était Pascal Bruno, vêtu du costume calabrois que nous avons déjà détaillé ; seulement, une paire de pistolets et un poignard étaient passés à sa ceinture, et sa veste, jetée sur son épaule droite, comme une pelisse de hussard, laissait voir la manche ensanglantée de sa chemise. Teresa fut la première qui l'aperçut : elle jeta un cri, et, fixant sur lui ses yeux épouvantés, elle resta pâle et droite comme à l'aspect d'une apparition. Chacun se retourna vers le nouveau venu, et toute cette foule demeura dans l'attente, silencieuse et muette, devinant qu'il allait se passer quelque chose de terrible. — Pascal Bruno marcha droit à Teresa, et, s'arrêtant devant elle, il croisa les bras et la regarda fixement.

— C'est vous, Pascal ? murmura Teresa.

— Oui, c'est moi, répondit Bruno d'une voix rauque : j'ai appris à Bauso, où je vous attendais, que vous alliez vous marier à Carini, et je suis venu à temps, je l'espère, pour danser la première tarentelle avec vous.

— C'est le droit du fiancé, interrompit Gaëtano s'approchant.

— C'est le droit de l'amant, répondit Bruno. Allons, Teresa, c'est le moins que vous puissiez faire pour moi, ce me semble.

— Teresa est ma femme s'écria Gaëtano en étendant le bras vers elle.

— Teresa est ma maîtresse, dit Pascal en lui tendant la main.

— Au secours ! cria Teresa.

Gaëtano saisit Pascal au collet ; mais au même instant il poussa un cri et tomba, le poignard de Pascal enfoncé jusqu'au manche dans la poitrine. Les hommes firent un mouvement pour s'élancer vers le meurtrier, qui tira froidement un pistolet de sa ceinture et l'arma ; puis, avec son pistolet, il fit signe aux musiciens de commencer l'air de la tarentelle. Ils obéirent machinalement : chacun demeura immobile.

— Allons, Teresa ! dit Bruno.

Teresa n'était plus un être vivant, mais un auto-

(1) Monnaie dont chaque pièce vaut trois ducats.

mate dont le ressort était la peur. Elle obéit, et cette horrible danse près d'un cadavre dura jusqu'à la dernière mesure. Enfin les musiciens s'arrêtèrent, et, comme si cette musique eût seule soutenu Teresa, elle tomba évanouie sur le corps de Gaëtano.

— Merci, Teresa, dit le danseur la regardant d'un œil sec ; c'est tout ce que je voulais de toi. Et maintenant, s'il est quelqu'un ici qui désire savoir mon nom, afin de me retrouver autre part, je m'appelle Pascal Bruno.

— Fils d'Antonio Bruno, dont la tête est dans une cage de fer au château de Bauso, dit une voix.

— C'est cela même, répondit Pascal ; mais, si vous désirez l'y voir encore, hâtez-vous, car elle n'y restera pas longtemps, je vous le jure !

A ces mots, Pascal disparut sans qu'il prît envie à personne de le suivre ; d'ailleurs, soit crainte, soit intérêt, tout le monde s'occupait de Gaëtano et de Teresa.

L'un était mort, l'autre était folle.

Le dimanche suivant était le jour de la fête de Bauso : tout le village était en joie, on buvait à tous les cabarets, on tirait des boîtes à tous les coins de rue. Les rues étaient pavoisées et bruyantes, et, entre toutes, celle qui montait au château était pleine de monde qui s'était amassé pour voir les jeunes gens tirer à la cible. C'était un amusement qui avait été fort encouragé par le roi Ferdinand IV pendant son séjour forcé en Sicile, et plusieurs de ceux qui se livraient en ce moment à cet exercice avaient eu récemment, à la suite du cardinal Ruffo, occasion de déployer leur adresse sur les patriotes napolitains et les républicains français ; mais, pour le moment, le but était redevenu une simple carte, et le prix un gobelet d'argent. La cible était placée directement au-dessous de la cage de fer où était la tête d'Antonio Bruno, à laquelle on ne pouvait atteindre que par un escalier qui, de l'intérieur de la forteresse, conduisait à une fenêtre en dehors de laquelle était scellée cette cage. Les conditions du tirage étaient, au reste, des plus simples ; on n'avait besoin, pour faire partie de la société, que de verser dans la caisse commune, qui devait servir à payer le prix du gobelet d'argent, la modique somme de deux carlins pour chaque coup que l'on désirait tirer, et l'on recevait en échange un numéro amené au hasard, qui fixait l'ordre dans lequel le tour devait arriver ; les moins adroits prenaient jusqu'à dix, douze et quatorze balles ; ceux qui comptaient sur leur habileté se bornaient à cinq ou six. Au milieu de tous ces bras tendus et de toutes ces voix confuses, un bras s'étendit qui jeta deux carlins, et une voix se fit entendre qui demanda une seule balle. Chacun se retourna étonné de cette pauvreté ou de cette confiance. Ce tireur qui demandait une seule balle, c'était Pascal Bruno.

Quoique depuis quatre ans il n'eût point paru dans le village, chacun le reconnut ; mais nul ne lui adressa la parole. Seulement, comme on le savait le chasseur le plus habile de toute la contrée, on ne s'étonna point qu'il n'eût pris qu'une seule balle : elle portait le n° 11. Le tir commença.

Chaque coup était accueilli par des rires ou par des acclamations; et au fur et à mesure que les premières balles s'épuisaient, les rires devenaient moins bruyants. Quant à Pascal, appuyé triste et pensif sur sa carabine anglaise, il ne paraissait prendre aucune part à l'enthousiasme ou à l'hilarité de ses compatriotes.

Enfin son tour vint ; on appela son nom; il tressaillit et leva la tête comme s'il ne s'attendait pas à cet appel; mais, se rassurant aussitôt, il vint prendre place derrière la corde tendue qui servait de barrière. Chacun le suivit des yeux avec anxiété : aucun tireur n'avait excité un tel intérêt ni produit un pareil silence.

Pascal lui-même paraissait sentir toute l'importance du coup de fusil qu'il allait tirer, car il se posa d'aplomb, la jambe gauche en avant, et, assurant son corps sur la jambe droite, il épaula avec soin, et, prenant sa ligne d'en bas, il leva lentement le canon de sa carabine; tout le monde le suivait des yeux, et ce fut avec étonnement qu'on le vit dépasser la hauteur de la cible, et, se levant toujours, ne s'arrêter que dans la direction de la cage de fer : arrivés là, le tireur et le fusil restèrent un instant immobiles comme s'ils étaient de pierre; enfin le coup partit, et la tête, enlevée de la cage de fer (1), tomba du haut du mur au pied de la cible!... Un frisson courut parmi les assistants, et aucun cri n'accueillit cette preuve d'adresse.

Au milieu de ce silence, Pascal Bruno alla ramasser la tête de son père, et prit, sans dire un mot et sans regarder une seule fois derrière lui, le sentier qui conduisait aux montagnes.

(1) Les cages en fer dans lesquelles on expose les têtes en Italie n'ont pas de treillage.

V

n an à peine s'était écoulé depuis les événements que nous venons de raconter dans notre précédent chapitre, et déjà toute la Sicile, de Messine à Palerme, de Céfalu au cap Passaro, retentissait du bruit des exploits du bandit Pascal Bruno. Dans les pays comme l'Espagne et l'Italie, où la mauvaise organisation de la société tend toujours à repousser en bas ce qui est né en bas, et où l'âme n'a pas d'ailes pour soulever le corps, un esprit élevé devient un malheur pour une naissance obscure; comme il tend toujours à sortir du cercle politique et intellectuel où le hasard l'a enfermé, comme il marche incessamment vers un but dont mille obstacles le séparent, comme il voit sans cesse la lumière, et qu'il n'est point destiné à l'atteindre, il commence par espérer et finit par maudire. Alors il entre en révolte contre cette société pour laquelle Dieu a fait deux parts si aveugles, l'une de bonheur, l'autre de souffrances; il réagit contre cette partialité céleste et s'établit de sa propre autorité le défenseur du faible et l'ennemi du puissant. Voilà pourquoi le bandit espagnol et italien est à la fois si poétique et si populaire : c'est que, d'abord, c'est presque toujours quelque grande douleur qui l'a jeté hors de la voie; c'est qu'ensuite son poignard et sa carabine tendent à rétablir l'équilibre divin faussé par les institutions humaines.

On ne s'étonnera donc pas qu'avec ses antécédents de famille, son caractère aventureux, son adresse et sa force extraordinaires, Pascal Bruno soit devenu si rapidement le personnage bizarre qu'il voulait être. C'est que, si l'on peut parler ainsi, il s'était établi le justicier de la justice; c'est que, par toute la Sicile, et spécialement dans Bauso et ses environs, il ne se commettait pas un acte arbitraire qui pût échapper à son tribunal : et, comme presque toujours ses arrêts atteignaient les forts, il avait pour lui tous les faibles. Ainsi, lorsqu'un bail exorbitant avait été imposé par un riche seigneur à quelque pauvre fermier, lorsqu'un mariage était sur le point de manquer par la cupidité d'une famille, lorsqu'une sentence inique allait frapper un innocent, sur l'avis qu'il en recevait, Bruno prenait sa carabine, détachait quatre chiens corses, qui formaient sa seule bande, montait sur son cheval de Val-de-Noto, demi-arabe et demi-montagnard comme lui, sortait de la petite forteresse de Castel-Nuovo, dont il avait fait sa résidence, allait trouver le seigneur, le père ou le juge, et le bail était diminué, le mariage conclu, le prisonnier élargi. On comprendra donc facilement que tous ces hommes auxquels il était venu en aide lui payaient leur bonheur en dévouement, et que toute entreprise dirigée contre lui échouait, grâce à la surveillance reconnaissante des paysans, qui le prévenaient aussitôt, par les signes convenus, des dangers qui le menaçaient.

Puis, des récits bizarres commençaient à circuler dans toutes les bouches; car plus les esprits sont simples, plus ils sont portés à croire au merveilleux. On disait que, dans une nuit d'orage, où toute l'île avait tremblé, Pascal Bruno avait passé un pacte avec une sorcière, et qu'il avait obtenu d'elle, en échange de son âme, d'être invisible, d'avoir la faculté de se transporter en un instant d'un bout de l'île à l'autre, et de ne pouvoir être atteint ni par le plomb, ni par le fer, ni par le feu. Le pacte, disait-on, devait durer pendant trois ans, Bruno ne l'ayant signé que pour accomplir une vengeance à laquelle ce terme, tout restreint qu'il paraissait, était suffisant. Quant à Pascal, loin de détruire ces soupçons, il comprenait qu'ils lui étaient favorables, et tâchait, au contraire, de leur donner de la consistance. Ses relations multipliées lui avaient souvent fourni des moyens de faire croire à son invisibilité en le mettant au fait de circonstances qu'on devait penser lui être parfaitement inconnues. La rapidité de son cheval, à l'aide duquel, le matin, il se trouvait à des distances incroyables des lieux où on l'avait vu le soir, avait convaincu de sa faculté locomotive; enfin, une circonstance dont il avait tiré parti avec l'habileté d'un homme supérieur n'avait laissé aucun doute sur son invulnérabilité. La voici :

Le meurtre de Gaëtano avait fait grand bruit, et le prince de Carini avait donné des ordres à tous les commandants de compagnie, afin qu'ils tâchassent de s'emparer de l'assassin, qui, du reste, offrait beau jeu à ceux qui le poursuivaient par l'audace de sa conduite. Ils avaient, en conséquence, transmis ces ordres à leurs agents, et le chef de la justice de Spadafora fut prévenu un matin que Pascal Bruno était passé dans le village pendant la nuit pour aller à Divieto. Il plaça, les deux nuits suivantes, des hommes en embuscade sur la route, pensant qu'il reviendrait par le même chemin qu'il avait suivi en

Ni le cheval, ni le cavalier ne furent atteints.

allant, et que, pour son retour, il profiterait de l'obscurité.

Fatigués d'avoir veillé deux nuits, le matin du troisième jour, qui était un dimanche, les miliciens se réunirent à un cabaret situé à vingt pas de la route; ils étaient en train d'y déjeuner lorsqu'on leur annonça que Pascal Pruno descendait tranquillement la montagne, du côté de Divieto. Comme ils n'avaient pas le temps d'aller reprendre leur embuscade, ils attendirent où ils étaient, et, lorsqu'il ne fut plus qu'à cinquante pas de l'auberge, ils sortirent et se rangèrent en bataille devant la porte, sans cependant paraître faire attention à lui. Bruno vit tous ces préparatifs d'attaque sans paraître s'en inquiéter, et, au lieu de rebrousser chemin, ce qui lui aurait été facile, il mit son cheval au galop et continua sa route. Lorsque les miliciens virent quelle était son intention, ils préparèrent leurs armes, et, au moment où il passait devant eux, toute la compagnie le salua d'une décharge générale; mais ni le cheval, ni le cavalier n'en furent atteints, et l'homme et l'animal sortirent sains et saufs du tourbillon de fumée qui les avait un instant enveloppés. Les miliciens se regardèrent en secouant la tête, et allèrent raconter au chef de la justice de Spadafora ce qui venait de leur arriver.

Le bruit de cette aventure se répandit le même soir à Bauso, et quelques imaginations, plus actives que les autres, commencèrent à penser que Pascal Bruno était enchanté, et que le plomb et le fer s'aplatissaient et s'émoussaient en frappant contre lui. Le lendemain, cette assertion fut confirmée par une preuve irrécusable : on trouva accrochée à la porte du juge de Bauso la veste de Pascal Bruno percée de treize coups de feu, et contenant dans ses poches les treize balles aplaties. Quelques esprits forts soutinrent bien, et parmi ceux-ci était César Alletto, notaire à Calvaruso, de la bouche duquel nous tenons ces détails, que c'était le bandit lui-même qui, échappé miraculeusement à la fusillade, et voulant mettre à profit cette circonstance, avait suspendu sa veste à un arbre, et avait tiré les treize coups de feu dont elle portait la marque; mais la majorité n'en demeura pas moins convaincue de l'enchantement, et la crainte qu'inspirait déjà Pascal s'en augmenta considérablement. Cette crainte était telle, et Bruno était si convaincu que des classes inférieures elle avait gagné les classes supérieures, que, quelques mois avant l'époque où nous sommes arrivés, ayant eu besoin, pour une de ses œuvres philanthropiques (il s'agissait de rebâtir une auberge brûlée), de deux cents onces d'or, il s'était adressé au prince de Butera pour faire l'emprunt de cette somme, lui indiquant un endroit de la montagne où il irait la prendre, en l'invitant à l'y enfouir exactement, afin que, pendant une nuit qu'il désignait au prince, il pût l'aller chercher; en cas de non-exécution de cette invitation, qui pouvait passer pour un ordre, Bruno prévenait le prince que c'était une guerre ouverte entre le roi de la plaine et le seigneur de la plaine; mais que si, au contraire, le prince avait l'obligeance de lui faire le prêt, les deux cents onces d'or lui seraient fidèlement rendues sur la première somme qu'il enlèverait au trésor royal.

Le prince de Butera était un de ces types comme il n'en existe plus guère dans nos époques modernes : c'était un reste de la vieille seigneurie sicilienne, aventureuse et chevaleresque comme ces Normands qui ont fondé leur constitution et leur société. Il s'appelait Hercule, et semblait taillé sur le modèle de son antique patron. Il assommait un cheval rétif d'un coup de poing, brisait sur son genou une barre de fer d'un demi-pouce d'épaisseur, et tordait une piastre. Un événement où il avait fait preuve d'un grand sang-froid l'avait rendu l'idole du peuple de Palerme. En 1770, le pain avait manqué dans la ville, une émeute s'en était suivie; le gouverneur en avait appelé à l'*ultima ratio :* le canon était braqué dans la rue de Tolède, le peuple marchait sur le canon, et l'artilleur, la mèche à la main, allait tirer sur le peuple lorsque le prince de Butera alla s'asseoir sur la bouche de la pièce, comme il aurait fait sur un fauteuil, et de là commença un discours tellement éloquent et rationnel, que le peuple se retira à l'instant même, et que l'artilleur, la mèche et le canon rentrèrent vierges à l'arsenal. Mais ce n'était pas encore à ce seul motif qu'il devait sa popularité.

Tous les matins il allait se promener sur la terrasse qui dominait la place de la Marine, et comme, au point du jour, les portes de son palais étaient ouvertes pour tout le monde, il y trouvait toujours nombreuse compagnie de pauvres gens; il portait ordinairement pour cette tournée un grand gilet de peau de daim, dont les immenses poches devaient tous les matins être remplies, par son valet de chambre, de carlins et de demi-carlins qui disparaissaient jusqu'au dernier pendant cette promenade, et cela avec une manière de faire et de dire qui n'appartenait qu'à lui : de sorte qu'il semblait toujours prêt à assommer ceux auxquels il faisait l'aumône.

— Excellence, disait une pauvre femme entourée de sa famille, ayez pitié d'une pauvre mère qui a cinq enfants.

— Belle raison ! répondait le prince en colère : est-ce moi qui te les ai faits?

Et, avec un geste menaçant, il laissait tomber dans son tablier une poignée de monnaie.

— Signor principe, disait un autre, je n'ai pas de quoi manger.

— Imbécile ! répondait le prince en lui allongeant un coup de poing qui le nourrissait pour huit jours, est ce que je fais du pain, moi? va-t'en chez le boulanger (1).

Aussi, quand le prince passait par les rues, toutes les têtes se découvraient, comme lorsque M. de Beaufort passait par les halles; mais, plus puissant encore que le frondeur français, il n'aurait eu qu'un mot à dire pour se faire roi de Sicile; il n'en eut jamais l'idée, et il resta prince de Butera, ce qui valait bien autant.

Cette libéralité avait cependant trouvé un censeur, et cela dans la maison même du prince : ce censeur était son maître d'hôtel. On doit comprendre qu'un homme du caractère que nous avons essayé d'indiquer devait surtout appliquer à ses dîners ce luxe et cette magnificence qui lui étaient si naturels; aussi tenait-il littéralement table ouverte, et tous les jours avait-il à sa table vingt-cinq ou trente convives au moins, parmi lesquels sept ou huit lui étaient toujours inconnus, tandis que d'autres s'y asseyaient au contraire avec la régularité de pensionnaires de table d'hôte. Parmi ces derniers, il y avait un certain capitaine Altavilla, qui avait gagné ses épaulettes en suivant le cardinal Ruffo de Palerme à Naples, et qui était revenu de Naples à Palerme avec une pension de mille ducats. Malheureusement,

(1) Voir pour plus amples détails sur cet homme singulier, dont j'ai trouvé la mémoire si vivante en Sicile qu'on le croirait mort d'hier, les souvenirs si spirituels et si amusants de Palmeri de Micciché.

le capitaine avait le défaut d'être tant soit peu joueur, ce qui eût rendu sa retraite insuffisante à ses besoins, s'il n'avait trouvé deux moyens à l'aide desquels son traitement trimestriel était devenu la part la moins importante de son revenu ; le premier de ces moyens, et celui-là, comme je l'ai dit, était à la portée de tout le monde, le premier de ces moyens, dis-je, était de dîner tous les jours chez le prince, et le second, de mettre religieusement, chaque jour, en se levant de table, son couvert d'argent dans sa poche. Cette manœuvre dura quelque temps sans que cette soustraction quotidienne fût remarquée : mais, si bien garnis que fussent les dressoirs du prince, on commença de s'apercevoir qu'il s'y formait des vides. Les soupçons du majordome tombèrent aussitôt sur le santafede (1) ; il l'épia avec attention, et il ne lui fallut qu'une surveillance de deux ou trois jours pour changer ses soupçons en certitude. Il en avertit aussitôt le prince, qui réfléchit un moment, puis qui répondit que, tant que le capitaine ne prendrait que son couvert, il n'y avait rien à dire ; mais que, s'il mettait dans sa poche ceux de ses voisins, il verrait alors à prendre une résolution. En conséquence, le capitaine Altavilla était resté un des hôtes les plus assidus de Son Excellence le prince Hercule de Butera.

Ce dernier était à Castrogiovanni, où il avait une villa, lorsqu'on lui apporta la lettre de Bruno ; il la lut, et demanda si le messager attendait la réponse. On lui dit que non, et il mit la lettre dans sa poche avec le même sang-froid que si c'était une missive ordinaire.

La nuit fixée par Bruno arriva : l'endroit qu'il avait désigné était situé sur la croupe méridionale de l'Etna, près d'un de ces mille volcans éteints qui doivent leur flamme d'un jour à sa flamme éternelle, et dont l'existence éphémère a suffi pour détruire des villes. On appelait celui-là le Montebaldo ; car chacune de ces collines terribles a reçu un nom en sortant de la terre. A dix minutes de chemin de sa base, s'élevait un arbre colossal et isolé appelé le *Châtaignier des cent chevaux*, parce qu'à l'entour de son tronc, qui a cent soixante-dix-huit pieds de circonférence, et sous son feuillage, qui forme à lui seul une forêt, on peut abriter cent cavaliers avec leurs montures. C'était dans la racine de cet arbre que Pascal venait chercher le dépôt qui devait lui être confié. En conséquence, il partit sur les onze heures de Centorbi, et, vers minuit, il commença, aux rayons de la lune, à apercevoir l'arbre gigantesque et la petite maison bâtie entre les tiges différentes de l'arbre, et qui sert à renfermer la récolte immense de ses fruits. Au fur et à mesure qu'il approchait, Pascal croyait distinguer une ombre de-

bout contre un des cinq troncs qui puisent leur sève à la même racine. Bientôt cette ombre prit un corps ; le bandit s'arrêta et arma sa carabine en criant :

— Qui vive ?

— Un homme, parbleu ! dit une voix forte ; as-tu cru que l'argent viendrait tout seul ?

— Non, sans doute, reprit Bruno ; mais je n'aurais pas cru que celui qui l'apporterait serait assez hardi pour m'attendre.

— Alors, c'est que tu ne connaissais pas le prince Hercule de Butera, voilà tout.

— Comment ! c'est vous-même, monseigneur ? dit Bruno, rejetant sa carabine sur son épaule et s'avançant le chapeau à la main vers le prince.

— Oui, c'est moi, drôle ; c'est moi qui ai pensé qu'un bandit pouvait avoir besoin d'argent comme un autre homme, et qui n'ai pas voulu refuser ma bourse même à un bandit. Seulement il m'a pris fantaisie de la lui apporter moi-même, afin que le bandit ne crût pas que je la lui donnais par peur.

— Votre excellence est digne de sa réputation, dit Bruno.

— Et toi, es-tu digne de la tienne ? répondit le prince.

— C'est selon celle qu'on m'a faite devant vous, monseigneur ; car je dois en avoir plus d'une.

— Allons, continua le prince, je vois que tu ne manques ni d'esprit ni de résolution ; j'aime les hommes de cœur partout où je les rencontre, moi. Écoute : veux-tu changer cet habit calabrois contre un uniforme de capitaine, et aller faire la guerre aux Français ? Je me charge de te lever une compagnie sur mes terres et de t'acheter des épaulettes.

— Merci, monseigneur, merci, dit Bruno ; votre offre est celle d'un prince magnifique ; mais j'ai certaine vengeance à accomplir et qui me retient encore pour quelque temps en Sicile ; après nous verrons.

— C'est bien, dit le prince, tu es libre ; mais, crois-moi, tu ferais mieux d'accepter.

— Je ne puis, Excellence.

— Alors, voilà la bourse que tu m'as demandée ; va-t'en au diable avec, et tâche de ne pas venir te faire pendre devant la porte de mon hôtel (1).

Bruno pesa la bourse dans sa main.

— Cette bourse est bien lourde, monseigneur, ce me semble.

— C'est que je n'ai pas voulu qu'un faquin comme toi se vantât d'avoir fixé une somme à la libéralité du prince de Butera, et qu'au lieu de deux cents onces que tu me demandais j'en ai mis trois cents.

— Quelle que soit la somme qu'il vous a plu de m'apporter, monseigneur, elle vous sera fidèlement rendue.

— Je donne et je ne prête pas, dit le prince.

— Je n'ai jamais vu de bandit plus capricieux que toi

— Et moi j'emprunte ou je vole, mais je ne mendie pas, dit Bruno. Reprenez votre bourse, monseigneur; je m'adresserai au prince de Vintimille ou de la Cattolica.

—— Eh bien! soit, dit le prince. Je n'ai jamais vu de bandit plus capricieux que toi : quatre drôles de ton espèce me feraient perdre la tête; aussi, je m'en vais. Adieu!

— Adieu, monseigneur, et que sainte Rosalie vous garde!..

Le prince s'éloigna les mains dans les poches de son gilet de peau de daim, et en sifflant son air favori.

Bruno resta immobile, le regardant s'en aller, et ce ne fut que lorsqu'il l'eut perdu de vue qu'il se retira de son côté en poussant un soupir.

Le lendemain, l'aubergiste incendié reçut, par les mains d'Ali, les trois cents onces du prince de Butera.

Au moment où il appuyait sa main sur la gâchette, le cheval et l'homme s'abattirent dans la poussière. — Page 26.

VI

Quelque temps après la scène que nous venons de raconter, Bruno apprit qu'un convoi d'argent, escorté par quatre gendarmes et un brigadier, allait partir de Messine pour Palerme. C'était la rançon du prince de Moncada-Paterno, laquelle, par suite d'une combinaison financière qui fait le plus grand honneur à l'imagination de Ferdinand IV, venait arrondir le budget napolitain, au lieu d'aller, comme c'était sa destination première, grossir le trésor de la Casauba.

Voici, au reste, l'histoire telle qu'elle m'a été racontée sur les lieux. Comme elle est aussi curieuse qu'authentique, nous pensons qu'elle mérite la peine d'être rapportée; d'ailleurs, elle donnera une idée de la manière naïve dont se perçoivent les impôts en Sicile.

Nous avons dit, dans la première partie de cette histoire, comment le prince de Moncada-Paterno avait été pris par des corsaires barbaresques près du petit village de Fugello, en revenant de l'île de Pantellerie : il fut conduit avec toute sa suite à Alger, et là le prix de sa rançon et celle de sa suite fut fixé amiablement à la somme de cinq cent mille piastres (2,500,000 fr. de France), moitié payable avant son départ, moitié payable après son retour en Sicile.

Le prince écrivit à son intendant pour lui faire part de la position dans laquelle il se trouvait, et pour qu'il eût à lui envoyer au plus vite les deux cent cinquante mille piastres, en échange desquelles il devait recevoir sa liberté. Comme le prince de Moncada-Paterno était un des seigneurs les plus riches de la Sicile, la somme fut facile à compléter et promptement envoyée en Afrique; fidèle alors à sa promesse, en véritable sectateur du prophète, le dey relâcha le prince de Paterno, sur sa parole d'honneur d'envoyer avant un an les deux cent cinquante mille écus restants. Le prince revint en Sicile, où il s'occupait à recueillir l'argent nécessaire à son second payement, lorsqu'un ordre de Ferdinand IV, basé sur ce motif qu'étant en guerre avec la régence il ne voulait pas que ses sujets enrichissent ses ennemis, vint mettre opposition dans les mains du prince, et lui enjoignit de verser les deux cent cinquante mille piastres en question dans le trésor de Messine. Le prince de Paterno, qui était un homme d'honneur en même temps qu'un sujet fidèle, obéit à l'ordre de son souverain et à la voix de sa conscience; de sorte que la rançon lui coûta sept cent cinquante mille piastres, dont les deux tiers furent envoyés au corsaire infidèle, et l'autre tiers versé à Messine, entre les mains du prince de Carini, mandataire du pirate chrétien. C'était cette somme que le vice-roi envoyait à Palerme, siège du gouvernement, sous l'escorte de quatre gendarmes et d'un brigadier; ce dernier était chargé, en outre, de remettre de la part du prince une lettre à sa bien-aimée Gemma, qu'il invitait à venir le rejoindre à Messine, où les affaires du gouvernement devaient le retenir encore quelques mois.

Le soir où le convoi devait passer près de Bauso, Bruno lâcha ses quatre chiens corses, traversa avec eux le village dont il était devenu le seigneur, et alla se mettre en embuscade sur la route entre Divieto et Spadafora; il y était depuis une heure à peu près lorsqu'il entendit le roulement d'un caisson et le pas d'une troupe de cavaliers. Il regarda si sa carabine était bien amorcée, s'assura que son stylet ne tenait pas au fourreau, siffla ses chiens, qui vinrent se coucher à ses pieds, et attendit debout au milieu de la route. Quelques minutes après, le convoi parut au tournant d'un chemin, et s'a-

vança jusqu'à la distance de cinquante pas environ de celui qui l'attendait : c'est alors que les gendarmes aperçurent un homme, et crièrent :

— Qui vive?

— Pascal Bruno! répondit le bandit, et, à un sifflement particulier, les chiens, dressés à cette manœuvre, s'élancèrent sur la petite troupe.

Au nom de Pascal Bruno, les quatre gendarmes avaient pris la fuite; les chiens, par un mouvement naturel, poursuivirent ceux qui fuyaient. Le brigadier, resté seul, tira son sabre et chargea le bandit.

Pascal porta sa carabine à son épaule avec le même sang-froid et la même lenteur que s'il s'apprêtait à tirer sur une cible, décidé à lâcher le coup seulement lorsque le cavalier ne serait plus qu'à dix pas de lui, lorsque, au moment où il appuyait le doigt sur la gâchette, le cheval et l'homme s'abattirent dans la poussière : c'est que Ali avait suivi Bruno sans en rien dire, et, le voyant chargé par le brigadier, avait, comme un serpent, rampé sur la route, et avec son yatagan coupé le jarret du cheval; quant au brigadier, n'ayant pu se retenir, tant sa chute avait été rapide et inattendue, sa tête avait porté sur le pavé, et il était évanoui.

Bruno s'approcha de lui, après s'être assuré qu'il n'avait plus rien à craindre; il le transporta, avec l'aide d'Ali, dans la voiture qu'un instant auparavant il escortait, et, mettant la bride des chevaux dans les mains du jeune Arabe, il lui ordonna de conduire la voiture et le brigadier à la forteresse Quant à lui, il alla au cheval blessé, détacha la carabine de la selle où elle était fixée, fouilla dans les fontes, y prit un rouleau de papier qui s'y trouvait, siffla ses chiens, qui revinrent, la gueule ensanglantée, et suivit la capture qu'il venait de faire.

Arrivé dans la cour de la petite forteresse, il ferma la porte derrière lui, prit sur ses épaules le brigadier toujours évanoui, le porta dans une chambre et le coucha sur le matelas où il avait l'habitude de se jeter lui-même tout habillé; puis, soit oubli, soit imprudence, il posa dans un coin la carabine qu'il avait détachée de la selle, et il sortit de la chambre.

Cinq minutes après, le brigadier rouvrit les yeux, regarda autour de lui, se trouva dans un lieu qui lui était parfaitement inconnu, et, se croyant sous l'empire d'un rêve, il se tâta lui-même pour savoir s'il était bien éveillé. Ce fut alors que, sentant une douleur au front, il y porta la main, et, la retirant pleine de sang, s'aperçut qu'il était blessé. Cette blessure fut un point de souvenir pour sa mémoire; alors il se rappela qu'il avait été arrêté par un seul homme, lâchement abandonné par ses gendarmes, et qu'au moment où il s'élançait sur cet homme son cheval s'était abattu. Passé cela, il ne se souvenait plus de rien.

C'était un brave que ce brigadier; il sentait quelle responsabilité pesait sur lui, et son cœur se serra de colère et de honte : il regarda autour de la chambre, essayant de s'orienter; mais tout lui était absolument inconnu. Il se leva, alla à la fenêtre, vit qu'elle donnait sur la campagne. Alors un espoir lui vint, c'était de sauter par cette fenêtre, d'aller chercher main-forte et de revenir prendre sa revanche; il avait déjà ouvert la fenêtre pour exécuter ce projet, lorsque, jetant un dernier regard dans la chambre, il aperçut sa carabine placée presque à la tête de son lit; à cette vue, le cœur lui battit violemment, car une autre pensée que celle de la fuite s'empara aussitôt de son esprit; il regarda s'il était bien seul, et, lorsqu'il se fut assuré qu'il n'avait été et ne pouvait être vu de personne, il saisit vivement l'arme dans laquelle il voyait un moyen de salut plus hasardé, mais de vengeance plus prompte, s'assura vivement qu'elle était amorcée en levant la batterie, qu'elle était chargée en passant la baguette dans le canon; puis, la remettant à la même place, il alla se recoucher comme s'il n'avait pas encore repris ses sens. A peine était-il étendu sur le lit, que Bruno entra.

Il portait à la main une branche de sapin allumée qu'il jeta dans l'âtre, et qui communiqua sa flamme au bois préparé pour la recevoir, puis il alla à une armoire pratiquée dans le mur, en tira deux assiettes, deux verres, deux fiasques de vin, une épaule de mouton rôtie, posa le tout sur la table, et parut attendre que le brigadier fût revenu de son évanouissement pour lui faire les honneurs de ce repas improvisé.

Nous avons vu l'appartement où la scène que nous racontons s'est passée; c'était une chambre plus longue que large, ayant une seule fenêtre à un angle, une seule porte à l'autre, et la cheminée entre elles deux. Le brigadier, qui est maintenant capitaine de gendarmerie à Messine, et qui nous a raconté lui-même ces détails, était couché, comme nous l'avons dit, parallèlement à la croisée; Bruno était debout devant la cheminée, les yeux fixés vaguement du côté de la porte, et paraissait de plus en plus s'enfoncer dans une rêverie profonde.

C'était le moment qu'avait attendu le brigadier, moment décisif où il s'agissait de jouer le tout pour le tout, vie pour vie, tête pour tête. Il se souleva en s'appuyant sur sa main gauche, étendit lentement et sans perdre de vue Bruno la main vers la carabine, la prit entre la sous-garde et la crosse, puis resta un moment ainsi sans oser faire un mouvement de plus, effrayé des battements de son cœur que le bandit aurait pu entendre s'il n'avait été si profondément distrait; enfin, voyant qu'il se livrait pour ainsi dire lui-même, il reprit confiance, se souleva sur un genou, jeta un dernier regard sur la fenêtre, son seul moyen de retraite, appuya l'arme sur son épaule, ajusta Bruno en homme qui sait que sa vie dépend de son sang-froid, et lâcha le coup.

Bruno se baissa tranquillement, ramassa quel-que chose à ses pieds, regarda l'objet à la lumière, et, se retournant vers le brigadier muet et stupide d'étonnement

— Camarade, lui dit-il, quand vous voudrez tirer sur moi, prenez des balles d'argent, ou, sans cela, voyez, elles s'aplatiront comme celle-ci. Au reste, je suis bien aise que vous soyez revenu à vous, je commençais à avoir faim, et nous allons souper.

Le brigadier était resté dans la même posture, les cheveux hérissés et la sueur sur le front. Au même instant, la porte s'ouvrit, et Ali, son yatagan à la main, s'élança dans la chambre.

— Ce n'est rien, mon enfant, ce n'est rien, lui dit Bruno en langue franque; le brigadier a déchargé sa carabine, voilà tout. Va donc te coucher tranquillement, et ne crains rien pour moi. Ali sortit sans répondre, et alla s'étendre en travers de la première porte, sur la peau de panthère qui lui servait de lit.

— Eh bien! continua Bruno se retournant vers le brigadier et versant du vin dans les deux verres, ne m'avez-vous pas entendu?

— Si fait, répondit le brigadier en se levant, et, puisque je n'ai pas pu vous tuer, fussiez-vous le diable, je boirai avec vous.

A ces mots, il marcha d'un pas ferme vers la table, prit le verre, trinqua avec Bruno et vida le vin d'un seul trait.

— Comment vous appelez-vous? dit Bruno.

— Paolo Tommasi, brigadier de gendarmerie, pour vous servir.

— Eh bien! Paolo Tommasi, continua Bruno en lui mettant la main sur l'épaule, vous êtes un brave, et j'ai envie de vous faire une promesse.

— Laquelle?

— C'est de ne laisser gagner qu'à vous seul les trois mille ducats qu'on a promis pour ma tête.

— Vous avez là une bonne idée, répondit le brigadier.

— Oui, mais elle demande à être mûrie, dit Bruno; en attendant, comme je ne suis pas encore las de vivre, asseyons-nous et soupons; plus tard, nous reparlerons de la chose.

— Puis-je faire le signe de la croix avant de manger? dit Tommasi.

— Parfaitement, répondit Bruno.

— C'est que j'avais peur que cela ne vous gênât. On ne sait pas quelquefois.

— En aucune manière.

Le brigadier fit le signe de la croix, se mit à table, et commença à attaquer l'épaule de mouton en homme qui a la conscience parfaitement tranquille et qui sait qu'il a fait, dans une circonstance difficile, tout ce qu'un brave soldat peut faire. Bruno lui tint noblement tête, et, certes, à voir ces deux hommes mangeant à la même table, buvant à la même bouteille, tirant au même plat, on n'aurait pas dit que, chacun à son tour, et dans l'espace

d'une heure, ils venaient réciproquement de faire
tout ce qu'ils avaient pu pour se tuer.

Il y eut un instant de silence, produit moitié par
l'occupation importante à laquelle se livraient les
convives, moitié par la préoccupation de leur esprit.
Paolo Tommasi le rompit le premier pour exprimer
la double pensée qui le préoccupait :

— Camarade, dit-il, on mange bien chez vous,
il faut en convenir; vous avez de bon vin, c'est vrai,
vous faites les honneurs de votre table en bon convive, à merveille; mais je vous avoue que je trouve-
rais tout cela meilleur si je savais quand je sortirai
d'ici.

— Mais demain matin, je présume.

— Vous ne me garderez donc pas prisonnier?

— Prisonnier! que diable voulez-vous que je
fasse de vous?

— Heim! dit le brigadier, voilà qui est déjà pas
mal. Mais, continua-t-il avec un embarras visible,
ça n'est pas tout.

— Qu'y a-t-il encore? dit Bruno lui versant à
boire.

— Il y a, il y a, continua le brigadier regardant
la lampe à travers son verre; il y a... c'est une
question assez délicate, voyez-vous.

— Parlez : j'écoute.

— Vous ne vous fâcherez pas?

— Il me semble que vous devriez connaître mon
caractère.

— C'est vrai, vous n'êtes pas susceptible, je
sais bien. Je disais donc qu'il y a, ou qu'il y avait...
que je n'étais pas seul sur la route.

— Oui, oui, il y avait quatre gendarmes.

— Oh! je ne parle pas d'eux; je parle d'un...
d'un certain fourgon. Voilà le mot lâché.

— Il est dans la cour, dit Bruno, regardant à
son tour la lampe à travers son verre.

— Je m'en doute bien, répondit le brigadier;
mais vous comprenez, je ne peux pas m'en aller
sans mon fourgon.

— Aussi vous vous en irez avec.

— Et intact?

— Heim! fit Bruno, il y manquera peu de chose
relativement à la somme; je n'y prendrai que ce
dont j'ai strictement besoin.

— Et êtes-vous bien gêné?

— Il me faut trois mille onces.

— Allons, c'est raisonnable, dit le brigadier, et
bien des gens ne seraient pas aussi délicats que
vous.

— D'ailleurs, soyez tranquille, je vous donnerai
un récépissé, dit Bruno.

— A propos de récépissé, s'écria le brigadier en
se levant, j'avais des papiers dans mes fontes!

— N'en soyez pas inquiet, dit Bruno, les voilà.

— Ah! vous me rendez bien service de me les
rendre.

— Oui, dit Bruno, je le comprends, car je me suis
assuré de leur importance : le premier est votre
brevet de brigadier, et j'y ai mis une apostille
constatant que vous vous êtes assez bien conduit
pour passer maréchal des logis; le second est mon
signalement; je me suis permis d'y faire quelques
petites rectifications, par exemple aux signes parti-
culiers j'ai ajouté *incantato*; enfin le troisième est
une lettre de Son Excellence le vice-roi à la comtesse Gemma de Castelnuovo, et j'ai trop de reconnaissance à cette dame de ce qu'elle me prête son château pour mettre des entraves à sa correspondance
amoureuse. Voici donc vos papiers, mon brave; un
dernier coup à votre santé, et dormez tranquille.
Demain, à cinq heures, vous vous mettrez en route;
il est plus prudent, croyez-moi, de voyager le jour
que la nuit; car peut-être n'auriez-vous pas toujours
le bonheur de tomber en aussi bonnes mains.

— Je crois que vous avez raison, dit Tommasi
serrant ses papiers, et vous me faites l'effet d'être
encore plus honnête homme que beaucoup d'honnêtes gens que je connais.

— Je suis bien aise de vous laisser dans de pareilles idées, vous en dormirez plus tranquille. A
propos, je dois vous prévenir d'une chose, c'est de
ne pas descendre dans la cour, car mes chiens
pourraient bien vous dévorer.

— Merci de l'avis, répondit le brigadier.

— Bonne nuit, dit Bruno; et il sortit laissant le
brigadier libre de prolonger indéfiniment son souper ou de s'endormir.

Le lendemain, à cinq heures, comme la chose
était convenue, Bruno rentra dans la chambre de
son hôte; il était debout et prêt à partir, il descendit avec lui et le conduisit à la porte. Il y trouva le
fourgon tout attelé et un cheval de selle magnifique
sur lequel on avait eu le soin de transporter tout
le fourniment de celui que le yatagan d'Ali avait mis
hors de service. Bruno pria son ami Tommasi d'accepter ce cadeau comme un souvenir de lui. Le brigadier ne se fit aucunement prier; il enfourcha sa
monture, fouetta l'attelage du fourgon, et partit paraissant enchanté de sa nouvelle connaissance.

Bruno le regarda s'éloigner; puis, lorsqu'il fut à
vingt pas :

— Surtout, lui cria-t-il, n'oubliez pas de remettre
à la belle comtesse Gemma la lettre du prince de
Carini.

Tommasi fit un signe de tête et disparut à l'angle
de la route.

Maintenant, si nos lecteurs nous demandent comment Pascal Bruno n'a pas été tué par le coup de
carabine de Paolo Tommasi, nous leur répondrons
ce que nous a répondu il signor Cesare Aletto, notaire à Calvaruso : — C'est qu'il est probable que,
dans le trajet de la grande route à la forteresse, le

Elle s'avançait au milieu d'un murmure d'admiration. — Page 00.

bandit avait pris la précaution d'enlever la balle de la carabine. Quant à Paolo Tommasi, il a toujours trouvé plus simple de croire qu'il y avait magie.

Nous livrons à nos lecteurs les deux opinions, et nous les laissons parfaitement libres d'adopter celle qui leur conviendra.

VII

On comprend facilement que le bruit de pareils exploits ne restait pas circonscrit dans la juridiction du village de Bauso. Aussi n'était-il question par toute la Sicile que du hardi brigand qui s'était emparé de la forteresse de Castelnuovo, et qui de là, comme un aigle de son aire, s'abattait sur la plaine, tantôt pour attaquer les grands, tantôt pour défendre les petits. Nos lecteurs ne s'étonneront donc pas d'entendre prononcer le nom de notre héros dans les salons du prince de Butera, qui donnait une fête dans son hôtel de la place de la Marine.

Avec le caractère que nous connaissons au prince, on comprend ce que devait être une fête donnée par lui. Celle-là surtout allait vraiment au delà de tout ce que l'imagination peut rêver de plus splendide. C'était quelque chose comme un conte arabe; aussi le souvenir s'en est-il perpétué à Palerme, quoique Palerme soit la ville des feeries.

Qu'on se figure des salons splendides, entièrement couverts de glaces depuis le plafond jusqu'au parquet, et conduisant, les uns à des allées de treillages parquetées, du sommet desquelles pendaient les plus beaux raisins de Syracuse et de Lipari ; les autres à des carrés formés par des orangers et des grenadiers en fleurs et en fruits; les premiers servant à danser les gigues anglaises, les autres des contredanses de France. Quant aux valses, elles s'entrelaçaient autour de deux vastes bassins de marbre, de chacun desquels jaillissait une magnifique gerbe d'eau. De ces différentes salles de danse partaient des chemins sablés de poudre d'or. Ces chemins conduisaient à une petite colline entourée de fontaines d'argent, contenant tous les rafraîchissements qu'on pouvait désirer, et ombragée par des arbres qui, au lieu de fruits naturels, portaient des fruits glacés. Enfin, au sommet de cette colline, faisant face aux chemins qui y conduisaient, était un buffet à quatre pans, constamment renouvelé au moyen d'un mécanisme intérieur. Quant aux musiciens, ils étaient invisibles, et le bruit seul des instruments arrivait jusqu'aux convives; on eût dit une fête donnée par les génies de l'air.

Maintenant que, pour animer cette décoration magique, on se représente les plus belles femmes et les plus riches cavaliers de Palerme, vêtus de costumes de caractère plus brillants ou plus bizarres les uns que les autres, le masque au visage ou à la main, respirant cet air embaumé, s'enivrant de cette mélodie invisible, rêvant ou parlant d'amour, et l'on sera encore loin de se faire de cette soirée un tableau pareil au souvenir qu'en avaient conservé, à mon passage à Palerme, c'est-à-dire trente deux ans après l'événement, les personnes qui y avaient assisté.

Parmi les groupes qui circulaient dans ces allées et dans ces salons, il y en avait un surtout qui attirait plus particulièrement les regards de la foule ; c'était celui qui s'était formé à la suite de la belle comtesse Gemma, et qu'elle entraînait après elle comme un astre fait de ses satellites : elle venait d'arriver à l'instant même avec une société de cinq personnes, qui avait adopté, ainsi qu'elle, le costume des jeunes femmes et des jeunes seigneurs qui, dans la magnifique page écrite par le pinceau d'Orgagna sur les murs du Campo-Santo de Pise, chantent et se réjouissent pendant que la mort vient frapper à leur porte. Cet habit du treizième siècle, si naïf et si élégant à la fois, semblait choisi exprès pour faire ressortir l'exquise proportion de ses formes, et elle s'avançait au milieu d'un murmure d'admiration, conduite par le prince de Butera lui-même, qui, déguisé en mandarin, l'avait reçue à la porte d'entrée et la précédait pour la présenter, disait-il, à la fille de l'empereur de la Chine. Comme on présumait que c'était quelque surprise nouvelle ménagée par l'amphitryon, on suivait avec empressement le prince, et le cortége se grossissait à chaque pas. Il s'arrêta à l'entrée d'une pagode gardée par deux soldats chinois, qui, sur un signe, ouvrirent la porte d'un appartement entièrement décoré d'objets exotiques, et au milieu duquel, sur une estrade, était assise, dans un costume magnifique de Chinoise, qui avait à lui seul coûté trente mille francs, la princesse de Butera, qui, dès qu'elle aperçut la comtesse, vint au-devant d'elle suivie de toute une cour d'officiers, de mandarins et de magots, plus brillants, plus rébarbatifs, ou plus bouffons les uns que les autres. Cette apparition avait quelque chose de si oriental et de si fantastique, que toute cette société, si habituée cependant au luxe et à la magnificence, se récria d'étonnement. On entourait la princesse, on touchait sa robe brodée de pierreries, on faisait sonner les clochettes d'or de son chapeau pointu, et un instant l'attention abandonna la belle Gemma pour se concentrer entièrement sur la maîtresse de la maison. Chacun la complimentait et l'admirait, et, parmi les complimenteurs et les admirateurs les plus exagérés, était le capitaine Altavilla, que le prince avait continué de recevoir à ses dîners, à la grande désolation de son maître d'hôtel, et qui, comme déguisement sans doute, avait revêtu son grand uniforme.

— Eh bien! dit le prince de Butera à la comtesse de Castelnuovo, que dites-vous de la fille de l'empereur de la Chine?

— Je dis, répondit Gemma, qu'il est fort heureux pour Sa Majesté Ferdinand IV que le prince de Carini soit à Messine en ce moment, attendu qu'avec le cœur que je lui connais, il pourrait bien, pour un regard de la fille, livrer la Sicile au père, ce qui nous forcerait de faire de nouvelles vêpres contre les Chinois.

En ce moment, le prince de Moncada-Paterno, vêtu en brigand calabrois, s'approcha de la princesse.

— Sa Hautesse me permettra-t-elle, en ma qualité de connaisseur, d'examiner son magnifique costume?

— Sublime fille du Soleil, dit le capitaine Altavilla, désignant le prince, prenez garde à vos clochettes d'or, car je vous préviens que vous avez affaire à Pascal Bruno.

— La princesse serait peut-être plus en sûreté près de Pascal Bruno, dit une voix, que près de certain *santafede* de ma connaissance. Pascal Bruno est un meurtrier et non un filou, un bandit et non un coupeur de bourses.

— Bien répondu! dit le prince de Butera.

Le capitaine se mordit les lèvres.

— A propos, continua le prince de la Cattolica, savez-vous sa dernière prouesse?

— A qui?

— A Pascal Bruno.

— Non; qu'a-t-il fait?

— Il a arrêté le convoi d'argent que le prince de Carini envoyait à Palerme.

— Ma rançon! dit le prince de Paterno.

— Oh! mon Dieu, oui, Excellence, vous êtes voué aux infidèles.

— Diable! pourvu que le roi n'exige pas que je lui en tienne compte une seconde fois! reprit Moncada.

— Que Votre Excellence se rassure, dit la même voix qui avait déjà répondu à Altavilla: Pascal Bruno n'a pris que trois mille onces.

— Et comment savez-vous cela, seigneur Albanais? dit le prince de la Cattolica, qui se trouvait près de celui qui avait parlé, lequel était un beau jeune homme de vingt-six à vingt-huit ans portant le costume de Vina (1).

— Je l'ai entendu dire, répondit négligemment le Grec en jouant avec son yatagan; d'ailleurs, si Votre Excellence désire des renseignements plus positifs, voici un homme qui peut lui en donner.

Celui qu'on désignait ainsi à la curiosité publique n'était autre que notre ancienne connaissance Paolo Tommasi, qui, esclave de sa consigne, s'était fait conduire, aussitôt son arrivée, chez la comtesse de Castelnuovo, et qui, ne la trouvant pas chez elle, et la sachant à la fête, s'était servi de sa qualité d'envoyé du vice-roi pour pénétrer dans les jardins du prince de Butera; en un instant, il se trouva le centre d'un immense cercle et l'objet de mille questions. Mais Paolo Tommasi était, comme nous l'avons vu, un brave qui ne s'effarouchait pas facilement; il commença donc par remettre la lettre du prince à la comtesse.

— Prince, dit Gemma après avoir lu la missive qu'elle venait de recevoir, vous ne vous doutiez pas que vous me donniez une fête d'adieu; le vice-roi m'ordonne de me rendre à Messine, et, en fidèle sujette que je suis, je me mettrai en route dès demain. Merci, mon ami, continua-t-elle en donnant sa bourse à Paolo Tommasi; maintenant vous pouvez vous retirer.

Tommasi essaya de profiter de la permission de la comtesse, mais il était trop bien entouré pour battre facilement en retraite. Il lui fallut se rendre à discrétion, et la condition de sa liberté fut le récit exact de sa rencontre avec Pascal Bruno.

Il la raconta, il faut lui rendre justice, avec toute la simple naïveté du vrai courage; il dit, sans rien ajouter, à ses auditeurs, comment il avait été fait prisonnier, comment il avait été conduit à la forteresse de Castelnuovo, comment il avait tiré, sans résultat, sur le bandit, et comment enfin celui-ci l'avait renvoyé en lui faisant cadeau d'un magnifique cheval en remplacement de celui qu'il avait perdu; tout le monde écouta ce récit, empreint de vérité, avec le silence de l'attention et de la foi, à l'exception du capitaine Altavilla, qui éleva quelques doutes sur la véracité de l'honnête brigadier; mais, heureusement pour Paolo Tommasi, le prince de Butera lui-même vint à son secours.

— Je parierais, dit-il, que rien n'est plus vrai que ce que vient de dire cet homme, car tous ces détails me paraissent être parfaitement dans le caractère de Pascal Bruno.

— Vous le connaissez donc? dit le prince de Moncada-Paterno.

— J'ai passé une nuit avec lui, répondit le prince de Butera.

(1) Colonie albanaise qui a émigré lors de la prise de Constantinople par Mahomet II, et qui a religieusement conservé le costume de ses ancêtres.

Gemma tressaillit tous les regards se tournèrent vers elle.

— Et où cela?

— Sur vos terres.

Alors ce fut le tour du prince; il raconta comment Pascal et lui s'étaient rencontrés au châtaignier des cent chevaux; comment lui, le prince de Butera, lui avait offert du service qu'il avait refusé, et comment il lui avait prêté trois cents onces. A ce dernier trait, Altavilla ne put retenir son hilarité.

— Et vous croyez qu'il vous les rendra, monseigneur? lui dit-il

— J'en suis sûr, répondit le prince.

— Pendant que nous y sommes, interrompit la princesse de Butera, y a-t-il quelqu'un encore dans la société qui ait vu Pascal Bruno, et qui lui ait parlé? j'adore les histoires de brigands, elles me font mourir de peur.

— Il y a encore la comtesse Gemma de Castelnuovo, dit l'Albanais.

Gemma tressaillit: tous les regards se tournèrent vers elle comme pour l'interroger.

— Serait-ce vrai? s'écria le prince.

— Oui, répondit en tressaillant Gemma, mais je l'avais oublié,

— il s'en souvient, lui, murmura le jeune homme.

Prenant la tête du capitaine par les cheveux, il la posa toute sanglante sur le bureau du prince. — PAGE 34.

On se pressa autour de la comtesse, qui voulut en vain s'en défendre; il lui fallut, à son tour, raconter la scène par laquelle nous avons ouvert ce récit, dire comment Bruno avait pénétré dans sa chambre, comment le prince avait tiré sur lui, et comment celui-ci, pour se venger, avait pénétré dans la villa, le jour de la noce, et tué le mari de Teresa; cette histoire était la plus terrible de toutes, aussi laissat-elle dans l'esprit des auditeurs une profonde émotion. Quelque chose comme un frisson courait par toute cette assemblée, et n'étaient ces toilettes et ces parures, on n'aurait pas cru assister à une fête.

— Sur mon honneur, dit le capitaine Altavilla, rompant le premier le silence, le bandit vient de commettre son plus grand crime en attristant ainsi la fête de notre hôte : j'aurais pu lui pardonner ses autres méfaits, mais celui-ci, je jure par mes épaulettes que j'en tirerai vengeance; et, à compter de ce moment, je me voue à sa poursuite.

— Parlez-vous sérieusement, capitaine Altavilla ? dit l'Albanais.

— Oui, sur mon honneur; et j'affirme ici que je ne désire rien tant que de me trouver face à face avec lui.

— C'est chose possible, dit froidement l'Albanais.

— À celui qui me rendrait ce service, continua Altavilla, je donnerais...

— C'est inutile de fixer une récompense, capitaine, je connais un homme qui vous rendra ce service pour rien.

— Et cet homme, où pourrai-je le rencontrer? reprit Altavilla en affectant un sourire de doute.

— Si vous voulez me suivre, je m'engage à vous le dire.

Et, à ces mots, l'Albanais s'éloigna comme pour inviter le capitaine à marcher derrière lui.

Le capitaine hésita un instant, mais il s'était trop avancé pour reculer; tous les yeux étaient tournés vers lui, il comprit que la moindre faiblesse le perdrait de réputation ; d'ailleurs, il prenait la proposition pour une plaisanterie.

— Allons, s'écria-t-il, tout pour l'honneur des dames !

Et il suivit l'Albanais.

— Savez-vous quel est ce jeune seigneur déguisé en Grec? dit d'une voix tremblante la comtesse au prince de Butera.

— Non, sur mon âme, répondit le prince; quelqu'un le sait-il?

Chacun se regarda, mais personne ne répondit.

— Avec votre permission, dit Paolo Tommasi en portant la main à son chapeau, je le sais, moi.

— Et quel est-il, mon brave brigadier?

— Pascal Bruno, monseigneur!

La comtesse jeta un cri et s'évanouit. Cet incident mit fin à la fête.

Une heure après, le prince de Butera était retiré dans sa chambre, et mettait, assis devant son bureau, ordre à quelques papiers, lorsque le maître d'hôtel entra d'un air triomphant.

— Qu'y a-t-il, Giacomo, dit le prince.

— Je vous l'avais bien dit, monseigneur.

— Voyons, que m'avais-tu dit?

— Que votre bonté l'encourageait.

— Qui donc?

— Le capitaine Altavilla.

— Qu'a-t-il donc fait?

— Ce qu'il a fait, monseigneur?... D'abord, Votre Excellence se rappelle que je l'ai prévenue qu'il mettait régulièrement son couvert d'argent dans sa poche.

— Oui, après?

— Pardon, et Votre Excellence a répondu que tant qu'il n'y mettrait que le sien, il n'y avait rien à dire.

— Je me le rappelle.

— Eh bien! aujourd'hui, monseigneur, il paraît qu'il y a mis non-seulement le sien, mais encore celui de ses voisins; car il en manque huit.

— Alors, c'est autre chose, dit le prince.

Il prit une feuille de papier et écrivit :

« Le prince Hercule de Butera a l'honneur de prévenir le capitaine Altavilla que, ne dînant plus chez lui, et se voyant privé, par cette circonstance fortuite, du plaisir de le recevoir désormais, il le prie d'accepter la bagatelle qu'il lui envoie comme une faible indemnité du dérangement que cette détermination causera dans ses habitudes. »

— Tenez, continua le prince en remettant cinquante onces (1) au majordome, vous porterez demain cette lettre et cet argent au capitaine Altavilla.

Giacomo, qui savait qu'il n'y avait rien à dire quand le prince avait parlé, s'inclina et sortit; le prince continua de ranger tranquillement ses papiers ; puis, au bout de dix minutes, entendant quelque bruit à la porte de son cabinet, il leva la tête et aperçut une espèce de paysan calabrois debout sur le seuil de son appartement, et tenant son chapeau d'une main et un paquet de l'autre.

— Qui va là? dit le prince.

— Moi, monseigneur, dit une voix.

— Qui, toi?

— Pascal Bruno.

— Et que viens-tu faire?

— D'abord, monseigneur, dit Pascal Bruno s'avançant et renversant son chapeau plein d'or sur le bureau, d'abord je viens vous apporter les trois cents onces que vous m'avez si obligeamment prêtées; elles ont eu la destination que je vous avais indiquée : l'auberge brûlée est rebâtie.

— Ah! ah! tu es homme de parole eh bien! j'en suis aise.

Pascal s'inclina.

— Puis, ajouta-t-il après une courte pause, je viens vous rendre huit couverts d'argent à vos armes et à votre chiffre, et que j'ai trouvés dans la poche du capitaine, qui vous les avait probablement volés.

— Pardieu! dit le prince, il est curieux que ce soit par toi qu'ils me reviennent. Et maintenant, qu'y a-t-il dans ce paquet?

— Il y a dans ce paquet, dit Bruno, la tête d'un misérable qui a abusé de votre hospitalité, et que je vous apporte comme une preuve du dévouement que je vous ai juré.

À ces mots, Pascal Bruno dénoua le mouchoir, et, prenant la tête du capitaine Altavilla par les cheveux, il la posa toute sanglante sur le bureau du prince.

— Que diable veux-tu que je fasse d'un pareil cadeau? dit le prince.

— Ce qu'il vous plaira, monseigneur, répondit Pascal Bruno.

Puis il s'inclina et sortit

---

(1) Six cent trente francs.

Le prince de Butera, resté seul, demeura un instant les yeux fixés sur cette tête, se balançant sur son fauteuil et sifflant son air favori ; puis il sonna : le majordome reparut.

— Giacomo, dit le prince, il est inutile que vous alliez demain matin chez le capitaine Altavilla ; déchirez la lettre, gardez les cinquante onces, et jetez cette charogne sur le fumier.

VIII

A l'époque où se passent les événements que nous racontons, c'est-à-dire vers le commencement de l'année 1804, la Sicile était dans cet état presque sauvage dont l'ont tirée à moitié le séjour du roi Ferdinand et l'occupation des Anglais ; la route qui va aujourd'hui de Palerme à Messine, en passant par Taormine et Catane, n'était point encore faite, et la seule qui fût, nous ne disons pas bonne, mais praticable, pour se rendre d'une capitale à l'autre, était celle qui longeait la mer, passait par Termini et Céfalu, et qui, abandonnée pour sa nouvelle rivale, n'est plus guère fréquentée aujourd'hui que par les artistes qui vont y chercher les magnifiques points de vue qu'elle déroule à chaque instant. Les seules manières de voyager sur cette route, où aucun service de poste n'était établi, étaient donc, autrefois comme maintenant, le mulet, la litière à deux chevaux, ou sa propre voiture avec des relais envoyés à l'avance, et disposés de quinze lieues en quinze lieues, de sorte qu'au moment de partir pour Messine, où le prince de Carini lui avait écrit de le venir joindre, la comtesse Gemma de Castelnuovo fut forcée de choisir entre ces trois moyens. Le voyage à mulet était trop fatigant pour elle ; le voyage en litière, outre les inconvénients de ce mode de transport, dont le principal est la lenteur, offre encore le désagrément de donner le mal de mer : la comtesse se décida donc sans hésitation aucune pour la voiture, et envoya d'avance des chevaux de relais qui devaient l'attendre aux quatre différentes stations qu'elle comptait faire en route, c'est-à-dire à Termini, à Céfalu, à Sainte-Agathe et à Melazzo.

Outre cette première précaution, qui regardait purement et simplement le transport, le courrier était chargé d'en prendre une seconde, qui était celle d'agglomérer sur les points précités la plus grande quantité de vivres possible, précaution importante et que nous ne saurions trop recommander à ceux qui voyagent en Sicile, où l'on ne trouve littéralement rien à manger dans les hôtelleries, et où, généralement, ce ne sont point les aubergistes qui nourrissent les voyageurs, mais au contraire les voyageurs qui nourrissent les aubergistes. Aussi la première recommandation qu'on vous fait en arrivant à Messine, et la dernière qu'on reçoit en quittant cette ville, point ordinaire du départ, est celle de se munir de provisions, d'acheter une batterie de cuisine, et de louer un cuisinier ; tout ceci augmente habituellement votre suite de deux mulets et d'un homme qui, estimés modestement au même prix, vous font un surcroît de dépense de trois ducats par jour. Quelques Anglais expérimentés ajoutent à ce bagage un troisième mulet qu'ils chargent d'une tente, et il faut bien que nous avouions ici, malgré notre prédilection pour ce magnifique pays, que cette dernière précaution, pour être moins indispensable que les autres, n'en est pas moins bonne à prendre, vu l'état déplorable des auberges qu'on trouve sur les routes, et qui, tout en manquant des animaux les plus nécessaires aux premiers besoins de la vie, sont fabuleusement peuplées de tous ceux qui ne sont bons qu'à la tourmenter. La multiplicité des derniers est si grande, que j'ai vu des voyageurs qui étaient tombés malades par défaut de sommeil, et la pénurie des premiers est si grande, que j'ai rencontré des Anglais qui, après avoir épuisé leurs provisions, délibéraient gravement s'ils ne mangeraient pas leur cuisinier, qui leur était devenu complétement inutile. Voilà où était réduite, en l'an de grâce 1804, la fertile et blonde Sicile, qui, du temps d'Auguste, nourrissait Rome avec le superflu de ses douze millions d'habitants.

Je ne sais si c'était un savant connaissant à fond la Sicile antique, mais à coup sûr c'était un observateur sachant bien sa Sicile moderne que celui dont on préparait le souper à l'auberge *della Croce*, auberge qui venait d'être rebâtie à neuf avec les trois cents onces du prince de Butera, et qui était située sur la route de Palerme à Messine, entre Ficarra et Patti ; l'activité de l'aubergiste et de sa femme, qui, dirigée par un étranger, s'exerçait à la fois sur du poisson, du gibier et de la volaille, prouvait que celui pour lequel la friture, les fourneaux et la broche étaient mis en réquisition tenait non-seulement à ne pas manquer du nécessaire, mais enco.₂ n'était pas ennemi du superflu. Il venait de Messine, voyageait avec une voiture et des chevaux à lui, s'était arrêté là, parce que le site lui plaisait, et avait tiré de son caisson tout ce qui était nécessaire à un véritable sybarite et à un touriste consommé, depuis les draps jusqu'à l'argenterie, depuis le pain jusqu'au vin. A peine arrivé, il s'était fait conduire à la meilleure chambre, avait allumé des parfums dans une cassolette d'argent, et attendait que son dîner fût prêt, couché sur un riche tapis turc, et fumant dans une chibouque d'ambre le meilleur tabac du mont Sinaï.

Il était occupé à suivre avec la plus grande attention les nuages de fumée odorante qui s'échappaient de sa bouche et allaient se condenser au plafond, lorsque la porte de la chambre s'ouvrit, et que l'aubergiste, suivi d'un domestique à la livrée de la comtesse, s'arrêta sur le seuil.

— Excellence! dit le digne homme s'inclinant jusqu'à terre.

— Qu'y a-t-il? répondit sans se retourner le voyageur avec un accent maltais fortement prononcé.

— Excellence, c'est la princesse Gemma de Castelnuovo...

— Eh bien?

— Dont la voiture est forcée de s'arrêter dans ma pauvre auberge, parce que l'un de ses chevaux boîte si bas qu'elle ne peut continuer sa route.

— Après?

— Et qui comptait, ne prévoyant pas cet accident en partant ce matin de Sainte-Agathe, aller coucher ce soir à Melazzo, où l'attendent ses relais, de sorte qu'elle n'a avec elle aucune provision.

— Dites à la comtesse que mon cuisinier et ma cuisine sont à ses ordres.

— Mille grâces, au nom de ma maîtresse, Excellence, dit le domestique; mais, comme la comtesse sera sans doute forcée de passer la nuit dans cette auberge, attendu qu'il faudra aller chercher le relais à Melazzo et le ramener ici, et qu'elle n'a pas plus de provisions de nuit que de provisions de jour, elle fait demander à Votre Excellence si elle aurait la galanterie de...

— Que la comtesse fasse mieux, interrompit le voyageur; qu'elle accepte mon appartement, tout préparé qu'il est. Quant à moi, qui suis un homme habitué à la fatigue et aux privations, je me contenterai de la première chambre venue. Descendez donc prévenir la comtesse qu'elle peut monter, et que l'appartement est libre, tandis que notre digne hôte va me placer du mieux qu'il lui sera possible. A ces mots, le voyageur se leva et suivit l'aubergiste : quant au domestique, il redescendit immédiatement pour accomplir sa commission.

Gemma accepta l'offre du voyageur comme une reine à qui son sujet fait hommage, et non comme une femme à qui un étranger rend service ; elle était tellement habituée à voir tout plier à sa volonté, tout céder à sa voix, tout obéir à son geste, qu'elle trouva parfaitement simple et naturelle l'extrême galanterie du voyageur. Il est vrai qu'elle était si ravissante, lorsqu'elle s'achemina vers la chambre, appuyée sur le bras de sa camérière, que tout devait s'incliner devant elle ; elle portait un costume de voyage de la plus grande élégance, en forme d'amazone, court, collant sur les bras et sur la poitrine, et rattaché devant par des brandebourgs de soie ; autour de son cou était roulé, de peur du froid des montagnes, un ornement encore inconnu chez nous, où depuis il a été si répandu : c'était un boa de martre que le prince de Carini avait acheté d'un marchand maltais qui l'avait rapporté de Constantinople ; sur sa tête était un petit bonnet de velours noir de fantaisie, pareil à une coiffe du moyen âge, et de cette coiffe tombaient de longs et magnifiques cheveux bouclés à l'anglaise. Cependant, si préparée qu'elle fût à trouver une chambre prête à la recevoir, elle ne put s'empêcher de s'étonner en entrant du luxe avec lequel le voyageur inconnu avait combattu la pauvreté de l'appartement ; tous les ustensiles de toilette étaient d'argent ; le linge qui couvrait la table était d'une finesse extrême, et les parfums orientaux qui brûlaient sur la cheminée semblaient faits pour embaumer un sérail.

— Mais vois donc, Gidsa, si je ne suis pas prédestinée, dit la comtesse ; un domestique maladroit ferre mal mes chevaux, je suis forcée de m'arrêter, et un bon génie, qui me voit dans l'embarras, bâtit sur ma route un palais de fée.

— Madame la comtesse n'a-t-elle point quelque soupçon sur ce génie inconnu?

— Non, vraiment.

— Pour moi, il me semble que madame la comtesse devrait deviner.

— Je vous jure, Gidsa, dit la comtesse se laissant tomber sur une chaise, que je suis dans l'ignorance la plus parfaite. Voyons, que pensez-vous donc?...

— Mais je pense... Que madame me pardonne, quoique ma pensée soit bien naturelle...

— Parlez!

— Je pense que Son Altesse le vice-roi, sachant madame la comtesse en route, n'aura pas eu la patience d'attendre son arrivée, et que...

— Oh! mais vous avez là une idée merveilleusement juste, et c'est probable... Au fait, qui donc, si ce n'était lui, aurait préparé, pour me la céder, une chambre avec tant de recherche? Cependant, écoutez, il faut vous taire. Si c'est une surprise que Rodolfo me ménage, je veux m'y abandonner entièrement, je ne veux pas perdre une des émotions que me causera sa présence inattendue Ainsi il est convenu que ce n'est pas lui, que cet étranger est un

Elle poussa un cri : elle avait les cheveux et les sourcils rasés. — PAGE 38.

voyageur inconnu. Ainsi donc, gardez vos probabi-
lités et laissez-moi avec mon doute. D'ailleurs, si
c'était lui, c'est moi qui aurais deviné sa présence,
et non pas vous... Qu'il est bon pour moi, mon
Rodolfo!... comme il pense à tout!... comme il
m'aime!...

— Et ce dîner préparé avec tant de soin, croyez-
vous?...

— Chut! je ne crois rien ; je profite des biens que
Dieu m'envoie, et je n'en remercie que Dieu. Voyez
donc, c'est une merveille que cette argenterie. Si je
n'avais pas trouvé ce noble voyageur, comment donc

aurais-je fait pour manger dans autre chose? Voyez
cette tasse de vermeil, n'a-t-elle pas l'air d'avoir été
ciselée par Benvenuto?..... Donnez-moi à boire,
Gidsa.

La camérière remplit la tasse d'eau et y versa ensuite quelques gouttes de malvoisie de Lipari. La
comtesse en avala deux ou trois gorgées, mais plutôt évidemment pour porter la coupe à sa bouche
que par soif. On eût dit qu'elle cherchait, par le
contact sympathique de ses lèvres, à deviner si c'é-
tait bien son amant lui-même qui avait été ainsi au-
devant de tous ces besoins de luxe et de magnifi-

cence qui deviennent un superflu si nécessaire lorsque, depuis l'enfance, on en a pris l'habitude.

On servit à souper. La comtesse mangea comme
mange une femme élégante, effleurant tout à la manière des colibris, des abeilles et des papillons, dis-
traite et préoccupée tout en mangeant, et les yeux
constamment fixés sur la porte, tressaillant chaque
fois que cette porte s'ouvrait, le sein oppressé et
les yeux humides; puis, peu à peu, elle tomba dans
une langueur délicieuse dont elle ne pouvait pas
elle-même se rendre compte. Gidsa s'en aperçut et
s'en inquiéta :

— Madame la comtesse souffrirait-elle?

— Non, répondit Gemma d'une voix faible; mais
ne trouvez-vous pas que ces parfums sont enivrants?

— Madame la comtesse veut-elle que j'ouvre la
fenêtre?

— Gardez-vous en ; il me semble que je vais mourir, c'est vrai; mais il me semble aussi que la mort
est bien douce. Otez-moi ma coiffe, elle me pèse, et
je n'ai plus la force de la porter.

Gidsa obéit, et les longs cheveux de la comtesse
tombèrent ondoyants jusqu'à terre.

— N'éprouvez-vous donc rien de pareil à ce que
j'éprouve, Gidsa? C'est un bien-être inconnu, quelque chose de céleste qui me passe dans les veines,
j'aurai bu quelque philtre enchanté. Aidez-moi donc
à me soulever, et conduisez-moi devant cette glace.

Gidsa soutint la comtesse, et l'aida à marcher vers
la cheminée. Arrivée devant elle, elle appuya ses
deux coudes sur le haut chambranle, abaissa sa tête
sur ses mains et se regarda.

— Maintenant, dit-elle, faites enlever tout cela,
déshabillez-moi et me laissez seule.

La camérière obéit, les valets de la comtesse des-
servirent, et, lorsqu'ils furent sortis, Gidsa accomplit
la seconde partie de l'ordre de sa maîtresse sans
qu'elle se dérangeât de devant cette glace; seulement elle leva languissamment les bras, l'un après
l'autre, pour donner à sa femme de chambre la possibilité de remplir son office, qu'elle remplit entièrement sans que la comtesse sortît de l'espèce d'ex-

tase dans laquelle elle était tombée; puis enfin,
ainsi que sa maîtresse le lui avait ordonné, elle sortit
et la laissa seule.

La comtesse acheva machinalement et dans un
état pareil au somnambulisme le reste de sa toilette
nocturne, se coucha, resta un instant accoudée et
les regards fixés sur la porte; puis enfin, peu à peu
et malgré ses efforts pour rester éveillée, ses paupières s'alourdirent, ses yeux se fermèrent, et elle
se laissa aller sur son oreiller en poussant un long
soupir et en murmurant le nom de Rodolfo.

Le lendemain, en s'éveillant, Gemma étendit la
main comme si elle croyait trouver quelqu'un à ses
côtés, mais elle était seule. Ses yeux errèrent alors
autour de la chambre, puis revinrent se fixer sur une
table placée près de son lit : sur cette table était
une lettre tout ouverte, elle la prit et lut :

« Madame la comtesse,

« Je pouvais tirer de vous une vengeance de brigand, j'ai préféré me donner un plaisir de prince;
mais, pour qu'en vous réveillant vous ne croyiez pas
avoir fait un rêve, je vous ai laissé une preuve de la
réalité : regardez-vous dans votre miroir

« PASCAL BRUNO. »

Gemma se sentit frissonner par tout le corps, une
sueur glacée lui couvrit le front; elle étendit la main
vers la sonnette pour appeler; mais, s'arrêtant par
un instinct de femme, elle rassembla toutes ses forces, sauta en bas de son lit, courut à la glace et
poussa un cri : elle avait les cheveux et les sourcils
rasés.

Aussitôt elle s'enveloppa d'un voile, se jeta dans
sa voiture, et ordonna de retourner à Palerme.

A peine y fut-elle arrivée, qu'elle écrivit au prince
de Carini que son confesseur, en expiation de ses
péchés, lui avait ordonné de se raser les sourcils et
les cheveux, et d'entrer pendant un an dans un monastère.

IX

Le 1er mai 1805, il y avait fête au château de Castelnuovo ; Pascal Bruno était de bonne humeur, et donnait à souper à un de ses amis, nommé Placido Meli, honnête contrebandier du village de Gesso, et à deux filles que ce dernier avait ramenées avec lui de Messine dans l'intention de passer une joyeuse nuit. Cette attention amicale avait sensiblement touché Bruno, et, pour ne pas demeurer en reste de politesse avec un si prévoyant camarade, il s'était chargé de faire les honneurs de chez lui à la société. En conséquence, les meilleurs vins de Sicile et de Calabre avaient été tirés des caves de la petite forteresse, les premiers cuisiniers de Bauso mis en réquisition, et tout ce luxe singulier, auquel se plaisait parfois le héros de notre histoire, déployé pour cette circonstance.

L'orgie allait un train du diable, et cependant les convives n'étaient encore qu'au commencement du dîner, lorsque Ali apporta à Placido un billet d'un paysan de Gesso. Placido le lut, et froissant avec colère le papier entre ses mains :

— Par le sang du Christ ! s'écria-t-il, il a bien choisi son moment !

— Qui cela, compère ? dit Bruno.

— Pardieu ! le capitaine Luigi Cama de Villa-San-Giovani.

— Ah ! dit Bruno, notre fournisseur de rhum ?

— Oui, répondit Placido : il me fait prévenir qu'il est sur la plage, et qu'il a tout un chargement dont il désire se débarrasser avant que les douaniers n'apprennent son arrivée.

— Les affaires avant tout, compère, dit Bruno. Je t'attendrai ; je suis en bonne compagnie ; et sois tranquille, pourvu que tu ne sois pas trop longtemps, tu retrouveras de tout ce que tu laisses, et plus que tu n'en pourras prendre.

— C'est l'affaire d'une heure, reprit Placido paraissant se rendre au raisonnement de son hôte ; la mer est à cinq cents pas d'ici.

— Et nous avons toute la nuit, dit Pascal.

— Bon appétit, compère.

— Bon voyage, maître.

Placido sortit, Bruno resta avec les deux filles, et, comme il l'avait promis à son convive, l'entrain du souper ne souffrit aucunement de cette absence ; Bruno était aimable pour deux, et la conversation et la pantomime commençaient à prendre une tournure des plus animées lorsque la porte s'ouvrit et qu'un nouveau personnage entra : Pascal se retourna et reconnut le marchand maltais dont nous avons déjà parlé plusieurs fois, et dont il était une des meilleures pratiques.

— Ah ! pardieu ! dit-il, soyez le bienvenu, surtout si vous apportez des pastilles du sérail, du tabac de Latakié, et des écharpes de Tunis : voilà deux odalisques qui attendent que je leur jette le mouchoir, et elles aimeront autant qu'il soit brodé d'or que s'il était de simple mousseline. A propos, votre opium a fait merveille.

— J'en suis aise, répondit le Maltais ; mais en ce moment je viens pour autre chose que pour mon commerce.

— Tu viens pour souper, n'est-ce pas ? Assieds-toi là, alors, et une seconde fois sois le bienvenu : voilà une place de roi ; en face d'une bouteille et entre deux filles.

— Votre vin est excellent, j'en suis sûr, et ces dames me paraissent charmantes, répondit le Maltais ; mais j'ai quelque chose d'important à vous dire

— A moi ?

— A vous.

— Dis

— A vous seul.

— Alors à demain la confidence, mon digne commandeur.

— Il faut que je vous parle tout de suite.

— Alors parle devant tout le monde ; il n'y a personne ici de trop, et j'ai pour principe, quand je suis bien, de ne pas me déranger, fût-il question de ma vie.

— C'est justement de cela qu'il s'agit.

— Bah ! dit Bruno remplissant les verres, il y a un Dieu pour les honnêtes gens. A ta santé, commandeur. — Le Maltais vida son verre. — C'est bien ; maintenant assieds-toi et prêche, nous écoutons.

Le marchand vit bien qu'il fallait faire selon le caprice de son hôte ; en conséquence, il lui obéit.

— A la bonne heure, dit Bruno ; et maintenant qu'y a-t-il ?

— Il y a, continua le Maltais, que vous savez que les juges de Calvaruso, de Spadafora, de Bauso, de

— Quand je suis bien, je ne me dérange pas, fût-il question de la vie. — Page 59.

Saponara, de Divito et de Romita ont été arrêtés.

— J'ai entendu dire quelque chose comme cela, dit insoucieusement Pascal Bruno en vidant un plein verre de vin de Marsalla, qui est le Madère de la Sicile.

— Et vous savez la cause de cette arrestation?

— Je m'en doute; n'est-ce pas parce que le prince de Carini, de mauvaise humeur de ce que sa maîtresse s'est retirée dans un couvent, trouve qu'ils mettent trop de lenteur et de maladresse à arrêter un certain Pascal Bruno, dont la tête vaut trois mille ducats.

— C'est cela même.

— Vous voyez que je suis au courant de ce qui se passe.

— Cependant il se peut qu'il y ait certaines choses que vous ignoriez.

— Dieu seul est grand, comme dit Ali; mais continuez, et j'avouerai mon ignorance; je ne demande pas mieux que de m'instruire.

— Eh bien! les six juges se sont rassemblés, et ils ont mis en commun vingt-cinq onces, ce qui fait cent cinquante.

— Autrement dit, répondit Bruno, toujours avec

L'un des deux tomba pour ne plus se relever : c'était l'homme. — Page 42.

la même insouciance, dix-huit cent quatre-vingt-dix livres. Vous voyez que, si je ne tiens pas exactement mes registres, ce n'est pas faute de savoir compter... Après?

— Après, ils ont fait offrir cette somme à deux ou trois hommes qu'ils savent de votre société habituelle, s'ils voulaient aider à vous faire prendre.

— Qu'ils offrent, je suis bien sûr qu'ils ne trouveront pas un traître à dix lieues à la ronde.

— Vous vous trompez, dit le Maltais, le traître est trouvé.

— Ah! fit Bruno fronçant le sourcil et portant la main à son stylet : et comment sais-tu cela?

— Oh! mon Dieu, de la manière la plus simple et la plus naturelle : j'étais hier à Messine, chez le prince de Carini, qui m'avait fait venir pour acheter des étoffes turques, lorsqu'un valet vint lui dire deux mots à l'oreille. — C'est bien, répondit tout haut le prince; qu'il entre. — Il me fit signe alors de passer dans un cabinet; j'obéis, et, comme il ne se doutait aucunement que je vous connusse, j'entendis la conversation qui vous concernait.

G

— Oui, eh bien?

— Eh bien! l'homme qu'on annonçait, c'était le traître; il s'engageait à ouvrir les portes de votre forteresse, à vous livrer sans défense pendant que vous souperiez, et à conduire lui-même les gendarmes jusqu'à votre salle à manger.

— Et sais-tu quel est le nom de cet homme? dit Bruno.

— C'est Placido Meli, répondit le Maltais.

— Sang-Dieu! s'écria Pascal en grinçant des dents, il était là tout à l'heure.

— Et il est sorti?

— Un instant avant que vous n'arrivassiez.

— Alors il est allé chercher les gendarmes et les compagnies; car, autant que j'en puis juger, vous étiez en train de souper.

— Tu le vois.

— C'est cela même. Si vous voulez fuir, il n'y a pas un instant à perdre.

— Moi, fuir! dit Bruno en riant. Ali!... Ali!... — Ali entra. — Ferme la porte du château, mon enfant; lâche trois de mes chiens dans la cour, fais monter le quatrième, Lionna... et prépare les munitions. — Les femmes poussèrent des cris. — Oh! taisez-vous, mes déesses, continua Bruno avec un geste impératif; il ne s'agit pas de chanter ici du silence, et vivement, s'il vous plaît! — Les femmes se turent. — Tenez compagnie à ces dames, commandeur, ajouta Bruno; quant à moi, il faut que je fasse ma tournée.

Pascal prit sa carabine, ceignit sa giberne, s'avança vers la porte; mais, au moment de sortir, il s'arrêta écoutant.

— Qu'y a-t-il? dit le Maltais.

— N'entendez-vous pas mes chiens qui hurlent? l'ennemi s'avance: voyez, ils n'ont été que de cinq minutes en retard sur vous. — Silence, mes tigres! continua Bruno ouvrant une fenêtre et faisant entendre un sifflement particulier. C'est bien, c'est bien, je suis prévenu. Les chiens gémirent doucement et se turent; les femmes et le Maltais frissonnèrent de terreur, devinant qu'il allait se passer quelque chose de terrible. En ce moment Ali entra avec la chienne favorite de Pascal: la noble bête alla droit à son maître, se dressa sur ses pattes de derrière, lui mit les deux pattes de devant sur les épaules, le regarda avec intelligence, et se mit à hurler doucement.

— Oui, oui, Lionna, dit Bruno, oui, vous êtes une charmante bête. — Puis il la caressa de la main, et l'embrassa au front comme il aurait fait à une maîtresse. La chienne poussa un second hurlement bas et plaintif. — Allons, Lionna, continua Pascal, il paraît que cela presse. Allons, ma belle, allons. — Et il sortit, laissant le Maltais et les deux femmes dans la chambre du souper.

Pascal descendit dans la cour et trouva les trois chiens qui s'agitaient avec inquiétude, mais sans indiquer encore que le danger fût très-pressant.

Alors il ouvrit la porte du jardin et commença d'en faire le tour. Tout à coup Lionna s'arrêta, prit le vent, et marcha droit vers un point de l'enclos. Arrivée au pied du mur, elle se dressa comme pour l'escalade, faisant claquer ses mâchoires l'une contre l'autre, et rugissant sourdement en regardant si son maître l'avait suivie. Pascal Bruno était derrière elle.

Il comprit qu'il y avait dans cette direction, et à quelques pas de distance seulement, un ennemi caché, et, se rappelant que la fenêtre de la chambre où Paolo Tommasi avait été prisonnier donnait justement sur ce point, il remonta vivement, suivi de Lionna, qui, la gueule béante et les yeux pleins de sang, traversa la salle où les deux filles et le Maltais attendaient, pleins d'anxiété, la fin de cette aventure, et entra dans la chambre voisine, qui se trouvait sans lumière, et dont la fenêtre était ouverte. A peine entrée, Lionna se coucha à plat ventre, rampa comme un serpent vers la croisée, puis, lorsqu'elle n'en fut plus éloignée que de quelques pieds, et avant que Pascal ne pensât à la retenir, elle s'élança comme une panthère par l'issue qui lui était offerte, s'inquiétant peu de retomber de l'autre côté de la hauteur de vingt pieds.

Pascal était à la fenêtre en même temps que la chienne; il lui vit faire trois bonds vers un olivier isolé, puis il entendit un cri. Lionna venait de saisir à la gorge un homme caché derrière cet olivier.

— Au secours! cria une voix que Pascal reconnut pour être celle de Placido; à moi, Pascal! à moi!... rappelle ton chien, ou je l'éventre.

— Pille!... Lionna, pille! A mort, à mort, Lionna! à mort le traître!...

Placido vit que Bruno savait tout: alors, à son tour, il poussa un rugissement de douleur et de colère, et un combat mortel commença entre l'homme et le chien. Bruno regardait ce duel étrange, appuyé sur sa carabine. Pendant dix minutes, à la clarté incertaine de la lune, il vit lutter, tomber, se relever, deux corps dont il ne pouvait distinguer ni la nature ni la forme, tant ils semblaient n'en faire qu'un. Pendant dix minutes il entendit des cris confus, sans pouvoir reconnaître les hurlements de l'homme de ceux du chien; enfin, au bout de dix minutes, l'un des deux tomba pour ne plus se relever: c'était l'homme.

Bruno siffla Lionna, traversa de nouveau la chambre du souper sans dire une parole, descendit vivement et alla ouvrir la porte à sa chienne favorite, mais, au moment où elle rentrait toute sanglante de coups de couteau et de morsures, il vit, dans la rue qui montait du village au château, luire sous un rayon de la lune des canons de carabines. Aussitôt il barricada la porte et remonta dans la chambre où étaient les convives tremblants. Le Maltais buvait, les deux filles disaient leurs prières.

— Eh bien? dit le Maltais.

— Eh bien! commandeur? dit Bruno.

— Placido?

— Son affaire est faite, dit Bruno; mais voilà une autre légion de diables qui nous tombe sur le corps.

— Lesquels?

— Les gendarmes et les compagnies de Messine, si je ne me trompe

— Et qu'allez-vous faire?

— En tuer le plus que je pourrai d'abord.

— Et ensuite?

— Ensuite... je me ferai sauter avec le reste.

Les filles jetèrent de grands cris.

— Ali, continua Pascal, conduis ces demoiselles à la cave, et donne-leur tout ce qu'elles te demanderont, excepté de la chandelle, de peur qu'elles ne mettent le feu aux poudres avant qu'il ne soit temps.

Les pauvres créatures tombèrent à genoux.

— Allons, allons, dit Bruno frappant du pied, obéissons!

Et il dit cela avec un geste et un accent tels, que les deux filles se levèrent et suivirent Ali sans oser proférer une seule plainte.

— Et maintenant, commandeur, dit Bruno lorsqu'elles furent sorties, éteignez les lumières et mettez-vous dans un coin où les balles ne puissent pas vous atteindre, car voilà les musiciens qui arrivent, et la tarentelle va commencer

X

uelques instants après, Ali rentra portant sur son epaule quatre fusils du même calibre et un panier plein de cartouches. Pascal Bruno ouvrit toutes les fenêtres, pour faire face à la fois des différents côtés. Ali prit un fusil et s'apprêta à se placer à l'une d'elles.

— Non, mon enfant, lui dit Pascal avec un accent d'affection toute paternelle, non, cela me regarde seul. Je ne veux pas unir ainsi ta destinée à la mienne; je ne veux pas t'entraîner où je vais. Tu es jeune, rien n'a poussé encore ta vie hors de la voie ordinaire; crois-moi, reste dans le chemin battu par les hommes.

— Père, dit le jeune homme avec sa voix douce, pourquoi ne veux-tu pas que je te défende comme Lionna t'a défendu? Tu sais bien que je n'ai que toi, et que, si tu meurs, je mourrai avec toi.

— Non point, Ali, si je meurs, je laisserai peut-être derrière moi à accomplir sur la terre quelque mission mystérieuse et terrible que je ne pourrais confier qu'à mon enfant; il faut donc que mon enfant vive pour faire ce que lui ordonnera son père.

— C'est bien, dit Ali. Le père est le maître, l'enfant obéira.

Pascal laissa tomber sa main, Ali la prit et la baisa.

— Ne te servirai-je donc à rien, père? dit l'enfant.

— Charge les fusils, répondit Bruno.

Ali se mit à la besogne.

— Et moi? dit le Maltais du coin où il était assis.

— Vous, commandeur, je vous garde pour vous envoyer en parlementaire.

En ce moment, Pascal Bruno vit briller les fusils d'une seconde troupe qui descendait de la montagne, et qui s'avançait si directement vers l'olivier isolé au pied duquel gisait le corps de Placido, qu'il était évident que cette troupe venait à un rendez-vous indiqué. Ceux qui marchaient les premiers heurtèrent le cadavre; alors un cercle se forma autour de lui, mais nul ne pouvait le reconnaître, tant les dents de fer de Lionna l'avaient défiguré. Cependant, comme c'était à cet olivier que Placido leur avait donné rendez-vous, que le cadavre était au pied de cet olivier, et que nul être vivant ne se montrait aux environs, il est évident que le mort était Placido lui-même. Les miliciens en augurèrent que la trahison était découverte, et que par conséquent Bruno devait être sur ses gardes. Alors ils s'arrêtèrent pour délibérer. Pascal suivait tous leurs mouvements debout à la fenêtre. En ce moment la lune sortit de derrière un nuage, son rayon tomba sur lui; un des miliciens l'aperçut, le désigna de la main à ses camarades; le cri: *Le bandit!... le bandit!...* se fit entendre dans les rangs et fut immédiatement suivi d'un feu de peloton. Quelques balles vinrent s'aplatir contre le mur; d'autres passèrent en sifflant aux oreilles et au-dessus de la tête de celui à qui elles étaient adressées, et allèrent se loger dans les solives du plafond. Pascal répondit en déchargeant successivement les quatre fusils que venait de charger Ali : quatre hommes tombèrent.

Les compagnies, qui n'étaient pas composées de troupes de ligne, mais d'une espèce de garde nationale organisée pour la sûreté des routes, hésitèrent un instant en voyant la mort si prompte à venir au-devant d'elles. Tous ces hommes, comptant sur la trahison de Placido, avaient espéré une prise facile; mais, au lieu de cela, c'était un véritable siège qu'il fallait faire. Or, tous les ustensiles nécessaires à un siège leur manquaient; les murailles de la petite forteresse étaient élevées et ses portes solides, et ils n'avaient ni échelles ni haches; restait la possibilité de tuer Pascal au moment où il était forcé de se découvrir pour ajuster par la fenêtre; mais c'était une assez mauvaise chance pour des gens convaincus de l'invulnérabilité de leur adversaire. La manœuvre qu'ils jugèrent la plus urgente fut donc de se retirer hors de portée pour délibérer sur ce qu'il y avait à faire; mais leur retraite ne s'opéra point si vite que Pascal Bruno n'eût le temps de leur envoyer deux nouveaux messagers de mort.

Pascal, se voyant momentanément débloqué de ce côté, se porta vers la fenêtre opposée, qui plongeait sur le village; les coups de fusil avaient donné l'éveil à cette première troupe; aussi, à peine eut-il paru à la fenêtre, qu'il fut accueilli par une grêle de balles; mais le même bonheur miraculeux le préserva de leur atteinte; c'était à croire à un enchantement, tandis qu'au contraire chacun de ses coups, à lui, porta sur cette masse, et Pascal put juger,

Leur retraite ne s'opéra pas si vite que Pascal Bruno n'eût le temps de leur envoyer deux nouveaux messagers de mort. — PAGE 44.

aux blasphèmes qu'il entendit, qu'ils n'avaient point été perdus.

Alors même chose arriva pour cette troupe que pour l'autre : le désordre se mit dans ses rangs; cependant, au lieu de prendre la fuite, elle se rangea contre les murs mêmes de la forteresse, manœuvre qui mettait Bruno dans l'impossibilité de tirer sur ses ennemis sans sortir à moitié le corps par la fenêtre. Or, comme le bandit jugea inutile de s'exposer à ce danger, il résulta de ce double acte de prudence que le feu cessa momentanément.

— En sommes-nous quittes, dit le Maltais, et pouvons-nous crier victoire?

— Pas encore, dit Bruno; ce n'est qu'une suspension d'armes; ils sont sans doute allés chercher dans le village des échelles et des haches, et nous ne tarderons pas à avoir de leurs nouvelles. Mais, soyez tranquille, continua le bandit remplissant deux verres, nous ne demeurerons pas en reste avec eux, et nous leur donnerons des nôtres... Ali, va chercher un tonneau de poudre. A votre santé, commandeur.

— Que voulez-vous faire de ce tonneau? dit le Maltais avec une certaine inquiétude.

— Oh! presque rien... vous allez voir.

Ali rentra avec l'objet demandé.

— C'est bien, continua Bruno; maintenant, prends une vrille et perce un trou dans ce baril.

Ali obéit avec cette promptitude passive qui était la marque distinctive de son dévouement. Pendant ce temps, Pascal déchira une serviette, l'effila, réunit les fils, les roula dans la poudre d'une cartouche, passa cette mèche dans le trou du baril, et boucha ce trou avec de la poudre mouillée qui fixa la mèche en même temps; il avait à peine fini ces préparatifs, que des coups de hache retentirent dans la porte.

— Suis-je bon prophète? dit Bruno en roulant le baril vers l'entrée de la chambre, laquelle donnait sur un escalier descendant à la cour, et en revenant prendre au feu un morceau de sapin allumé.

— Ah! fit le Maltais, je commence à comprendre...

— Père, dit Ali, ils reviennent du côté de la montagne avec une échelle.

Bruno s'élança vers la fenêtre de laquelle il avait fait feu la première fois, et vit qu'effectivement ses adversaires s'étaient procuré l'instrument d'escalade qui leur manquait, et que, honteux de leur première retraite, ils revenaient à la charge avec une certaine contenance.

— Les fusils sont-ils chargés? dit Bruno.

— Oui, père, répondit Ali lui présentant sa carabine.

Bruno prit, sans regarder, l'arme que lui tendait l'enfant, l'appuya lentement contre son épaule, et visa avec plus d'attention qui ne l'avait encore fait; le coup partit, un des deux hommes qui portaient l'échelle tomba.

Un second le remplaça; Bruno prit un second fusil, et le milicien tomba près de son camarade.

Deux autres hommes succédèrent aux hommes tués, et furent tués à leur tour; l'échelle semblait avoir la fatale propriété de l'arche; à peine y avait-on porté la main, que l'on tombait mort. Les escaladeurs, laissant leur échelle, se retirèrent une seconde fois, envoyant une décharge aussi inutile que les autres.

Cependant ceux qui attaquaient la porte frappaient à coups redoublés; de leur côté, les chiens hurlaient affreusement de moments en moments, les coups devenaient plus sourds et les aboiements plus acharnés. Enfin un battant de la porte fut enfoncé, deux ou trois hommes pénétrèrent par cette ouverture; mais, à leurs cris de détresse, leurs camarades jugèrent qu'ils étaient aux prises avec des ennemis plus terribles qu'ils ne les avaient jugés d'abord; il n'y avait pas moyen de tirer sur les chiens sans tuer les hommes. Une partie des assié-

geants pénétra donc successivement par l'ouverture, la cour s'emplit bientôt, et alors commença une espèce de combat du cirque entre les soldats de milice et les quatre molosses, qui défendaient avec acharnement l'escalier étroit qui conduisait au premier étage de la forteresse. Tout à coup la porte placée au haut de cet escalier s'ouvrit, et le baril de poudre préparé par Bruno, bondissant de marche en marche, vint éclater comme un obus au milieu de cette tuerie.

L'explosion fut terrible, un mur s'écroula, tout ce qui était dans la cour fut pulvérisé.

Il y eut un moment de stupeur parmi les assiégeants. Cependant les deux troupes s'étaient réunies, et elles présentaient encore un effectif de plus de trois cents combattants. Un sentiment profond de honte prit cette multitude de se voir ainsi tenue en échec par un seul homme; les chefs en profitèrent pour l'encourager. A leur voix, les assiégeants se formèrent en colonne; une brèche était pratiquée par la chute du mur, ils marchèrent vers elle en bon ordre, et, se déployant dans toute sa largeur, la franchirent sans obstacle, pénétrèrent dans la cour et se trouvèrent en face de l'escalier. Là, il y eut encore un moment d'hésitation. Enfin quelques-uns commencèrent à le gravir aux encouragements de leurs camarades; les autres les suivirent, l'escalier fut envahi, et bientôt les premiers eussent voulu reculer, que la chose ne leur eût plus été possible; ils furent donc forcés d'attaquer la porte; mais, contre leur attente, la porte céda sans résister. Les assiégeants se répandirent alors avec de grands cris de victoire dans la première chambre. En ce moment, la porte de la seconde s'ouvrit, et les miliciens aperçurent Bruno assis sur un baril de poudre et tenant un pistolet de chaque main; en même temps le Maltais, épouvanté, s'élança par la porte ouverte, en s'écriant avec un accent de vérité qui ne laissait aucun doute :

— Arrière! tous! arrière! la forteresse est minée; si vous faites un pas de plus, nous sautons!...

La porte se referma comme par enchantement, les cris de victoire se changèrent en cris de terreur; on entendit toute cette multitude se précipiter par l'escalier étroit qui conduisait à la cour; quelques-uns sautèrent par les fenêtres; il semblait à tous ces hommes qu'ils sentaient trembler la terre sous leurs pieds. Au bout de cinq minutes, Bruno se retrouva maître de nouveau de la forteresse; quant au Maltais, il avait profité de l'occasion pour se retirer.

Pascal, n'entendant plus aucun bruit, se leva et alla vers une fenêtre; le siège était converti en blocus; des postes étaient établis en face de toutes les issues, et ceux qui les composaient s'étaient mis à l'abri du feu de la place derrière des charrues et des tonneaux; il était évident qu'un nouveau plan de campagne venait d'être adopté.

— Il paraît qu'ils comptent nous prendre par famine, dit Bruno.

— Les chiens! répondit Ali.

— N'insulte pas les pauvres bêtes qui sont mortes en me défendant, dit en souriant Bruno, et appelle les hommes des hommes.

— Père! s'écria Ali.

— Eh bien?

— Vois-tu?

— Quoi?

— Cette lueur?...

— En effet, que signifie-t-elle?... Ce n'est point encore le jour qui s'élève; d'ailleurs, elle vient du nord et non de l'orient.

— C'est le feu qui est au village, dit Ali.

— Sang du Christ! est-ce vrai?...

En ce moment, on commença à entendre de grands cris de détresse... Bruno s'élança vers la porte, et se trouva face à face avec le Maltais.

— C'est vous, commandeur? s'écria Pascal.

— Oui, c'est moi... moi-même... Ne vous trompez pas, et ne me prenez pas pour un autre. Je suis un ami

— Soyez le bienvenu : que se passe-t-il?

— Il se passe que, désespérant de vous prendre, ils ont mis le feu au village, et qu'ils ne l'éteindront que lorsque les paysans consentiront à marcher contre vous : quant à eux, ils en ont assez.

— Et les paysans?

— Refusent.

— Oui... oui... je le savais d'avance. ils laisseraient plutôt brûler toutes leurs maisons que de toucher un cheveu de ma tête... C'est bien, commandeur; retournez vers ceux qui vous envoient, et dites-leur d'éteindre l'incendie.

— Comment cela?

— Je me rends.

— Tu te rends, père? s'écria Ali.

— Oui... mais j'ai donné ma parole de ne me rendre qu'à un seul homme, et je ne me rendrai qu'à lui : qu'on éteigne donc l'incendie comme j'ai dit, et qu'on aille me chercher cet homme à Messine.

— Et, cet homme, quel est-il?

— C'est Paolo Tommasi, le brigadier de la gendarmerie.

— Avez-vous autre chose à demander?

— Une seule, répondit Bruno, et il parla bas au Maltais.

— J'espère que ce n'est pas ma vie que tu demandes? dit Ali.

— Ne t'ai-je pas prévenu que j'aurais peut-être besoin de toi après ma mort?—

— Pardon, père, je l'avais oublié.

— Allez, commandeur, et faites ce que je vous ai dit; si je vois le feu s'éteindre, c'est que mes conditions seront acceptées.

— Vous ne m'en voulez pas de ce que je me suis chargé de la commission?

— Ne vous ai-je pas dit que je vous gardais pour parlementaire?

— C'est juste.

— A propos, dit Pascal, combien de maisons brûlées?

— Il y en avait déjà deux quand je suis venu vers vous.

— Il y a trois cent quinze onces dans cette bourse; vous les distribuerez entre les propriétaires. Au revoir.

— Adieu

Le Maltais sortit.

Bruno jeta loin de lui ses pistolets, revint s'asseoir sur son baril de poudre, et tomba dans une rêverie profonde; quant au jeune Arabe, il alla s'étendre sur sa peau de tigre, et resta immobile en fermant les yeux comme s'il dormait. Peu à peu la lueur de l'incendie s'éteignit : les conditions étaient acceptées.

Au bout d'une heure à peu près, la porte de la chambre s'ouvrit; un homme parut sur le seuil, et, voyant que ni Bruno ni Ali ne s'apercevaient de son arrivée, il se mit à tousser avec affectation : c'était un moyen d'annoncer sa présence qu'il avait vu employer avec succès au théâtre de Messine.

Bruno se retourna.

— Ah! c'est vous, brigadier? dit-il en souriant; c'est un plaisir de vous envoyer chercher, vous ne vous faites pas attendre.

— Oui... ils m'ont rencontré à un quart de lieue d'ici sur la route, comme je venais avec ma compagnie... et ils m'ont dit que vous me demandiez

— C'est vrai : j'ai voulu vous prouver que j'étais homme de mémoire.

— Pardieu! je le savais bien.

— Et, comme je vous ai promis de vous faire gagner les trois mille ducats en question, j'ai voulu vous tenir parole.

— Sacredieu!... sacredieu!!... sacredieu!!!... dit le brigadier avec une énergie croissante.

— Qu'est-ce que cela veut dire, camarade?

— Ça veut dire... ça veut dire... que j'aimerais mieux gagner ces trois mille ducats d'une autre manière... à autre chose... à la loterie, par exemple.

— Et pourquoi cela?

— Parce que vous êtes un brave, et que les braves sont rares.

— Bah! que vous importe?... c'est de l'avancement pour vous, brigadier.

— Je le sais bien, répondit Paolo d'un air profondément désespéré : ainsi, vous vous rendez?

— Je me rends.

— A moi?

— A vous.

— Parole?

— En attendant, brigadier, à vos galons de maréchal des logis!

— Parole. Vous pouvez donc éloigner toute cette canaille, à laquelle je ne veux pas avoir affaire.

Paolo Tommasi alla à la fenêtre.

— Vous pouvez vous retirer tous, cria-t-il; je réponds du prisonnier : allez annoncer sa prise à Messine.

Les miliciens poussèrent alors de grands cris de joie

— Maintenant, dit Bruno au brigadier, si vous voulez vous mettre à table, nous achèverons le souper qui a été interrompu par ces imbéciles.

— Volontiers, répondit Paolo, car je viens de faire huit lieues en trois heures, et je meurs de faim et de soif.

— Eh bien! dit Bruno, puisque vous êtes en si bonnes dispositions, et que nous n'avons plus qu'une nuit à passer ensemble, il faut la passer joyeuse.

— Ali, va chercher ces dames

— En attendant, brigadier, continua Bruno en remplissant deux verres, à vos galons de maréchal des logis!

— Qu'à cela ne tienne, mon bel ange, nous le ferons pendre à Palerme!

Cinq jours après les événements que nous venons de raconter, le prince de Carini apprit, en présence de la belle Gemma, qui venait d'achever sa pénitence au couvent de la Visitation, et qui, depuis huit jours seulement, était rentrée dans le monde, que ses ordres étaient enfin exécutés, et que Pascal Bruno avait été pris et conduit dans les prisons de Messine.

— C'est bien, dit-il; que le prince de Goto paye les trois mille ducats promis, qu'il lui fasse faire son procès et qu'on l'exécute.

— Oh! dit Gemma avec cette voix douce et caressante à laquelle le prince ne savait rien refuser, j'aurais été bien curieuse de voir cet homme que je ne connais pas, et dont on raconte des choses si bizarres!

— Qu'à cela ne tienne, mon bel ange, répondit le prince; nous le ferons pendre à Palerme!

XI

elon la promesse qu'il avait faite à sa maîtresse, le prince de Carini avait ordonné de transférer le condamné de Messine à Palerme, et Pascal Bruno avait été amené à grand renfort de gendarmerie dans la prison de la ville, qui était située derrière le Palazzo-Reale, et qui attenait à l'hôpital des Fous.

Vers le soir du deuxième jour, un prêtre descendit dans son cachot; Pascal se leva en voyant entrer l'homme de Dieu; cependant, contre son attente, il refusa de se confesser; le prêtre insista, mais rien ne put déterminer Pascal à accomplir cet acte de religion. Le prêtre, voyant qu'il ne pouvait vaincre cette obstination, lui en demanda la cause.

— La cause, lui dit Bruno, est que je ne veux pas faire un sacrilège...

— Comment cela, mon fils?

— La première condition d'une bonne confession n'est-elle pas non-seulement l'aveu de ses crimes à soi, mais encore l'oubli des crimes des autres?

— Sans doute, et il n'y a point de confession parfaite sans cela.

— Eh bien! dit Bruno, je n'ai pas pardonné; ma confession serait donc mauvaise, et je ne veux pas faire une mauvaise confession...

— Ne serait-ce pas plutôt, dit le prêtre, que vous avez des crimes si énormes à avouer, que vous craignez qu'ils ne dépassent le pouvoir de la rémission humaine? Rassurez-vous, Dieu est miséricordieux, et il y a toujours espérance là où il y a repentir.

— Cependant, mon père, si, entre votre absolution et la mort, une mauvaise pensée me venait que je n'aie pas la force de vaincre?...

— Le fruit de votre confession serait perdu, dit le prêtre.

— Il est donc inutile que je me confesse, dit Pascal, car cette mauvaise pensée me viendra.

— Ne pouvez-vous la chasser de votre esprit? Pascal sourit.

— C'est elle qui me fait vivre, mon père; sans cette pensée infernale, sans ce dernier espoir de vengeance, croyez-vous que je me serais laissé traîner en spectacle à cette multitude? Non point, je me serais déjà étranglé avec la chaîne qui m'attache. J'y étais décidé à Messine, j'allais le faire, lorsque l'ordre de me transporter à Palerme est arrivé. Je me suis douté qu'*Elle* avait voulu me voir mourir.

— Qui?

— *Elle.*

— Mais si vous mourez ainsi, sans repentir, Dieu sera sans miséricorde.

— Mon père, *Elle* aussi mourra sans repentir, car *Elle* mourra au moment où elle s'y attendra le moins; *Elle* aussi mourra sans prêtre et sans confession; *Elle* aussi trouvera comme moi Dieu sans miséricorde, et nous serons damnés ensemble.

En ce moment, un geôlier entra.

— Mon père, dit-il, la chapelle ardente est préparée.

— Persistez-vous dans votre refus, mon fils? dit le prêtre.

— J'y persiste, répondit tranquillement Bruno.

— Alors, je ne retarderai pas la messe des morts, que je vais dire pour vous, par de plus longues instances; d'ailleurs, j'espère que, pendant que vous l'écouterez, l'esprit de Dieu vous visitera et vous inspirera de meilleures pensées.

— C'est possible, mon père, mais je ne le crois pas.

Les gendarmes entrèrent, détachèrent Bruno, le conduisirent à l'église de Saint-François-de-Sales, qui est en face de la prison, et qui était ardemment éclairée; c'est là qu'il devait, selon l'usage, entendre la messe des morts et passer la nuit en prières, car l'exécution était fixée pour le lendemain, à huit heures du matin. Un anneau de fer était scellé à un pilier du chœur; Pascal fut attaché à cet anneau par une chaîne qui lui ceignait le corps, mais qui était assez longue cependant pour qu'il pût atteindre le seuil de la balustrade où les fidèles venaient s'agenouiller pour recevoir la communion.

Au moment où la messe commençait, des gardiens de l'hôpital des Fous apportèrent une bière qu'ils placèrent au milieu de l'église; elle renfermait le corps d'une aliénée décédée dans la journée, et le directeur avait pensé à faire profiter la morte du bénéfice de la messe dite pour celui qui allait mourir. D'ailleurs, c'était pour le prêtre une économie de temps et de peine, et, comme cette disposition arrangeait tout le monde, elle ne souffrit pas la plus petite difficulté. Le sacristain alluma deux cierges, l'un à la tête, l'autre au pied du cercueil, et le sacrifice divin commença; Pascal l'écouta tout entier avec recueillement.

Lorsqu'il fut fini, le prêtre descendit vers lui et lui demanda s'il était dans des dispositions meilleures; mais le condamné lui répondit que, malgré la messe qu'il avait entendue, malgré les prières dont il l'avait accompagnée, ses sentiments de haine étaient toujours les mêmes. Le prêtre lui annonça que le lendemain, à sept heures du matin, il reviendrait lui demander si une nuit de solitude et de recueillement dans une église et en face de la croix n'avait point amené quelque changement dans ses projets de vengeance.

Bruno resta seul. Alors il tomba dans une rêverie profonde. Toute sa vie repassa devant ses yeux, depuis cet âge de la première enfance où l'on commence à se rappeler; il chercha en vain dans cet âge ce qu'il avait pu faire pour mériter la destinée qui attendait sa jeunesse. Il n'y trouva rien qu'une obéissance filiale et sainte aux parents que le Seigneur lui avait donnés. Il se rappela cette maison paternelle si tranquille et si heureuse d'abord, et qui, tout à coup, était devenue, sans qu'il en sût encore la cause, si pleine de larmes et de douleurs; il se rappela le jour où son père était sorti avec un stylet, et était rentré plein de sang; il se rappela la nuit pendant laquelle celui à qui il devait la vie avait été arrêté comme il venait de l'être, où on l'avait conduit, lui enfant, dans une chapelle ardente pareille à celle où il était maintenant renfermé, et le moment où il trouva dans cette chapelle un homme enchaîné comme lui. Il lui sembla que c'était une fatale influence, un hasard capricieux, une victorieuse supériorité du mal sur le bien, qui avaient ainsi mené au pire toutes les choses de sa famille. Alors il ne comprit plus rien aux promesses de félicité que le ciel fait aux hommes; il chercha vainement dans sa vie une apparition de cette Providence tant vantée; et, pensant qu'en ce moment suprême quelque chose de cet éternel secret lui serait révélé peut-être, il se précipita le front contre terre, adjurant Dieu, avec toutes les voix de son âme, de lui dire le mot de cette énigme terrible, de soulever un pan de ce voile mystérieux, et de se montrer à lui comme un père ou comme un tyran. Cette espérance fut vaine, tout resta muet, si ce n'est la voix de son cœur qui répétait sourdement : Vengeance! vengeance! vengeance!...

Alors il pensa que la mort était peut-être chargée de lui répondre, et que c'était dans ce but de révélation qu'un cadavre avait été apporté près de lui, tant il est vrai que l'homme le plus infime fait de sa propre existence le centre de la création, croit que tout se rattache à son être, et que sa misérable personne est le pivot autour duquel tourne l'univers. Il se releva donc lentement, plus sombre et plus pâle de sa lutte avec sa pensée que de sa lutte avec l'échafaud, et tourna les yeux vers ce cadavre; c'était celui d'une femme.

Pascal frissonna sans savoir pourquoi; il chercha les traits du visage (1) de cette femme, mais un coin du linceul était retombé sur sa figure et la voilait. Tout à coup un souvenir instinctif lui rappela Teresa, Teresa qu'il n'avait pas vue depuis le jour où il avait rompu avec les hommes et avec Dieu; Teresa qui était devenue folle, et qui, depuis trois ans, habitait la maison des aliénés, d'où sortaient cette bière et ce cadavre; Teresa, sa fiancée, avec laquelle il se retrouvait peut-être au pied de l'autel, où il avait espéré si longtemps la conduire, et où ils venaient enfin, par une amère dérision de la destinée, se rejoindre, elle morte et lui près de mourir. Un plus long doute lui fut insupportable, il s'avança vers le cercueil pour s'assurer de la réalité; mais tout à coup il se sentit arrêter par le milieu du corps : c'était sa chaîne qui n'était point assez longue pour qu'il pût atteindre le cadavre, et qui le retenait scellé à son pilier; il étendit les bras vers lui, mais il s'en fallait de quelques pieds qu'il ne pût l'atteindre. Il chercha s'il ne trouverait pas à la portée de sa main une chose quelconque, à l'aide de laquelle il pût écarter ce coin de voile, mais il ne vit rien; il épuisa tout le souffle de sa poitrine pour soulever ce suaire, mais ce suaire demeura immobile comme un pli de marbre. Alors il se retourna avec un mouvement de rage intime impossible à décrire, saisit sa chaîne à deux mains, et, dans une secousse où il rassembla toutes les forces de son corps, il essaya de la briser : les anneaux étaient solidement rivés les uns aux autres, la chaîne résista. Alors la sueur d'une rage impuissante glaça son front; il revint se rasseoir au pied de son pilier, laissa tomber sa tête dans ses mains et resta immobile, muet comme la statue de l'Abattement, et, lorsque le prêtre revint le lendemain matin, il le retrouva dans la même posture.

L'homme de Dieu s'avança vers lui, serein et calme comme il convenait à sa mission de paix et à son ministère de réconciliation; il crut que Pascal dormait, et lui posa la main sur l'épaule. Pascal tressaillit et leva la tête.

— Eh bien! mon fils, dit le prêtre, êtes-vous prêt à vous confesser? je suis prêt à vous absoudre...

— Tout à l'heure je vous répondrai, mon père; mais d'abord rendez-moi un dernier service, dit Bruno

— Lequel? parlez.

(1) En Italie, on expose les morts à visage découvert; ce n'est qu'au moment de descendre le cadavre en terre qu'on cloue le couvercle du cercueil.

Bruno se leva, prit le prêtre par la main, le conduisit près du cercueil, dont il s'approcha lui-même autant que sa chaîne le lui permit; puis lui montrant le cadavre :

— Mon père, lui dit-il, voulez-vous lever le coin du linceul qui me cache la figure de cette femme?

Le prêtre leva le coin du linceul; Pascal ne s'était pas trompé : cette femme, c'était Teresa. Il la regarda un instant avec une tristesse profonde, puis il fit signe au prêtre de laisser retomber le suaire. Le prêtre obéit.

— Eh bien! mon fils, lui dit-il, la vue de cette femme vous a-t-elle inspiré de pieuses pensées?

— Cette femme et moi, mon père, répondit Bruno nous étions nés pour être heureux et innocents, *Elle* l'a faite parjure et moi meurtrier; *Elle* nous a conduits : cette femme par le chemin de la folie, et moi par celui du désespoir, à la tombe où nous descendrons tous deux aujourd'hui... Que Dieu lui pardonne, s'il l'ose; mais moi je ne lui pardonne pas!

En ce moment les gardes entrèrent, qui venaient chercher Pascal pour le conduire à l'échafaud.

XII

L e ciel était magnifique, l'air limpide et transparent; Palerme se réveillait comme pour une fête : on avait donné congé aux colléges et aux séminaires, et la population tout entière semblait réunie dans la rue de Tolède, que le condamné devait parcourir dans toute sa longueur pour se rendre de l'église de Saint-François-de-Sales, où il avait passé la nuit, à la place de la Marine, où devait avoir lieu l'exécution. Les fenêtres des premiers étages étaient garnies de femmes que la curiosité avait tirées de leur lit à l'heure où ordinairement elles y sommeillaient encore; l'on voyait comme des ombres s'agiter dans leurs galeries grillées (1) les religieuses des différents couvents de Palerme et de ses environs, et sur les toits plats de la ville une dernière population aérienne ondoyait comme un champ de blé. A la porte de l'église, le condamné trouva la charrette conduite par des mules; elle était précédée par la confrérie des pénitents blancs, dont le premier portait la croix et les quatre derniers la bière, et suivie

(1) A Palerme, les religieuses, qui ne peuvent pas se mêler aux fêtes mondaines, y prennent part cependant par la vue. Tout couvent un peu riche possède en location un étage donnant ordinairement sur la rue de Tolède : c'est de ces fenêtres grillées, où elles se rendent par des routes souterraines qui ont quelquefois un quart de lieue de longueur, et qui communiquent du couvent à la maison louée, que les saintes recluses regardent les fêtes sacrées et profanes.

Le cortège funèbre.

par le bourreau à cheval ét tenant un drapeau rouge ; derrière le bourreau, ses deux aides venaient à pied ; puis enfin, derrière les aides, une autre confrérie de pénitents noirs fermait le cortége, qui s'avançait entre une double haie de miliciens et de soldats, tandis que sur les flancs, au milieu de la foule, couraient des hommes revêtus d'une longue robe grise, la tête couverte d'un capuchon troué aux yeux et à la bouche, tenant d'une main une clochette, de l'autre une escarcelle, et faisant la quête pour délivrer du purgatoire l'âme du criminel encore vivant. Lè bruit, au reste, s'était répandu parmi toute cette foule que le condamné n'avait pas voulu se confesser ; et cette réaction contre toutes les idées religieuses adoptées donnait plus de poids encore à ces rumeurs d'un pacte infernal conclu entre Bruno et l'ennemi du genre humain, qui s'étaient répandues dès le commencement de son entrée dans la carrière qu'il avait si promptement et si largement parcourue ; un sentiment de terreur planait donc sur toute cette population curieuse, mais muette, et aucune vocifération, aucun cri, aucun murmure, ne troublaient les chants de mort que faisaient entendre les pénitents blancs, qui formaient la tête du cortége, et les pénitents noirs qui en étaient la queue : derrière ces derniers, et à mesure que le condamné s'avançait dans la rue de Tolède, les curieux se joignaient au cortége et l'accompagnaient vers la place de la Marine : quant à Pascal, il était le seul qui parût parfaitement calme au milieu de cette population agitée, et il regardait la foule qui l'entourait sans humilité comme sans ostentation, et en homme qui, connaissant les devoirs des individus envers la société, et les droits de la société contre les individus, ne se repent pas d'avoir oublié les uns, et ne se plaint pas qu'elle venge les autres.

Le cortége s'arrêta un instant à la place des Quatre-Cantons, qui forme le centre de la ville, car une telle foule s'était pressée des deux côtés de la rue de Cassero, qu'elle avait rompu la ligne de troupes, et que, le milieu du chemin se trouvant encombré, les pénitents ne purent se faire jour. Pascal profita de ce moment de repos pour se lever debout dans sa charrette, et regarda autour de lui comme s'il cherchait quelqu'un à qui il eût un dernier ordre à donner, un dernier signe à faire ; mais, après un long examen, n'apercevant pas celui qu'il cherchait, il retomba sur la botte de paille qui lui servait de siége, et sa figure prit une expression sombre qui alla croissant jusqu'au moment où le cortége arriva place de la Marine. Là, un nouvel encombrement avait lieu, qui nécessita une nouvelle halte. Pascal se leva une seconde fois, jeta d'abord un coup d'œil indifférent sur l'extrémité opposée de la place où était la potence, puis, parcourant tout le cercle immense de cette place, qui semblait pavée et bâtie de têtes, à l'exception de la terrasse du prince de Butera, qui était complétement déserte, il arrêta ses yeux sur un riche balcon tendu de damas à fleurs d'or, et abrité par une tente de pourpre. Là, sur une espèce d'estrade, entourée des plus jolies femmes et des plus nobles seigneurs de Palerme, était la belle Gemma de Castelnuovo, qui, n'ayant pas voulu perdre une minute de l'agonie de son ennemi, avait fait dresser son trône en face de son échafaud. Le regard de Pascal Bruno et le sien se rencontrèrent, et leurs rayons se croisèrent comme deux éclairs de vengeance et de haine. Ils ne s'étaient point encore détachés l'un de l'autre lorsqu'un cri étrange partit de la foule qui entourait la charrette : Pascal tressaillit, se retourna vivement vers le point d'où venait ce cri, et sa figure reprit aussitôt, non-seulement son ancienne expression de calme, mais encore une nouvelle apparence de joie. En ce moment le cortége fit un pas pour se remettre en route ; mais d'une voix forte Bruno cria : Arrêtez!

Cette parole eut un effet magique : toute cette foule sembla clouée à l'instant même à la terre ; toutes les têtes se retournèrent vers le condamné, et des milliers de regards ardents se fixèrent sur lui.

— Que veux-tu? répondit le bourreau.

— Me confesser, dit Pascal.

— Le prêtre n'est plus là, tu l'as renvoyé.

— Mon confesseur habituel est ce moine qui est ici à ma gauche dans la foule ; je n'en ai pas voulu d'autre, mais je veux celui-là.

Le bourreau fit un geste d'impatience et de refus; mais à l'instant même le peuple, qui avait entendu la demande du condamné, cria : Le confesseur! le confesseur! Le bourreau fut obligé d'obéir; on s'écarta devant le moine : c'était un grand jeune homme, au teint brun, qui semblait maigri par les austérités du cloître : il s'avança vers la charrette et monta dedans. Au même instant, Bruno tomba à genoux. Ce fut un signal général : sur le pavé de la rue, aux balcons des fenêtres, sur le toit des maisons, tout le monde s'agenouilla ; il n'y eut que le bourreau qui resta à cheval, et ses aides qui demeurèrent debout, comme si ces hommes maudits étaient exceptés de la rémission générale. En même temps, les pénitents se mirent à chanter les prières des agonisants pour couvrir de leurs voix le bruit de la confession.

— Je t'ai cherché longtemps, dit Bruno.

— Je t'attendais ici, répondit Ali.

— J'avais peur qu'ils ne tinssent pas la parole qu'ils m'avaient donnée.

— Ils l'ont tenue : je suis libre.

— Ecoute bien.

— J'écoute.

— Ici à ma droite... — Bruno se tourna de côté, car ses mains étant liées il ne pouvait indiquer autrement. — Sur ce balcon tendu d'étoffes d'or...

— Oui.

— Est une femme jeune, belle, ayant des fleurs dans les cheveux.

— Je la vois. Elle est à genoux et prie comme les autres.

— Cette femme, c'est la comtesse Gemma de Castelnuovo.

— Au bas de la fenêtre de laquelle je t'attendais lorsque tu fus blessé à l'épaule.

— Cette femme, c'est elle qui est cause de tous mes malheurs ; c'est elle qui m'a fait commettre mon premier crime ; c'est elle qui me conduit ici.

— Bien.

— Je ne mourrais pas tranquille si je croyais qu'elle dût me survivre heureuse et honorée, continua Bruno.

— Meurs tranquille, répondit l'enfant.

— Merci, Ali.

— Laisse-moi t'embrasser, père.

— Adieu.

— Adieu.

Le jeune moine embrassa le condamné, comme le prêtre a l'habitude de faire lorsqu'il donne l'absolution au coupable, puis il descendit de la charrette et se perdit dans la foule.

— Marchons, dit Bruno; et le cortége obéit de

nouveau, comme si celui qui parlait avait le droit de commander.

Tout le monde se releva : Gemma se rassit, souriante. Le cortége continua sa marche vers l'échafaud.

Arrivé au pied de la potence, le bourreau descendit de cheval, monta sur l'échafaud, grimpa contre l'échelle, planta sur la poutre transversale (1) l'étendard couleur de sang, s'assura que la corde était bien attachée, et jeta son habit pour avoir plus de liberté dans les mouvements. Aussitôt Pascal sauta en bas de la charrette, écarta d'un double mouvement d'épaules les valets qui voulaient l'aider, monta rapidement sur l'échafaud, et alla s'appuyer de lui-même à l'échelle, qu'il devait gravir à reculons. Au même moment, le pénitent qui portait la croix la planta en face de Pascal, de manière à ce qu'il pût la voir pendant toute son agonie. Les pénitents qui portaient la bière s'assirent dessus, et un cercle de troupes se forma tout autour de l'échafaud, ne laissant dans son centre que les deux confréries de pénitents, le bourreau, ses valets et le patient.

Pascal monta l'échelle sans souffrir qu'on le soutînt, avec autant de calme qu'il en avait montré jusque-là : et, comme le balcon de Gemma était en face de lui, on remarqua même qu'il jeta les yeux de ce côté avec un sourire. Au même moment, le bourreau lui passa la corde autour du cou, le prit par le milieu du corps et le jeta au bas de l'échelle. Aussitôt il glissa le long de la corde et se laissa peser de tout son poids sur les épaules du patient, tandis que les valets, s'accrochant à ses jambes, pesaient à la partie inférieure du corps ; mais tout à coup la corde, qui n'était pas assez forte pour porter ce quadruple poids, se rompit, et tout ce groupe infâme, composé du bourreau, des valets et de la victime, roula sur l'échafaud. Cependant un homme se releva le premier : c'était Pascal Bruno, dont les mains s'étaient déliées pendant l'exécution, et qui se redressait au milieu du silence, ayant dans le côté droit de la poitrine le couteau que le bourreau venait d'y plonger de toute la longueur de sa lame.

— Misérable ! dit le bandit s'adressant à l'exécuteur ; misérable ! tu n'es digne ni d'être bourreau ni d'être bandit ; tu ne sais ni pendre ni assassiner !

A ces mots, il arracha le couteau du côté droit, le plongea dans le côté gauche et tomba mort.

Alors il y eut un grand cri et un grand tumulte dans cette foule : les uns se sauvèrent loin de la place, les autres se ruèrent sur l'échafaud. Le condamné fut emporté par les pénitents, et le bourreau mis en pièces par le peuple.

Le soir qui suivit cette exécution, le prince de Carini dîna chez l'archevêque de Montreal, pendant

(1) La potence italienne offre avec la nôtre une différence notable : la nôtre a la forme d'un F ; l'autre celle d'un II dont on aurait haussé la traverse jusqu'au bout des deux portants.

que Gemma, qui ne pouvait être reçue dans la sainte société du prélat, restait à la villa Carini. La soirée était magnifique comme l'avait été la matinée. De l'une des fenêtres de la chambre tendue en satin bleu, dans laquelle nous avons ouvert la première scène de notre histoire, on distinguait parfaitement Alicudi, et derrière elle, comme une vapeur flottante sur la mer, les îles de Filicudi et de Salina. De l'autre croisée on dominait le parc, tout planté d'orangers, de grenadiers et de pins ; on distinguait à droite, depuis sa base jusqu'à son sommet, le mont Pellegrino, et la vue pouvait s'étendre à gauche jusqu'à Montreal. C'est à cette fenêtre que resta longtemps la belle comtesse Gemma de Castelnuovo, les yeux fixés sur l'ancienne résidence des rois normands, et cherchant à reconnaître dans chaque voiture qu'elle voyait descendre vers Palerme l'équipage du vice-roi. Mais enfin la nuit s'était répandue plus épaisse, et les objets éloignés s'étant effacés peu à peu, elle rentra dans la chambre, sonna sa camérière, et, fatiguée qu'elle était des émotions de la journée, elle se mit au lit, puis elle fit fermer les fenêtres qui donnaient sur les îles, de peur que la brise de la mer ne l'atteignît pendant son sommeil, et ordonna de laisser entre-bâillée celle qui s'ouvrait sur le parc, et par laquelle pénétrait dans sa chambre un air tout chargé du parfum des jasmins et des orangers.

Quant au prince, ce ne fut que bien tard qu'il put se dérober à la vigilance gracieuse de son hôte ; et onze heures sonnaient à la cathédrale bâtie par Guillaume le Bon lorsque la voiture du vice-roi l'emporta au galop de ses quatre meilleurs chevaux. Une demi-heure lui suffit pour arriver à Palerme, et en cinq minutes il franchit l'espace qui s'étend entre la ville et la villa. Il demanda à la camérière où était Gemma, et celle-ci lui répondit que la comtesse, s'étant trouvée fatiguée, s'était couchée vers les dix heures.

Le prince monta vivement à la chambre de sa maîtresse et voulut ouvrir la porte d'entrée, mais elle était fermée en dedans : alors il alla à la porte dérobée, qui donnait, de l'autre côté du lit, dans l'alcôve de Gemma, ouvrit doucement cette porte, afin de ne pas réveiller la charmante dormeuse, et s'arrêta un instant pour la regarder dans ce désordre du sommeil, si doux et si gracieux à voir. Une lampe d'albâtre, suspendue au plafond par trois cordons de perles, éclairait seule l'appartement, et sa lueur était ménagée de manière à ne pas blesser les yeux pendant le sommeil. Le prince se pencha donc sur le lit pour mieux voir. Gemma était couchée la poitrine presque entière hors de la couverture, et autour de son cou roulé le boa qui, par sa couleur foncée, contrastait admirablement avec la blancheur de sa peau. Le prince regarda un instant cette ravissante statue, mais bientôt son immobilité l'étonna : il se pencha davantage et vit que le visage était d'une pâleur étrange ; il approcha son oreille et n'entendit aucune respiration ; il saisit la main et la sentit froide ; alors il passa son bras sous ce corps bien aimé pour le rapprocher de lui et le réchauffer contre sa poitrine mais aussitôt il le laissa retomber en poussant un cri de terreur affreux : la tête de Gemma venait de se détacher de ses épaules et de rouler sur le parquet.

Le lendemain on retrouva au bas de la fenêtre le yatagan d'Ali.

FIN.

La tête de Gemma venait de se détacher de ses épaules et de rouler sur le parquet.

www.ingramcontent.com/pod-product-compliance
Lightning Source LLC
Chambersburg PA
CBHW072105090426
42739CB00012B/2864